中公新書 2545

島田周平著

物語　ナイジェリアの歴史

「アフリカの巨人」の実像

中央公論新社刊

はじめに

世界の中で重みを増すアフリカ

アフリカは大きく変わりつつある。貧困と飢餓の大陸といった二〇世紀のアフリカ観からは今世紀中葉のアフリカの姿を想像できないであろう。今は、世界におけるアフリカの位置を見直す歴史的転換点にさしかかっている時代だと言えよう。

国際通貨基金（ＩＭＦ）が二〇一五年に発表した数値に世界が驚いた。二〇〇一年からの一〇年間と一一年からの五年間の国内総生産（ＧＤＰ）の国別伸び率で、世界上位一〇カ国の半数以上をアフリカ諸国が占めていたのである。ナイジェリア、エチオピア、モザンビークの三カ国に至っては両期間共上位一〇カ国に入っていた。これらの国の成長は、国際的な鉱産物価格の上昇という外的要因によるところが大きいのだが、資源に恵まれたアフリカ大陸の潜在力の大きさを示すものとして、世界の注目を浴びることになった。

ユニセフが発表した人口予測もアフリカ大陸の変容を予見させるものであった。現在約一二億五六〇〇万人であるアフリカの人口は、二〇五〇年には二五億人になり、世界の人口の四人に一人はアフリカ人になるという。しかも若年層（一八歳未満）に限って言えば、世界の三人に一人（三七％）をアフリカ人が占めるというのである。

アフリカはすでに、低所得者層を対象とした持続的ビジネスとして注目を集めているBOPビジネスの対象となっているが、早晩一般のビジネスにとっても有望な市場になると考えられている。もちろん市場の安定性という点でいくつかの不確実性を抱えているので、人口増大がただちに経済発展に結びつくとは考えにくい。しかし、アフリカがこれまでとは違った次元で世界経済の中で比重を増していくことは否定できない。二〇〇三年に五二八九万人であったアフリカの携帯電話加入者数が、二〇一四年には八億九一一九万人と約一七倍もの伸びを示したという事例は、一旦弾みがついた時の消費の伸びのダイナミックさを示している。そんなアフリカの中で最も注目される国の一つが、この本で取り上げる「ナイジェリア」である。

「アフリカの巨人」と呼ばれた国

独立直後のナイジェリアは、人口規模が大きく経済成長の潜在性も高い国だとして、「アフリカの巨人」と呼ばれたことがある。独立直前に石油が発見されていたこともこの名称に勢いを与えていた。この言葉には、ナイジェリアがアフリカだけでなく広く国際社会においても重要な役割を担う国になって欲しいという政治的期待も込められていた。しかし、独立直後のビアフラ内戦がこの期待を裏切り、これ以降「アフリカの巨人」と呼ばれることはめっきり少なくなってきた。それでも、「アフリカの大国」であることにかわりはない。

ナイジェリアは西アフリカの国で、大西洋がアフリカ大陸に湾入しているギニア湾の一番奥深い岸に面している。面積は九二・四万平方キロメートルと日本の約二・五倍であり、アフリカの中ではさほど大きな国ではない。アフリカ全体（三〇三七平方キロメートル）の三％を占めるにすぎない。しかし、人口は一億八八六九万人（二〇一八年）とアフリカ全体（一二億人）の一六％を占めて一位で、二位のエジプト（九四八〇万人）の二倍もある。二〇五〇年にはアメリカ合衆国を抜いて、インド（一六億六千万人）、中国（一三億六千万人）に次ぐ世界第三位の人口大国（四億一千万人）になると予想されている。

経済規模でみると、ナイジェリアの国内総生産（GDP）は三七六三億ドル（二〇一八年）とこれもアフリカで第一位である。二位の南アフリカ共和国（三四九三億ドル）とは同じレベルであるが、それ以外の国々のGDPとは比べものにならない。両国に次ぐエチオピア（八〇九億ドル）やケニア（七九五億ドル）はナイジェリアの四分の一以下である。

このような圧倒的な人口と経済力を背景に、ナイジェリアはアフリカの中で大きな存在感を示し、とりわけ西アフリカ域内では政治と経済の両面で大きな役割を果たしてきた。西アフリカ諸国経済共同体（ECOWAS）の中心的メンバーであり、西アフリカにおける紛争解決のために派遣される西アフリカ諸国経済共同体監視団（ECOMOG）の活動では、常に最大の資金拠出と軍隊派遣を行ってきた。またアフリカ連合（AU）においても一定の影響力をもっている。

知名度が低い理由

しかしながらナイジェリアがアフリカ大陸の中でこれほどの存在感を持つことが日本で認識されているかと言えば、それは疑わしい。日本に来ているアフリカ人の中でナイジェリア人が一番多いと言われているにもかかわらず、ナイジェリアの認知度は、ピラミッドやナイル川で有名なエジプト、チョコレートと野口英世で知られるガーナ、自然動物公園で有名なケニアやマダガスカル、資源豊富な南アフリカなどに遠く及ばない。ナイジェリアは日本では「知られざる大国」なのである。長年ナイジェリアと関わってきた身としては、残念な気持ちと共に、正しい認識を広めねばという、ある種の気負いを感じている。

ナイジェリアがアフリカの大国でありながら、日本のみならず国際的にも認知度や評価が低い原因はナイジェリア自身にもある。一九六〇年の独立以来ナイジェリアは、ビアフラ内戦、長期の軍事政権と繰り返されるクーデターというように、負のイメージで捉えられる政治が長く続いてきた。とりわけ八〇年代にその悪名を世界に轟かせた汚職や不正の横行、九〇年代の軍事政権による恐怖政治などは、ナイジェリアの国際的信用を著しく損なってきた。その結果、アフリカ諸国からでさえ、経済力はあるが政治的に不安定で信頼のおけない国であり、人権意識が低く非民主的な国だという評価がなされてきた。

一九九九年に軍政が終わり民主政権が誕生した。これこそ長年にわたりつきまとってきた負のイメージを回復するチャンスであった。しかし残念なことに、民政が実現すると同時に北部でボコ・ハラムが誘拐事件を起こし、南部のニジェール川河口域（ニジェール・デルタ）では武装集団による地域紛争が激化しはじめ、治安の悪い不安定な国という印象を拭い去ることはできなかった。

日本でも、ニジェール・デルタでの外国人の誘拐やボコ・ハラムの大量少女誘拐事件の報道は何度も繰り返された。このことでナイジェリアの負のイメージが増大され、できれば行きたくない国の一つに挙げられるようになった。

私がナイジェリアにいた一九七〇年代末から八〇年代にかけて、ナイジェリア在留邦人の数は一〇〇〇人を超えると言われた。しかし二〇一八年に訪れたラゴスでは、一家族を除きすべて単身赴任で、その数も全体で四〇人前後だという。日本企業の現地駐在事務所の数をみても、南アフリカ共和国の三五四社に比べ一〇分の一以下の三二社となっている。三六社のガーナより少ないのである。産業界や商社のナイジェリア離れも、日本における知名度の低さの原因の一つになっていると思われる。しかし、先に述べたように大きな転換点を迎えているアフリカにあって、最大の大国ナイジェリアを今のまま「知られざる国」としておいて良いはずはない。

要の国ナイジェリア

歴史家トインビーの説によれば、ナイジェリアはアフリカ大陸の北と南を分かつ分割線を跨ぐ唯一の国ということになる。彼は『ナイルとニジェールの間に』の中で、アフリカ大陸は、サハラ砂漠、リビア砂漠、アビシニア高原の南縁につらなる分割線で北三分の一と残りの三分の二とに分けられており、この分割線の北側の「アラブ主義」と南側の「ネグロ主義」の主張が対立する可能性があると指摘していた（第一章の図一―一）。そしてナイジェリアとスーダンの二カ国がこの分割線を跨いでおり、これら二カ国における分割線を巡る問題は、アフリカが抱える「二つのアフリカの問題」の縮小版であるという。これらの国の国内紛争が激化し慢性化すれば、「ふたつのアフリカの緊張関係はいたるところで深刻化し、スーダン南部は遅かれ早かれ、北部アフリカにたいするネグロ・アフリカの根ぶかい対抗意識の発火点になってしまうだろう」と述べていた。この指摘が一部現実のものとなり、二〇一一年、スーダンは世界注視の中で南北に分かれ、分割線の南側が南スーダン共和国として独立した。

この結果、南北の分割線を跨ぐ国はナイジェリアだけとなった。ナイジェリアがこの分割線を巡る国内問題を解決することが出来れば、二つのアフリカをつなぎ止める唯一の継ぎ手（バタフライジョイント）を持つ国として、真の意味でアフリカの「要《かなめ》の国」となるであろう。しかし逆に、その分割線が政治的不安定の原因となり経済発展を阻害するようなことになれば、この国はアフリカ大陸全体の発展の重荷となることであろう。いずれの場合も、この国のありようが今世紀中葉のアフリカの姿に大きな影響を与えることは間違いない。二一世紀のアフリカの発展を考えるときに目を離せない枢要な国なのである。

この本は、読者にサハラ交易時代からの長い歴史を旅しながらナイジェリアをより深く知ってもらうことを第一の目的にしているが、そのことでナイジェリア一国のみならずアフリカにも興味を向けてもらえれば望外の喜びでもある。

目　次——物語　ナイジェリアの歴史

地図製作／地図屋もりそん

第一章　ナイジェリア誕生以前：サハラ交易

1　サハラ交易時代の西アフリカ

ナイジェリア誕生以前

ナイジェリアが誕生する前、現在のナイジェリアの地域には多くの王国や首長領があった。それらはナイジェリアの誕生で国の中に溶け込んで消えたわけではなく、今も時々その存在感をみせることがある。政治の表舞台に現れることは少なくなったとはいえ、王や首長は存在しており、伝統的権威や伝統的支配者と呼ばれる彼らの影響力は無視できない。単に伝統的な祭祀や儀式の主宰者として尊敬されているだけではなく、現代政治においても彼らは隠然たる力を誇示することがある。

このため、ナイジェリアの話を進める前に、この国ができる前にこの地で栄えた諸王国や首長領の歴史をみておかなくてはならない。それには西アフリカ全体のスケールで歴史をかえりみるほかないのである。

コラム①：ナイジェリアの名前の由来

ナイジェリアという国名は初代ナイジェリア総督となったルガード卿夫人が命名したものと言われている。国土の中央を流れる川がナイジャー川（ニジェール川）と呼ばれることがすでに一般化していた頃であったので、彼女は「ナイジャー川の国」という意味で素直に命名したのであろう。となると気になるのはナイジャー（ニジェール）という川の名前である。

ヨーロッパ人が西アフリカ内陸部の探検を始めた十八世紀末、この大河の呼び方は流域に住む人々によってまちまちであった。いずれも自分たちの言葉で「大河」と呼んでいた。例えばクオラ（カヌリ語）、ファリ・ンルワ（ハウサ語）、オヤ（ヨルバ語）、アニム（イボ語）などといった具合である。このうち現在のナイジェリアの流域で一番広く通用していた呼び方はクオラまたはクウォラ（Kworra、Quorra）であった。ではいつ誰がクオラ川をナイジャー川と呼び替えたのであろうか。

ヨーロッパ人の探検が始まる前にヨーロッパにもたらされていたサハラ砂漠以南の情報といえば、サハラ越え交易の商人やアラブ人探検家による「砂漠の南に、西から東に流れる大河がある」と言うものであった。その大河がナイル川に注ぐのか大陸の内湖に注いでいるのかは分からないものの、その大河の上流部はジル（Gir）川とニジル（Nigir）川とに分かれていると言う情報も伝わっていた。

ヨーロッパ人として最初にこの大河にたどりついたのはマンゴ・パーク（第四章）であった。彼はガンビア川河口から内陸部に向かいこの大河の上流部に到達し、この川を下って一八〇五年に現在のナイジェリアのブッサまで到達した。当時この地の人々はこの大河のことをクオラと呼んでいた。彼はこの地で命を落としたのであるが、ニジル川に発する大河がクオラ川につながっていることを証明した人物ということになる。

パークの死からおよそ四半世紀後にブッサの地からクオラ川を下り、その大河が大西洋に注ぐことを発見したのがランダー兄弟（第四章）である。一八三〇年のことであった。彼らが発見したのはクオラ川の河口だが、この発見はニジル川が大西洋に注ぐことを証明したことになる。一八三二年の王立地理学協会の雑誌に、「最近海に注いでいることが明らかになったクオラ川は、昔ニジルと呼ばれていた川と同一か？」という論文が載っており、この時点で西アフリカを流れる大河の謎は解けていたといえよう。

結局、サハラ砂漠の南を流れる大河の上流部（一部の支流？）を指したと思われるニジルの名前が、マンゴ・パークとランダー兄弟の探検によって、河口までつながる名前になったということになろう。ナイジェリアの国名の命名者の栄誉はこれらの探検家に与えられるべきかも知れない。

二つの交易

一九世紀末に西欧列強によってアフリカが分割されるまでは、西アフリカの王国や首長領は互いの領域を超えて、広く他国と交易したり戦ったりしながら盛衰を繰り返していた。それらの王国や首長領は、大きく分けて二つの交易ルートによって世界と結びついていた。

一四世紀まで、西アフリカの人々を大陸の外の世界に結びつけていたのは、サハラ砂漠越えの交易ルートであった。この交易ルートが西アフリカ内陸部の社会の発展を支え、都市の形成に大きな影響を与えていた。一五世紀に入るとポルトガル人が西アフリカ沿岸部に出かけ大西洋経由の交易をはじめ、やがて一六世紀に大西洋越え貿易が盛んになると、今度は沿岸部の王国や首長領が著しい変容を遂げた。

西アフリカの一角を占めるナイジェリアもこの例に漏れず、北の砂漠の交易と南の海の交易の二つによって外の世界とつながっていた。その二つの影響は今も様々な形で残っている。この章では北側の砂漠越えの交易について述べ、第二章で南側の海の貿易、すなわち大西洋(奴隷)貿易について見ていきたい。

サハラ砂漠

サハラ砂漠は、東西五〇〇〇キロメートル、南北一七〇〇キロメートルを超える世界最大の砂漠である。西端は大西洋に接し東端はナイル川に至る。南北方向をみると、北は北アフリカのアトラス山脈の麓から西アフリカのニジェール川の近くまで広がる。一七〇〇キロメートルといえば札幌から鹿児島までの直線距離に相当する。サハラ交易の商人たちは、その距離を歩いて渡ったのである。

ヨーロッパから西アフリカや南部アフリカに向かう飛行機はこの砂漠の上を飛ぶ。機中から見下ろすと、黒い岩山や赤茶けた荒地そして直線的に走る道路や炎をあげる石油採掘施設を見つけることがある。運が良ければ、小さな緑の孤島のようなオアシスを発見することもある。しかし真っ青な空の下が、一面褐色の靄《もや》に覆われ何も見えないことも多い。そんな風景が二時間以上も続く。目を凝らして探さない限り人の営みを感じることはできない。

サハラとはアラビア語で砂漠や荒野を意味するのだが、このサハラが、今から八〇〇〇〜六〇〇〇年前（紀元前六〇〇〇〜四〇〇〇年）には湿潤な地域だったという。現在のアルジェリア南東部にあるタッシリ・ナジェール（現地のトゥアレグ語で「水流の多い大地」）にたくさんの岩絵が描かれた洞窟が発見され、ヒツジやウシに加えキリンやカバなどがその岩絵に生き生きと描かれている。人々が弓矢や槍でその動物たちの狩りをしている姿や、槍と楯で闘っている様子も描かれており、その頃この地方が動物の種類も豊富な緑の大地であったことを物語っている。しかし、紀元前二五〇〇年以降、地球規模の冷涼化が始まった時代にこの緑の大地の乾燥化が徐々に進んできた。それでも紀元前一〇〇〇年頃までは、現在のリビアのトリポリからガダムを経由しサハラ砂漠の南の町ガオに至るルート（後掲図1―3参照）で荷役家畜としてウシが使われていたという。わずか三〇〇〇年前のことである。だがその後乾燥化がさらに進み砂漠が拡大してからは、北アフリカ・地中海地域と西アフリカ内陸部を結ぶ砂漠越えの旅路は、星座で行路を見定める技術や測地学の知識が欠かせない、困難なものとなってきた。それに加えラクダや馬の馴致・調教の技術、さらにオアシスに住む人々との人的ネットワークの形成などが必要となってきた。これらのことを全て兼ね備えていたのが、アラブ商人や遊牧民トゥアレグの人たちであった。サハラ砂漠の交易は彼らの独壇場となった。

サヘルとスーダン

サハラ砂漠の南縁部にサヘルと呼ばれる草原地帯が広がっている。気候地域区分ではステップ地帯や乾燥サバンナ地帯と呼ばれるところで、年間降水量は二五〇〜五〇〇ミリ程度と少ないため、農耕には適さず遊牧が行われている地域である。砂漠を越えてきた商人たちが最初に目にする緑の草原地帯である。サヘルとはアラビア語で「岸辺」を意味する。サハラ砂漠を大海原にたとえると、この地域は、困難な航海の後にたどりついた緑の岸辺に見えたことであろう。

このサヘル地帯から南の地域にはアラブ系の人々より肌の色が黒い人たちが住んでおり、この土地がスーダンと呼ばれた。スーダンとはアラビア語で「黒い人」を意味し、それがその人々が住む地域を意味するようになった。今日スーダンと言えばスーダン共和国や二〇一一年に独立した南スーダン共和国を思い浮かべるが、かつてのスーダンとはサハラ砂漠の南縁部全体を指す言葉であった。この本でスーダンと言う場合はこの歴史的地名としてのスーダンを意味している。トインビーが言うところのアフリカ大陸を南北に分割する線はこのスーダン地帯の南側を走っていることになる（図一―一）。

ところで、このスーダンと同じように、歴史をたどる時に誤解しやすい地名がもう一つある。

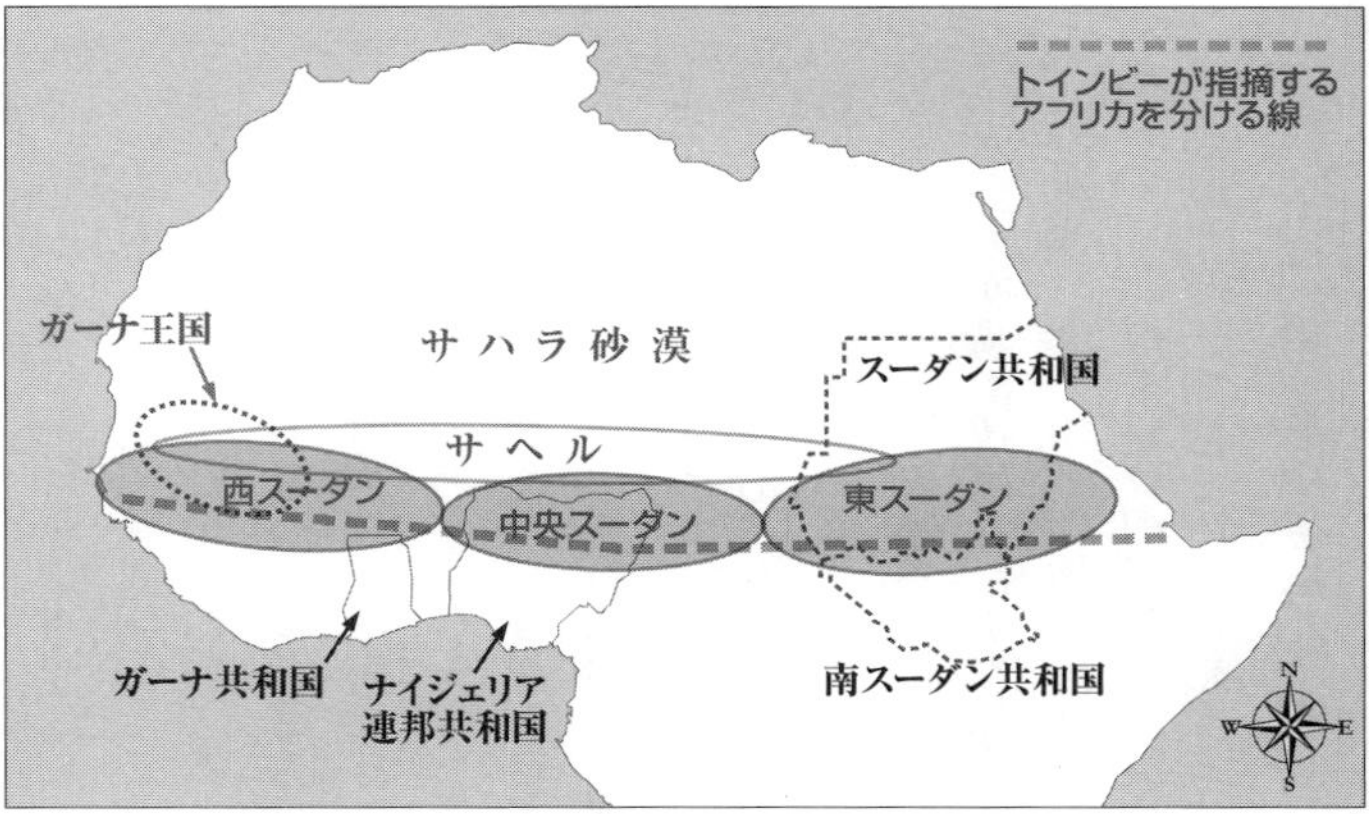

1－1　サハラ、サヘル、スーダン

ガーナである。八～一一世紀に繁栄した「ガーナ王国」と現在の「ガーナ共和国」に歴史的つながりはない。サハラ交易で金の産地として有名だったガーナ王国は、現在のモーリタニアとマリにまたがる地域に栄えたのであり、現在のガーナ共和国の土地にあったわけではない。共和国の前身はイギリス植民地のゴールド・コースト（黄金海岸）であり、独立時に、かつて黄金の国として栄えたガーナ王国の名前を採用したのである。この二つの国は黄金のイメージにより歴史的につながりがあるかのように誤解されやすくなっているといえよう。

サハラ交易のはじまり

サハラ交易が盛んになるのは紀元前六世紀以降のことで、フェニキア人がカルタゴをはじめとする植民市を北アフリカに建設し、地中海貿易を独占した時代である。紀元前一四六年にローマがカルタゴを落とし北アフリカを支配すると、今度はローマ人がサハラ交易を盛んにした。四世紀末（三九五年）にローマ帝国が東西に分裂すると、サハラ交易は一時衰退し、次に復興したのはビザンツ帝国（東ローマ帝国）が北アフリカのヴァンダル王国を滅ぼした五三四年以降である。サハラ交易は、北アフリカ・地中海地域に安定的で強大な国家ができたときに栄えてきた。

ラクダは紀元前からサハラ交易に使われていたが、本格的に使われるようになったのは四世紀以降だろうと言われている。一頭のラクダに背負わせることができる量は一〇〇～一二〇キログラムくらいであり、砂漠を越えるのに七〇日から九〇日かかる。この長期にわたる交易で取引される商品は、旅行に掛かる費用の一・五倍から二倍以上の価値を有するものでなければ採算がとれなかったため、贅沢品か国家が必要とする品に限られていた。

交易品の一つである奴隷の移送の場合は、監視役の人手や奴隷たちの食料も必要となる。しかも奴隷の五人に一人は、砂漠越えの途中に亡くなったという。これほど過酷でリスクの高い交易であったが、無事移送が成功した時の収益は大きかった。

サハラ交易で運ばれた主な品物は次の通りであった。

奢侈品　北←南：胡椒、象牙、コーラの実、皮革製品、ダチョウの羽根
　　　　南←北：銅、ガラス器具、高級織物、ビーズ

必需品　北←南：金、奴隷
　　　　南←北：岩塩、子安貝、武器、馬

岩塩はサハラ砂漠の真ん中で採掘され、スーダン地域に住む人々にとって欠かせない生活必需品であった。タガザやタウデニの岩塩鉱山から切り出された岩塩は、トゥアレグやアラブの隊商によって西スーダン地域の諸都市に運ばれた。タガザは八世紀から一六世紀末までの主要生産地であり、はじめはガーナ王国が管理していたが、一四世紀前半からはマリ王国が、一五世紀末からはソンガイ帝国が管理していた。一六世紀末以降は、ソンガイ帝国が採掘し始めたタウデニ鉱山が最大の岩塩産地となった。馬は軍馬として重要であった。サハラ以南の湿潤サバンナ地域では、馬の飼育を困難にするナガナ病を媒介するツェツェバエが生息しているため、この地域では常に新しい馬を移入する必要があった。

過酷な岩塩交易の実態は片平孝『サハラ砂漠　塩の道をゆく』に詳しい。縦一二〇、横六〇、厚さ四センチメートル程の板状に整えられた岩塩は、一枚三〇〜三五キログラム程の重さがあり、それを、成熟したラクダで左右二枚ずつ合計四枚、若いラクダで二枚背負わせる。日中の酷暑を避けるため行進は夜中から午前中にかけて行う必要があり、気温が二度にまで下がる寒い真夜中に起き、冷え切った岩塩をいやがるラクダに背負わせ、キャラバン隊は出発する。太陽が昇ると気温は三五度を超える。往路に埋めてきた水やラクダのエサの在処を的確に見つけだすことができなければ死につながる。かつては、岩塩の板二枚で奴隷一人と交換できたと言われている。この交易の困難さを象徴する話である。

2018年夏、ラゴスの市場でようやく見つけたコーラの実

コラム②：コーラ

コーラ（コーラ・ナッツ）とはアオイ科の植物の実であり、クリほどの実を少しずつ噛み砕いて楽しむ嗜好品である。ニンジンを生齧りした時の歯ごたえに似てコリコリと噛むことができ、口の中に渋みが広がる。覚醒作用があるので、長距離運転手などが運転中に齧っていることがある。イスラーム社会ではこの実をたしなむことが許されており様々な儀礼や挨拶に欠かせない重要な嗜好品となっている。一八二〇年代に探検家として初めてソコトを訪れたクラッパトンも、市場でコーラをたくさん見かけている。現在のガーナの地で栄えていたアシャンティ王国から輸入されていたという。

一九八〇年頃、私は、調査のために村に出かける時にはきまってこの実を持参した。村長への挨拶や村人へのお礼のために必要だったからである。当時ナイジェリアでもコカ・コーラの現地生産が始まってい て、その中にコーラの実のエキスが入っているともっぱらの噂であった。村の若者たちはコカ・コーラの方に興味があるようだったが、多くの村人たちはコーラの実を喜んだ。当時、コカ・コーラ一本のお金で両手一杯のコーラの実が買えたので私にはありがたかった。

この実は、内陸部の乾燥サバンナ地帯に住むイスラーム教徒が大量に消費するにもかかわらず、採れるのは湿潤サバンナや熱帯雨林地帯（沿岸部）である。このため古くからコーラの実は、沿岸部から内陸部に移送される重要な交易品であった。乾燥しないようにカカオの葉などで慎重に包んだ上で袋詰めにして運ばれる。この交易を行うのがコーラ商人で、昔から北部ナイジェリアのハウサ商人が有名である。

二〇一八年夏に、ラゴス中心部にある大きな市場を一時間あまり歩いて、ようやく一軒のコーラ売りを見つけた（写真）。一〇個で約一五〇円と昔と変わらない値段であったが、コーラ売りの激減ぶりには驚かされた。コーラの嗜好習慣が急速に衰えているのであろう。

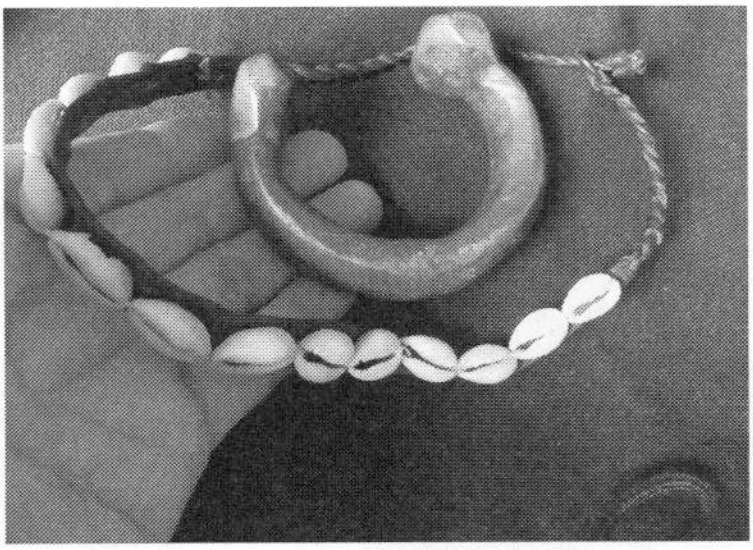
子安貝のブレスレットと銅製のマニラ

コラム③：子安貝（宝貝）の価値

サハラ越え貿易時代から貨幣として西アフリカで使われてきた子安貝は、その貝殻の長さが一〜二センチ程の小型のものである。この貝は西アフリカ沿岸部では採れず、インド洋の諸地域で採れるものをアラブ人やトゥアレグ人が西アフリカに持ちこんだ。大西洋貿易が始まってからはポルトガル人が大量の子安貝を沿岸部に持ち込み、沿岸部でも貨幣として広く流通するようになった。一七九五年にニジェール探検に出かけたマンゴ・パークの日記によれば、バンバラ地域（現在のマリ共和国西部）では子安貝二五〇個が一シリングであったという。しかし、毎年大量に持ち込まれたため子安貝の価値は次第に下落していった。一九世紀中頃の西アフリカ沿岸部での他の貨幣（ポンド、銅棒、マニラ：ブレスレット状の真鍮や銅）などとの交換比率をみてみるとその下落ぶりがわかる。

子安貝四〇個（一連と呼びネックレス状）＝〇・二五〜一ペンス
子安貝二〇〇個（一束と呼ぶ）＝三〜六ペンス＝銅製のマニラ一〜二個
子安貝二〇〇〇個（一〇束と呼ぶ）＝一シリング九・五ペンス〜二シリング
子安貝一袋（子安貝二万個）＝一八シリング〜一ポンド＝四ドル（牛一頭約二〇ドル）
銅棒一本＝四・五〜一二ペンス

銅棒五本＝布地一枚、鉄砲一挺、ラム酒大樽
一八二三年に北部ナイジェリアを探検したクラッパトンの日記にも、食事のお礼に子安貝を渡していたことが記されており、毎朝届けられる牛乳一ガロンに子安貝五〇個、三時頃に持ち込まれるロースト・チキン三羽分とアワや落花生で作られた主食に対して子安貝五〇個を支払ったとある。またソコトで世話になった家の使用人たちに総額一〇万個の子安貝を支払い、そこの奴隷たちには、一人あたり二〇〇〇個の子安貝を与え大変感謝されたとある。

2 交易の拡大、イスラームの伝播

北アフリカにおけるイスラーム

サハラ交易を飛躍的に拡大させたのは、北アフリカにおけるアラブ勢力の拡大であった。現在のサウジアラビアのマディーナ（メディナ）においてアッラーの啓示を受けたムハンマドが、イスラーム教徒のウマー（共同体）を打ち立てたのが六二二年である。その後この共同体の指導に従う信者はアラブ各地に拡大していった。北アフリカは、八世紀中葉にアッバース朝のカリフ（宗教的最高指導者、最高権威者）が支配するイスラームの土地となっていた。イスラーム教徒となったアラブ商人やトゥアレグ商人が、サハラ交易を通して西スーダンや中央スーダンへイスラームを伝えた。もっとも、イスラームが西スーダン地域の人々にすぐに受け入れられ

たわけではない。サハラ交易に携わる商人の多くは、正統派のスンナ派でもシーア派でもなく異端として知られるハワーリジュ派の一派イバード派の人々であったため、サハラ以南アフリカでのイスラームの伝播は遅れたと言われている。

イスラームは大きく正統スンナ派とシーア派に分かれる。アラブの伝統的豪族がイスラームの指導権を握ることに反対したシーア派は、ムハンマドの子孫であるアリーを戴きスンナ派と対立してきた。しかしアリーがスンナ派のウマイヤ家と妥協するに至って理想主義的シーア派の一部がアリーから離脱し、ついには彼を殺害した。この一派の流れを汲むのがハワーリジュ派である。彼らの信仰は厳格で、不信心者（カーフィル）に対する攻撃も激しかった。その攻撃性ゆえにイラクやイラン各地で弾圧や追放を経験することになったのだが、この中の一派イバード派は信仰を「隠すこと」（タキーア）で他派からの危害を避けて生き延び、北アフリカに拠点を形成することに成功した。そして徐々にアラブやトゥアレグの商人たちの間に広まっていった。

イバード派のアラブやトゥアレグの商人たちは、九世紀に西アフリカ最大の王国であったガーナ王国に出かけ積極的に交易を行った。世俗的支配者との無益な軋轢を避け個人の心の奥で信仰の厳正主義を守るイバード派の信仰は、異教徒の地での交易には有利であった。彼らはタガザで産出された岩塩を持ち込み、南の森林地帯で産出される金や銀を買った。これらのアラブやトゥアレグの商人たちを介してイスラームはガーナ王国の人々の間に静かに広まっていったが、彼らは国王に対してイスラームへの改宗を迫ることはなかった。

このようなイスラームの自然的拡大に終わりを告げたのが、イバード派と対立するスンナ派の一派マーリク派が起こした聖戦であった。マーリク派の人たちは、イバード派の商人たちが異教徒の王に取り入り金や奴隷の交易で大きな利益を上げていると批判し、一〇五六年にガーナ王国に対して聖戦を起こした。彼らは勝利を収め、直ちにガーナ王国をイスラーム国家とした。これがサハラ以南アフリカで最初のイスラーム国家となった。一九世紀に北部ナイジェリアで聖戦を指揮したウスマン・ダン・フォディオが若かりし時に学んだのがこのマーリク学派の教えである。商人たちによるイスラームの自然的浸透のあとに軍事力を伴う聖戦が起きるというイスラーム化のパターンは、この後も西アフリカ各地で展開されていくことになる。

マリ王国とソンガイ帝国

イスラーム国となったガーナ王国は一二世紀になると衰微し、代わりに一三世紀前半からマリ王国が栄えてきた（図一―二）。マリの国王はすでにイスラームに改宗しており、隆盛を極めた一三二四年には、ムーサ王が総勢八〇〇〇人から一万人におよぶ従者を引き連れ、ロバ四〇頭に金を背負わせマッカ（メッカ）への巡礼の旅に出た。サハラ砂漠の向こうに「黄金の国マリ」があるとの評判が広まったのはこの時である。

以後歴代の王も大量の金を運んで巡礼の旅に出た。その帰路で彼らはイスラーム関連の書物ともにイスラーム教師や建築家を連れ帰った。これによりニジェール川沿いの町トンブクツやジェンネはイスラーム文化の中心都市として発展してきた。王の巡礼はその後も続き、サハラ越えのルートは旧ガーナ王国地域を経由する大陸西端寄りルートからトンブクツを経由する東寄りルートに移っていった（図一―三）。

一五世紀後半になると、ソンガイ帝国がソンニ・アリ王のもとマリ王国の支配から脱し、ニジェール川大彎曲部地域の盟主となった（一四六四年）。ニジェール川大彎曲地域とは、現在のマリ南部にあり、ニジェール川が流路を北東向きから南東向きに転換する地域である。この地域は高低差の少ない内陸デルタであり、増水期には広大な湿地帯が出現する。ソンガイ帝国は、この大彎曲地域で稲作や漁撈を生業《なりわい》とするソンガイ人の国であった。ソンガイ人は操船も得意で、ニジェール河岸の町ガオを首都とし、その上流部にある交易都市ジェンネも手中に収めた。ソンニ・アリ王はイスラーム教徒を大弾圧したが、彼をクーデターで倒したアスキア・ムハンマドは熱心なイスラーム教徒であった。彼は巡礼に行きカリフの称号を与えられて帰国し、アスキア朝を開いた。多くの宗教的指導者や学者が招聘され書物もたく

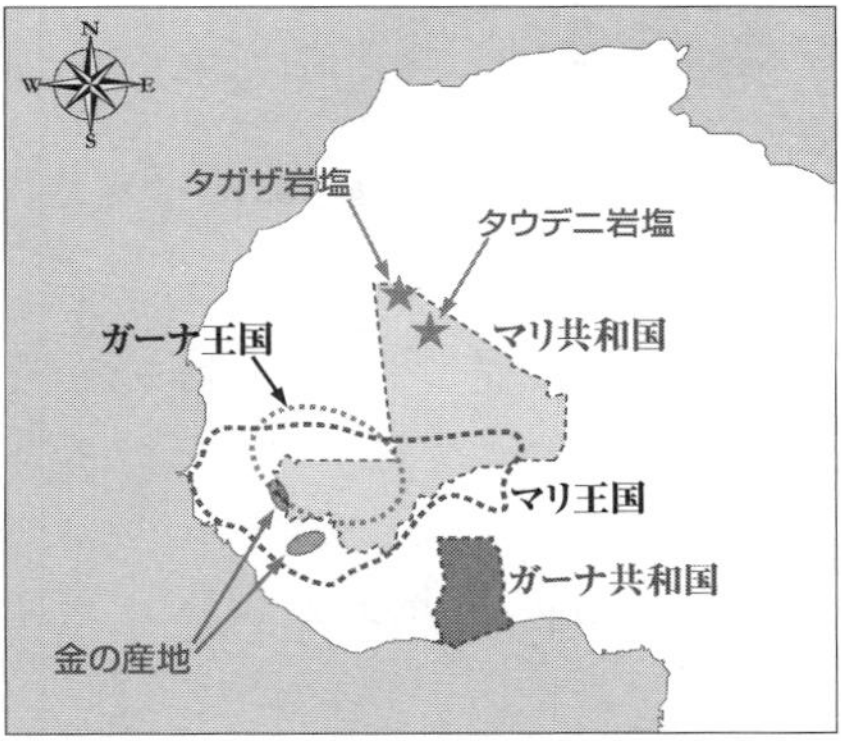

1－2　ガーナ王国、マリ王国

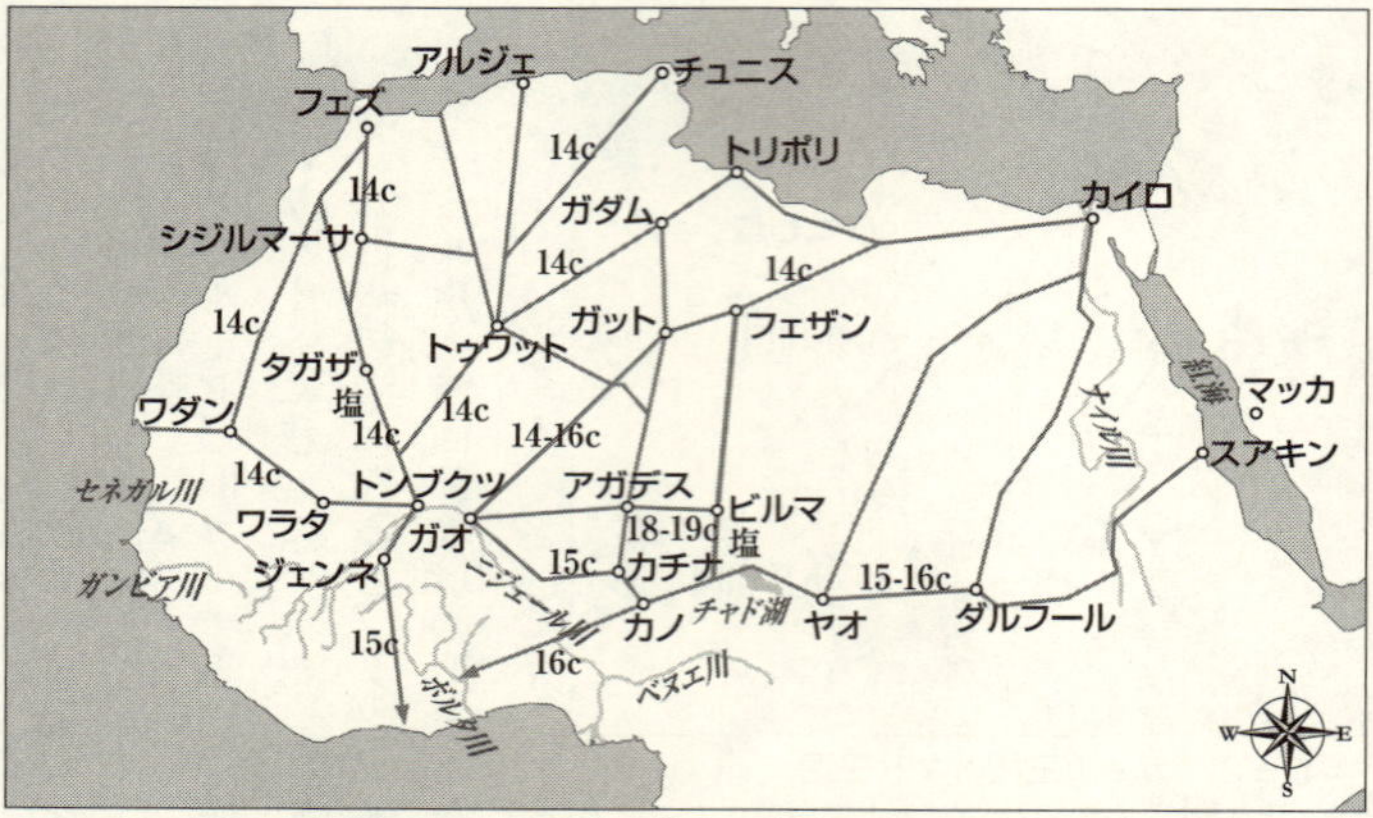

1－3　サハラ交易ルート（図中の数字は交易が盛んであった世紀を表している）

さん集められたジェンネとトンブクツの町は、学問の都となった。一六世紀末のトンブクツには一五〇校にも及ぶ神学校（マドラサ）があったという。

しかしこのソンガイ帝国は、タウデニ岩塩鉱山の支配権を巡ってモロッコと対立し、一五九一年、総勢五〇〇〇人のモロッコ軍の侵攻に敗れ消滅することになった。この国の消滅後はサハラ交易の主要ルートが東側に移動し、現在のナイジェリア領域の諸国、カネム・ボルヌ王国やハウサ諸王国がサハラ交易での重要性を増していった。

交易ルートの東方へのシフト

チャド湖の北東部、現在のナイジェリア北部とニジェール、チャドの領域に、一六世紀頃カネム・ボルヌ（カネム・ボルノ）王国が栄えていた。この王国の前身であるカネム王国は、チャド湖東方にあるンジメを首都とし九〜一〇世紀頃にはサハラ交易で栄えていた（図一―四）。

ソンガイ帝国が金や塩の交易で栄えていたのに対し、カネム王国は金を産出せず、交易品の中心は奴隷と南からもたらされる象牙やコーラの実であった。一一世紀になってカネム王国の第一三代国王フメがイスラームに改宗し、一二紀末にはイスラーム国家となった。一三世紀には、イスラームを学ぶ留学生のための宿舎をカイロに持つまでになり、その頃の王国の支配領域はサハラ砂漠北部のフェザン（現リビア）にまで拡大していたという。

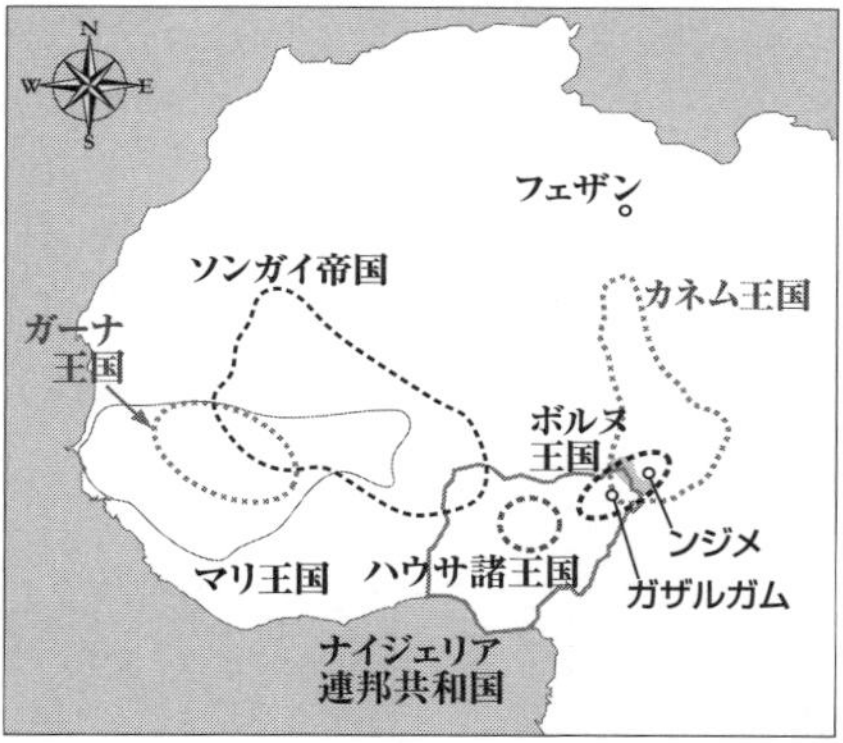

1－4　ソンガイ帝国、カネム・ボルヌ王国、ハウサ諸王国

ところが一四世紀になると王宮内の内乱から王が乱立する状態となり、その一部勢力がカネムの地を離れ、ボルヌ（ボルノ）人の土地にあるガザルガムを首都とするボルヌ王国を建国した。ボルヌ王国では支配者のカネム人と地元民ボルヌ人との混血が進み、その結果生まれてきたのがカヌリ人だと言われている。この地域は現在ボコ・ハラムが活動する地域となっているが、新聞報道などで現地の人をボルヌ人やカヌリ人と呼ぶのはこのためである。

このボルヌ王国が勢力を強め、一六世紀初頭にはカネム王国を併合して新たにカネム・ボルヌ王国となった。一六世紀後半、アルマ王の時代にこの国は最も強力となり、北アフリカのオスマン帝国やモロッコから騎馬や鉄砲を入手して軍事教練も受けていたという。この王国の隆盛は、ソンガイ帝国がモロッコに敗れサハラ交易のルートが東側にシフトしたことによる影響が大きい。しかしながらこの王国も一八世紀には国内政治の混乱で衰え、一九世紀中頃にはイスラームの聖戦に敗れ崩壊した。

3　現在の北部ナイジェリアのイスラーム化

ハウサ諸王国の起源

現在の北部ナイジェリアにはハウサ諸王国が栄えていた。一二世紀にはソンガイ帝国やカネム・ボルヌ王国に並ぶ経済力を持っていたと言われている。人口規模から言えばハウサは西アフリカ最大の民族である。しかし、ソンガイ帝国やカネム・ボルヌ王国のような大きな帝国を形成することはなかったため、歴史におけるハウサ諸王国の存在感は薄い。ハウサ諸王国が大帝国に発展しなかった理由については、その都市国家的性格の限界を指摘する説もあるが、ハウサの人々はそれを起源伝説でうまく説明している。

ハウサ諸王国の建国の祖はイラクのバグダードから逃れてきた冒険家バヤジッダに遡ることができるという。彼は、カネムの国王に保護されその王女と結婚しビラムという男子をもうけ

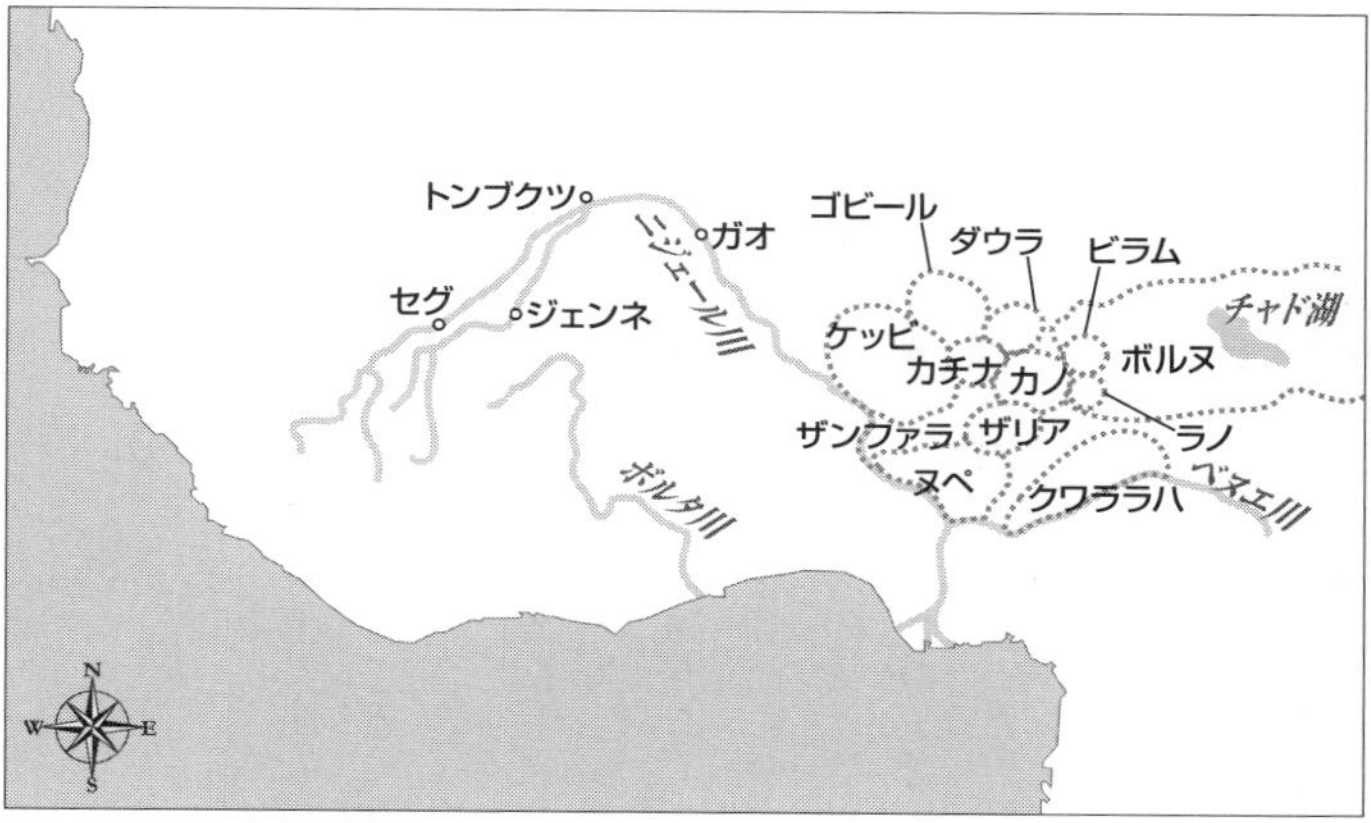

1－5　ハウサ諸王国

た。しかしカネムの国で身の危険を感じた彼はその国を逃れ、現在の北部ナイジェリアのカチナ州ダウラという土地に来た。この地で彼は、人々が井戸水を使うのを妨げていた大蛇を退治して英雄となりここの王女と結婚した。そして生まれたのがバオであった。このバオに三組の双子計六人の子が生まれ、これにカネムの王女との間に生まれていたビラムを加えた七人がハウサ諸王国の始祖になったという。それらの国がダウラ、カチナ、ザリア、カノ、ゴビール、ラノ、ビラムの国々（図一―五）であり、ハウサの中心的国家となったというわけである。これらの国の首都であったカチナ、ザリア、カノなどは現在でも北部ナイジェリアの主要都市となっている。

この伝説は、歴史的事実と合わないところがすでに何点か指摘されている。しかし、科学的な正しさは別として、ハウサ諸国家の起源に正統性を与える伝説として今も広くハウサの人々の間で言い伝えられている。

イスラームの普及

ハウサ諸王国は、サルキンと呼ばれる統治者を頂点とする官僚制が発達した国であった。人々は城壁で囲われた町中に住み、城壁の外にある畑でアワやヒエといった穀物や野菜を栽培していた。遠方から移住してきた職人や商人たちは城壁内で商売をした。一四世紀になると、西スーダンのマリやソンガイからワンガラワと呼ばれる商人やイスラーム教師などが移住してきた。ワンガラワは長距離交易に長けた商人であり金の交易を手広く行う人たちで、ハウサ諸王国にイスラームを伝えた人たちでもある。一五世紀になると牧畜民のフラニ人たちも移住してきて、彼らもハウサ諸都市にイスラームを伝えた。

移住してきた商人や教師たちの中には、王を含む支配者たちと接触しやがて支配者の顧問になる者さえ現れ、支配者の中には自らイスラームに改宗する者も出てきた。ハウサ諸王国の中で最初に改宗した王はカノの王であった（一三七〇年）。このあと国王たちの改宗は続き、その動きは一七世紀中頃まで続いた。

支配者たちがイスラームに改宗する動機は世俗的理由が多かった。イスラームの儀式や教育が持つ宗教的な魅力を利用し権威を高めるため、また北アフリカやスーダン地域のイスラーム諸国との関係強化が目的であったといわれている。

イスラーム教師が開いた初等コーラン学校では王や貴族の息子たちに対するイスラーム基礎

教育がなされることもあった。やがて高等学校であるマドラサも開校されるようになり、これらの学校から、後の政治家や神学者そしてイスラーム教師（ウラマー）が生まれた。ボルヌには一五世紀までに少なくとも二つのマドラサがあり、カチナ王国にも一六五〇年まで非常に立派なマドラサがあったという。

しかしながら、ハウサ諸王国におけるイスラームの普及は、一七世紀までは都市の支配者層にとどまっていた。移住してきたイスラーム教師や商人たちは大都市に住み、一般農民と接触することは少なかったのである。一般の農民たちが聖霊を祭る伝統的な祭りのボリを続けている中で、支配者層はいち早くイスラームへ改宗したことになる。イスラームの信仰を深めるため王位を放棄したカノの王ウマルや、シャリア法（イスラーム法）を採用したカチナの王などもいたが、庶民への浸透は弱いものであった。支配者たちの中には、信仰の厚さからというより権力と富を誇示するためにメッカ巡礼に赴き、たくさんの贅沢品を持ち帰った者もいた。

ウスマン・ダン・フォディオの聖戦

一七二五年にニジェール川上流部のギニア高原にあるフータ・ジャロンで、イスラーム指導者アルファが聖戦を開始し、その後西アフリカ各地で聖戦がくりひろげられた。聖戦は、非イスラーム教徒が支配する異教国家をイスラーム原理にもとづく国家に変えようとする闘いだったが、イスラーム化が進行してはいるものの神学上問題の多い「名ばかりのイスラーム化」の段階とされたハウサ諸王国も、異教国家としてその対象となった。そしてハウサ諸王国の一つゴビール国で、ウスマン・ダン・フォディオが聖戦に立ち上がった。

彼は一七五四年にゴビール国の熱心なイスラーム教徒の家に生まれた。先祖は一五世紀に西方からこの地に移住してきたフラニ人であった。若いころから優秀なイスラーム教師、導師として人々に認められていた彼が聖戦に乗り出すことになったのは、ゴビール国におけるイスラームの不徹底さ（「混乱したイスラーム」と呼ぶことがある）と圧政に対する憤りからである。

ダン・フォディオは一七七〇年代からゴビールの王バワと対立してきた。イスラーム教徒を自任するバワ王が、教義上禁止されているイスラーム教徒の奴隷化や、教義にはない税の徴収を行い汚職までしていることを批判していた。そのような中、バワ王の後継としてゴビールの王となったユンファが、ダン・フォディオに国外追放令を出したのである。ここに至ってダン・フォディオは、ユンファを異教徒であるとして非難し一八〇四年に彼に対して聖戦を開始した。ダン・フォディオは一八〇八年にユンファを打ち破りイスラーム藩王国を樹立した。ここで藩王国と呼ぶのは、この国が、政治的統治者スルタン（彼は宗教的指導者カリフでもある）を頂点として各地にエミール（藩王または藩主）を配置する体制をとる王国だったためである。「混乱したイスラーム」に対する聖戦は他のハウサ諸王国でも起き、一八一〇年までにほとんどのハウサ王国がイスラーム藩王国となった。かつてのボルヌの領域も藩王国となった。一八三〇年代には、ハウサ諸王国の南にあったジュクンやヌペさらに南の森林地帯にあるヨルバの

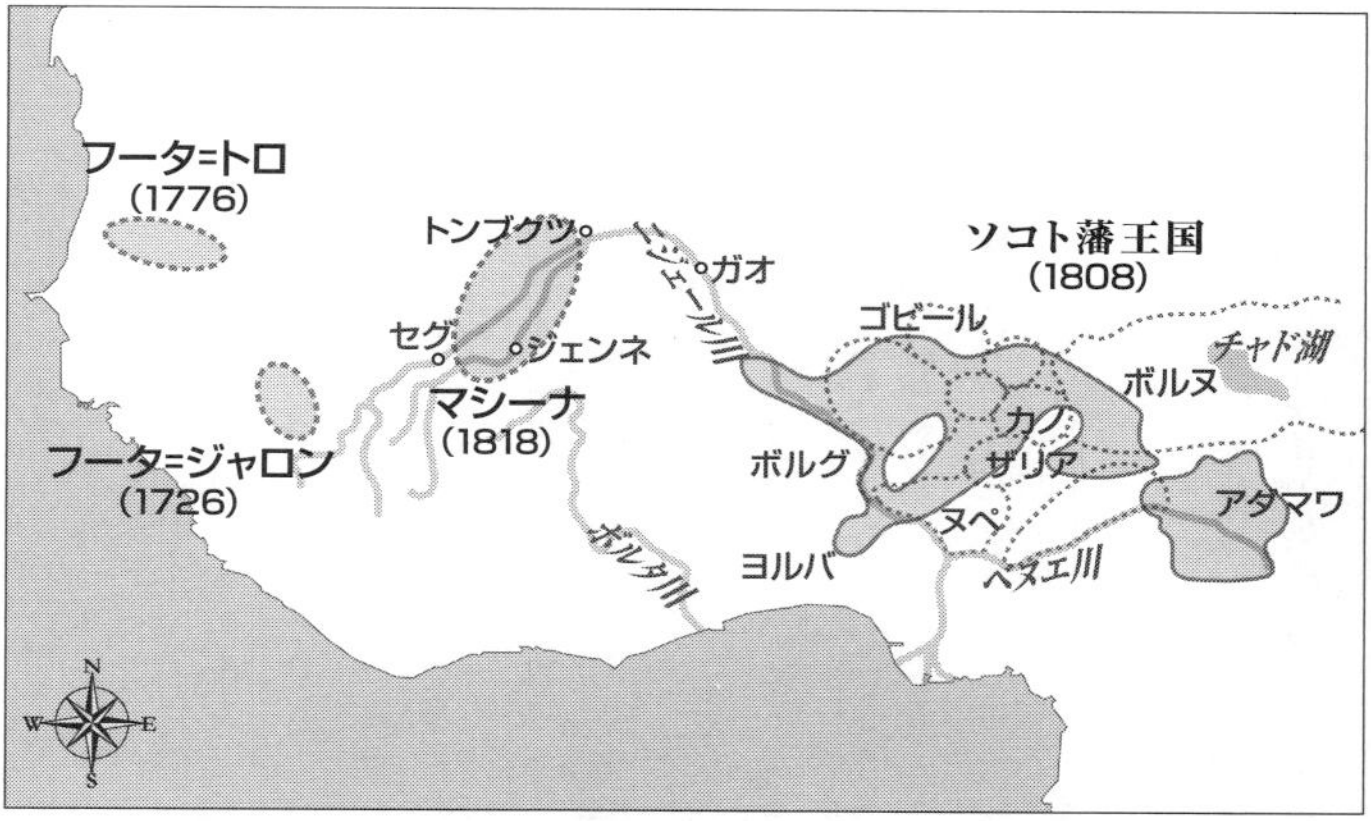

1－6　西アフリカにおけるイスラーム国家

オヨ王国の一部にまで支配領域は広がることになったが（図一―六）、その中心的地域は、ゴビール、ザンファラ、ケッビの諸国であった。

スルタン＝エミール体制の整備

ダン・フォディオは、彼の聖戦の呼びかけに応じた人たちを聖戦の士として認め、彼らの戦いを支持した。彼らが勝利を収めると、占拠した地域のエミールに任命した。エミールたちはスルタンの教えに忠誠を誓い、スルタンに対し毎年貢納義務を負ってエミールに就任した。新しいエミールの就任にはスルタンの承認が必要であり、エミールが一存で決めることはできなかった。だから藩王国ではスルタンこそ国王と呼ぶにふさわしい存在であるが、イスラーム社会の最高権威者という意味を明確にするためこの本ではスルタンとしておきたい。そして、このスルタンとエミールの関係を基軸にして成り立っている支配体制をスルタン＝エミール体制と呼ぶことにする。

やがてダン・フォディオは、イスラームの神学の勉強に専念するため息子と弟に統治を任せることにした。ソコトを首都とする国を息子のムハッメド・ベロに、ガンドゥを首都とする国を弟のアブドゥラーヒに任せた。ソコトを首都とする国はソコト藩王国と呼ばれるようになり、ベロは正統な宗教的指導者カリフとなりかつソコト藩王国のスルタンとなった。

政治的統治者スルタンとなったベロは、中央集権的なスルタン＝エミール体制を確立するため、各地のエミールのもとにコファと呼ばれるお目付け役を派遣した。コファはエミールから貢納を徴収する任務を与えられていた。また、リバットと呼ばれる要塞を藩王国内各地に建設した。もともとリバットは、「不信人者の地」や「戦いの地」から「イスラームの地」を守るために両者の境界地に築かれたものであったが、ベロはそれを「イスラームの地」の領域内にも築いた。建設地にはイスラーム導師が配置されることが多かったので、やがてイスラーム文化の中心地となるリバットもあった。ソコトから南西、南東方向にそれぞれ一〇〇キロメートルほど離れたところにあるビルニン・ケッビやカウラ・ナモダのように、リバッドから発展して現在の地方中心都市になっているものもある。

ソコト藩王国の支配体制を巡る疑問点

ベロの工夫にもかかわらず、スルタン＝エミール体制は必ずしも強固な中央集権制を確立していたわけではないという意見がある。エミールがスルタンと対立することは何度かあった。例えば一八三七年にベロが亡くなったあと、旧ボルヌ王国の町ハデイジャの町のエミールがスルタンに反旗を翻した。事の発端は、スルタンがエミールの独裁的政治を批判し彼の査問を決めたことにある。エミールはそれに応じなかったため、スルタンは彼のエミール職を剝奪しハデイジャの町から追放した。しかしこのエミールはボルヌの援軍を得てハデイジャを奪取し、その後長い間スルタンに抵抗した。

カノでもスルタンに反旗を翻す事件が起きた。一八九三年にカノのエミールが亡くなったとき、アブドゥラーヒは人望のある自分こそ後継者にふさわしいと考えていた。しかしスルタンが任命したのは彼の兄であった。これに怒ったアブドゥラーヒはカノを離れてタカイの地で独自の政府を作り、そこを基地にして兄と対峙した。この種の混乱は他でも起きた。これらの事例は、スルタン＝エミール体制が、後にイギリス行政官が考えたほどには中央集権的で秩序立った体制ではなかったことを示唆している。

また、聖戦が終わった後に任命されたエミールのうち一人の例外を除きすべてフラニ人であったことから、ダン・フォディオの聖戦は、イスラームの名を借りたフラニ人によるハウサ人からの権力奪取にすぎなかったと批判されることもある。それは、聖戦の布告理由として掲げられたハウサ諸王国の悪弊、つまり「混乱したイスラーム」の象徴である家畜税や奴隷制が、聖戦後も依然としてソコト藩王国の各地に残っていたことから明らかだという批判である。つまり、聖戦の目的は「混乱したイスラーム」の打破ではなく、ハウサ諸王国の支配体制の排除にあったのではないかということである。

聖戦の後もいまだに「混乱したイスラーム」が完全には消え去っていないという認識は、聖戦はまだ終わっていないという考えに結びつき、現在でもなお聖戦を起こす根拠にされることがある。現在ナイジェリア北東部で過激な運動をしているボコ・ハラムも、一九世紀以来の聖戦が未だ完了していないと主張している。

第二章　大西洋貿易

1　大航海時代の到来

サハラ交易から大西洋貿易へ

一五世紀以降、西アフリカと他の世界を結びつける交易の主役は、サハラ交易から大西洋貿易に替わってきた。スペインやポルトガルでの大型帆船の開発により物資の高速大量運搬が可能となり、最初のグローバル化の時代と言える大航海時代が到来したのである。だがこのグローバル化はあくまでヨーロッパ中心のものであった。それを象徴するように当時の西アフリカ沿岸部は、ヨーロッパ人が求める交易品の名前を付して、西から順に胡椒（穀物）海岸、象牙海岸、黄金海岸、奴隷海岸と呼ばれていた。

この交易品の中で最も取引額が大きかったのが奴隷である。そして奴隷海岸と呼ばれた地域が、現在のナイジェリア西部からガーナにかけての沿岸部であった。アフリカ大陸から新大陸に運び出された奴隷の四人に一人はこの奴隷海岸から運ばれたと言われている。現在の西インド諸島やブラジルで多くの信者を集めているブードゥー教やカンドンブレの起源が現在の西部ナイジェリアやベナンにあるのはこのためである。ブードゥー教は現在のベナンのフォン人の間における伝承・信仰がもとになった民間信仰だと言われ、ハイチやアメリカのニューオーリンズに多くの信者がいる。カンドンブレは西アフリカの神オリシャを巡る宗教実践に起源を持つ憑依宗教であると言われ、信者が多いのはブラジルのバイーア州やリオデジャネイロ州である。

ヨーロッパ人の西アフリカ沿岸部進出

西アフリカ沿岸部で本格的な交易を行った最初のヨーロッパ人は、ポルトガル人とスペイン人であった。西アフリカ沖のカナリア諸島でサトウキビ栽培を行っていたポルトガル人は、古くからアフリカ人を奴隷として使っていた。一五世紀になると本国にも奴隷を連れ帰るようになり、一六世紀中頃にはリスボンの人口（一〇万人）の約一割がアフリカ人奴隷であったと言われている。一五世紀の交易では、ヨーロッパ人商人が取引できる場所は現地の支配者たちが許可した交易基地に限られていた。そのような交易基地の一つとして、一四八二年にポルトガルが建設したサン・ジョルジュ・ダ・ミナ要塞の遺跡が現在もガーナに残っている。世界遺産のエルミナ城である（図二—一）。

一六世紀になると、オランダ、フランス、イギリスも西アフリカ沿岸部の交易に参入してきた。彼らがこの沿岸部の交易で多く取り扱った品物は、胡椒、金、奴隷であった。サハラ交易でアラブ商人やトゥアレグ商人に独占されていた品物を彼らは直接購入できるようになった訳だが、この時代になっても交易場所は沿岸部に限られていた。沿岸部のアフリカ人はヨーロッパ人が内陸部に進出することを決して許さなかった。またイギリスはこの頃、アジア貿易で高値を呼んでいる胡麻などの熱帯産香辛料を西アフリカ沿岸部で生産できないか探っていたが、西アフリカよりも西インド諸島や新大陸の方でより効率的に生産できることが分かりそれは断念した。このため西アフリカからヨーロッパに輸出される生産物は、象牙、木材、ゴム、蜜蠟、なめし皮、香料など伝統的な特産物が中心となった。

2－1　エルミナ城の遠景

一七世紀末、イギリスの王立アフリカ会社の収入は六〇％が奴隷貿易、四〇％はそれ以外の品目の取引によるものであった。シエラレオネでは奴隷よりも、染料用木材、象牙、蜜蠟の取引額の方が多かったという。セネガルでは一七、一八世紀までゴム、蜜蠟が重要な交易品であった。徐々に奴隷貿易の比重が増してきたとはいえ、一八世紀半ばまでの沿岸交易では地元産品の取引も盛んだったということになる。黄金海岸での最重要交易品が金から奴隷に移ったのは、一八世紀後半になってからのことである。

2　大西洋奴隷貿易の拡大

西インド諸島で高まる奴隷需要

西アフリカにおける沿岸交易を大西洋越えの奴隷貿易に一変させる動きが、西インド諸島で始まっていた。一六世紀、南米のスペイン領で銀鉱山が発見され、スペイン人入植者は、エンコミエンダ制（インディオをキリスト教徒化して保護することを条件に農園や鉱山において無給で働かせることが出来る制度）によって現地のインディオを強制的に働かせた。それは実質的には奴隷制と変わらない過酷なものであったうえ、インディオはマラリヤなどの熱帯病に弱かったため彼らの人口は急速に減少していった。インディオの人口減少を危惧するスペイン王室の考えもあり、遠く離れたアフリカの地から熱帯病に強い奴隷を調達することが考えられた。

こうして奴隷の輸出が始まった。アフリカから連れてこられた奴隷は当初はインディオに代わり銀鉱山で働かされたが、一七世紀に銀鉱山が枯渇し始めるとその使役先は、当時急速な発展を見せていた西インド諸島のサトウキビプランテーションへと移っていったのである。

伸びる砂糖消費

サトウキビを本格的に栽培した最初のヨーロッパ人は、ポルトガル人であった。彼らは一五世紀末に西アフリカ沖のマデイラ諸島やカナリア諸島でサトウキビの栽培を始めた。当時の砂糖はヨーロッパの一部の上流階級がたしなむ嗜好品であり高額な医薬品でもあったが需要は多く、新しく発見された西インド諸島での大規模栽培に期待がかけられた。コロンブスが二回目の航海の時（一四九三年）にサトウキビの苗を持っていったのはこのためである。

西インド諸島のプランテーションでサトウキビが大量に生産されるようになると砂糖価格は徐々に下がり、一七世紀中頃には砂糖入り紅茶が上流階級のみの独占物ではなくなりコーヒーハウスなどでも飲まれるようになってきた。砂糖需要の伸びを受け、一七世紀に西インド諸島の英領ジャマイカや仏領サンドマングなどで砂糖プランテーションが急速に拡大した。とはいえこの頃はまだ砂糖一〇〇グラムが職人の日当の何十倍にもなる値段であり、一般の家庭で大量に消費されるというわけではなかった。砂糖が一般大衆の家庭でもお茶に入れて飲まれるようになったのは一九世紀初頭のことである。ちょうどその頃、鉱山や工場で働く労働者にとってはそれが効率の良いカロリー補給食品として推奨されるようになり、砂糖消費は急速に伸びてきた。イギリスで開花した砂糖入り紅茶の文化を産業革命と結びつけて述べることが多いが、その砂糖消費を支えたのは、アフリカから西インド諸島や新大陸に運ばれた奴隷たちだったのである。

サトウキビ生産と奴隷貿易

西インド諸島のサトウキビ生産を支える奴隷の確保が急務となり、オランダ、フランス、イギリスなどは大西洋奴隷輸送を推進するための特許会社を設立した。フランスは、アフリカに向かう自国の奴隷船に対し奴隷運搬数に応じた奨励金を出した。イギリスも一六五一年から五四年までの間、他国領から輸入された砂糖に高い関税をかけジャマイカ産の砂糖輸入を保護した。一七七〇年代、カリブ諸島の奴隷の八〇%以上(一六～一八万人)は砂糖産業に関わる仕事についていたという。これらの優遇策により奴隷貿易は拡大し、西インド諸島の砂糖生産量も急増した。

大西洋奴隷貿易の主役はヨーロッパにおける貿易戦争の結果を反映し、一五～一六世紀のポルトガルから、一七世紀のオランダ、そして一八世紀のフランス、イギリスへと変化してきた。イギリスの砂糖輸入は急速に伸び、その輸入額は、一六九九～七〇年の六三万ポンドから一七七二～七四年の二三六万ポンドへと四倍の伸びをみせた。一七一四年から一七七三年までの間、西インド諸島からの砂糖輸入額がイギリスの総輸入額の二〇%を占めていたという。この驚くべき砂糖輸入を支えていたのが奴隷貿易ということになる。一八世紀以降、大西洋奴隷貿易に占めるイギリスの割合は他の国を圧倒し最大となった。一九世紀初頭の奴隷貿易の三分の二はイギリス船によるものであり、うち半分はマンチェスターの港町リヴァプールを基地とする船であったという。

三角貿易と中間航路

大西洋奴隷貿易は、ヨーロッパ、アフリカ、西インド諸島・新大陸を結ぶいわゆる三角貿易の一角を担う貿易であった(図二―二)。

ヨーロッパからアフリカに運ばれた品物は、一八世紀中葉以降の産業革命によって生産が増大した工業製品(綿製品、金属製品、武器)であった。産業革命の一大中心地であるマンチェスターの港町リヴァプールがこの三角貿易で栄えた。西アフリカから西インド諸島やアメリカ大陸に運ばれるのは奴隷であり、西インド諸島やアメリカ大陸からヨーロッパにもたらされるのが奴隷を使って生産された砂糖や綿花、タバコなどであった。

この三角形の航路を一隻の船で一周するには一年以上かかり、航海は失敗のリスクも高かったが、無事に帰還すれば莫大な利益を上げることができた。リヴァプールが奴隷貿易の最大基地となったのは、リヴァプールの奴隷船主たちが「無慈悲な効率」を追求して競争に勝ったからだと言われている。奴隷たちの扱いが非人道的だったことは後で述べるが、奴隷船の乗組員たちの扱いも酷いものであった。一七八六年にリヴァプールの港を出て一七八七年九月までに同港に戻ってきた奴隷船八八隻の乗組員を調べたところ、出発時に三一七〇人いた乗組員のう

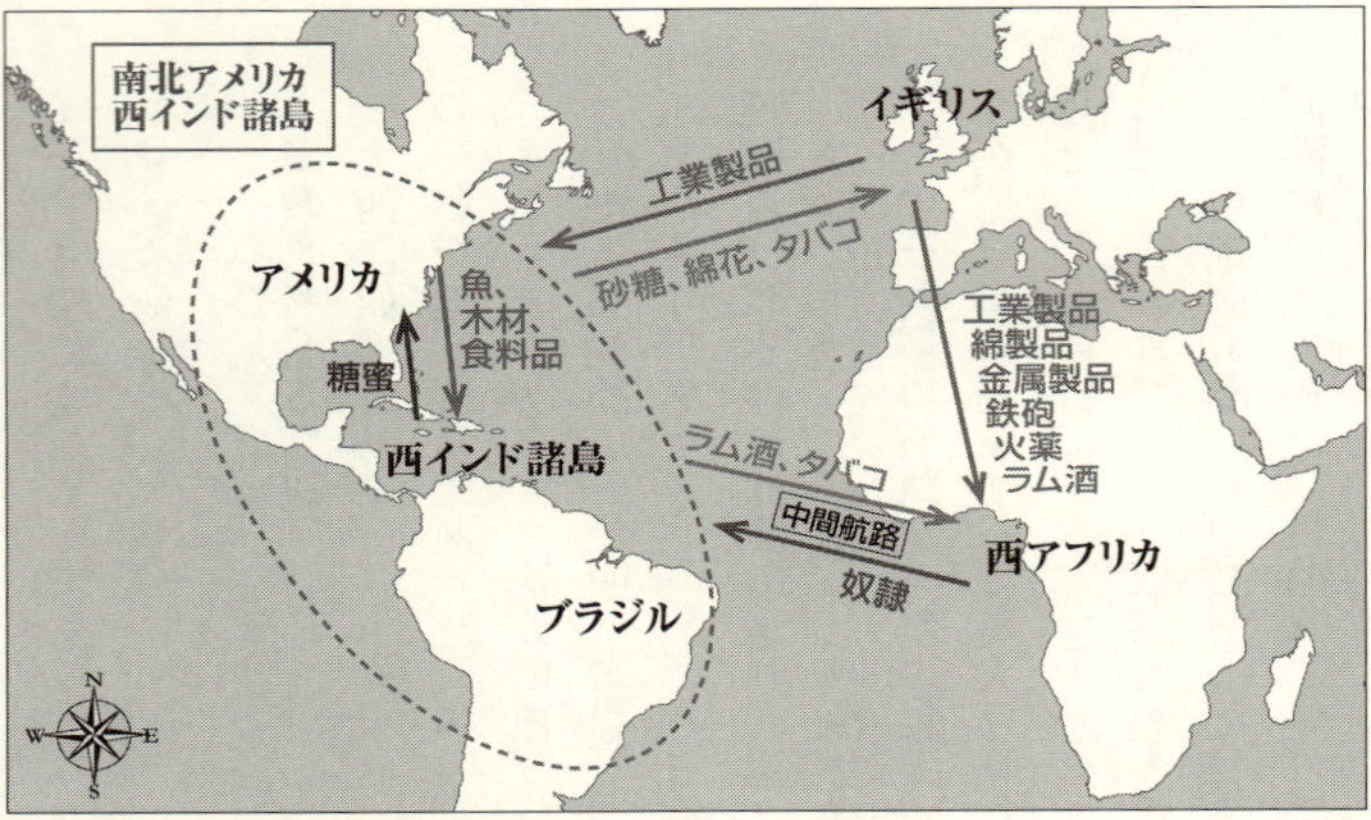

2－2　三角貿易と「中間航路」

ち同じ船で帰国した者は四五%にすぎず、約二〇%は航海中に死亡し、三五%はアフリカかアメリカで見捨てられたか解雇されたという。

一方で奴隷船の船長はやり方次第では大きな収入を得ることができた。船長の中には大富豪になった者もおり、例えば一八世紀中頃に三六年間奴隷船の船長をして引退したフランス人船長は、三〇万リーブル（一リーブル＝純金三・八八グラムとして現在の貨幣価値で約三七億円）の財をなしていたという。

しかし、奴隷を運ぶために作られた船は砂糖や綿花、工業製品の運搬には不向きであり、一隻の船で三角の航路を一年以上かけて廻るのは効率的とはいえなかった。このため西アフリカと西インド諸島やアメリカ大陸とを結ぶ航路（これを「中間航路」と呼ぶ）だけを往復する船がでてきた。この航路の往復なら六カ月しかかからない。しかも一八世紀に紙幣による決済が一般的になると、奴隷の売上金を砂糖などの現物で受け取る必要もなくなった。このため「中間航路」を往復する船がますます主流となってきた。

奴隷船と船主

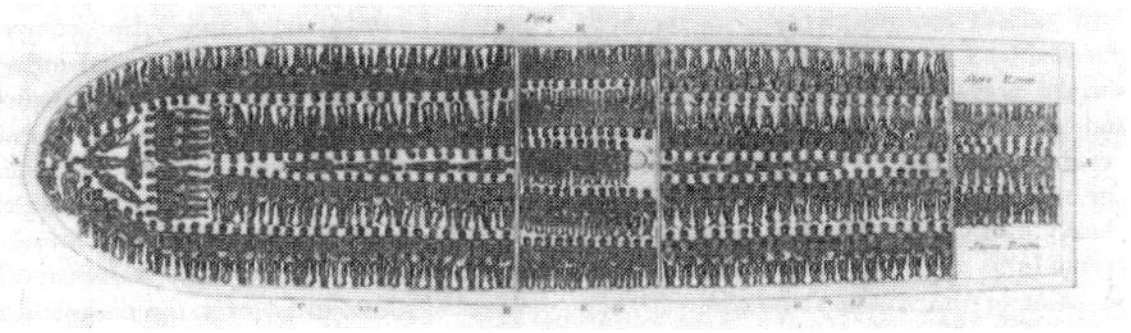

2－3　奴隷船の平面図（船倉が三層の船もあった）

図二―三は奴隷をぎっしりと積み込んだ奴隷船の平面図を示している。このような状態で奴隷は四〇日から七〇日かけて大西洋上を運ばれた。マストと仕切壁以外の空間にびっしりと詰め込まれており、後部の船倉には子供たちがまとめられている。

食事は朝夕二食とされ、朝食は、ラードといっしょに煮た豆、夕食は小麦やキャッサバに牛脂かラードまたはパーム油に胡椒を加えて煮たものが与えられた。キャッサバは南アメリカ原産の根茎作物であるが、奴隷貿易を通じて西アフリカ沿岸部に持ち込まれ、一六世紀頃から沿岸部での栽培が拡大していた。このキャッサバは、灰汁《あく》抜きをして粉状かチップ状に加工すれば貯蔵しやすく、腐敗しやすいヤムイモよりは船上の食糧として有用であった。

奴隷の健康状態は売る時の値段に影響する。船内での病気の蔓延は奴隷貿易にとっては致命的である。奴隷商人たちは奴隷を一日二回甲板に出し外気に触れさせ、甲板では垂直跳びのような運動をさせて最低限の健康維持に努めた。

しかし、船倉内には便所用の桶があり衛生状態は悪く、さらに下痢便や吐瀉物で床はいつもぬめっていた。掻き出し棒で桶に集めたこれらの汚物をデッキから海に捨てる作業は白人船員の仕事であり、彼らもその仕事には辟易していたようである。この掃除も毎日行われたわけではない。船員たちは、奴隷たちを甲板に出した時に舷《ふなべり》から汲み上げた海水を頭から浴びせ、汚物にまみれた身体を柄のついたタワシでゴシゴシ洗ったという。鉄製の枷《かせ》に擦れて化膿した傷口がうずくのを奴隷たちは我慢するしかなかった。このような状態であったため航行中の死亡率は高く、例えば一六世紀から一七世紀にかけてブラジルに奴隷を輸送したフランス船での死亡率はおおよそ一五〜二〇％であったという。死亡率は、残った船長日誌などから推計されたのであるが、一八世紀から一九世紀にかけては約一〇％台に低下したといわれている。

奴隷船の船長にとっては、西インド諸島、新大陸、アフリカ沿岸部での奴隷の値段とアフリカの奴隷商人に関する情報が重要であった。奴隷船の船長がリヴァプールやブリストルの船主に宛てた手紙の中で、奴隷たちの民族的違いにふれた記録が残っている。といっても彼らが奴隷の文化や習慣に興味があった訳ではなく、例えば、東部ナイジェリアのイビオ人やエフィク人は「おとなしくて御しやすい」が「元気をなくしやすい部族」であるのに対し、西部ナイジェリアのヨルバ人は「規律が正しく農耕に通じ勤勉な部族」であるといった、もっぱら奴隷の売値に関わる民族毎の性質的違いの記録であった。

さらに驚くべき記録もある。一七八一年のあるイギリス船では、水不足が深刻となり奴隷を生きたまま新大陸まで運ぶことが難しい状況になった時に、船長が自然死では保険金がおりないからと奴隷一三二人を海に投げ込んだという。それにより事故死亡保険金一人あたり三〇ポンドを手に入れたのである。

3　奴隷の数をめぐる論争

一〇〇〇万人を超える推計

大西洋奴隷貿易ではたしてどれ程の数のアフリカ人が大西洋の向こう側に送り出されたのであろうか。その数には諸説あり、一九六〇年代までの研究では、一五〇〇万人から二四〇〇万人の範囲とされていた。しかし、一九六九年に歴史家カーティンが、西インド諸島と南北アメリカ大陸に到着した奴隷の数を九五六万六〇〇〇人、輸送中の死者を一五九万人と推計し、結局アフリカから輸出された奴隷の総数は一一〇〇万人あまりと推計する画期的な研究書（『大西洋奴隷貿易』）を出版した（図二―四）。

これは、西インド諸島や南北アメリカの輸入統計を年代別、国別に整理分析し、それらの地域における奴隷人口・民族構成の記録も詳しく分析した上で、ヨーロッパの港を出る奴隷船の記録を調べ、西インド諸島やアメリカ大陸に上陸した奴隷の数を推計したものである。さらに奴隷船の船長の航海日誌から航海中の奴隷の死亡率を調査し、その平均値として一五％を算出

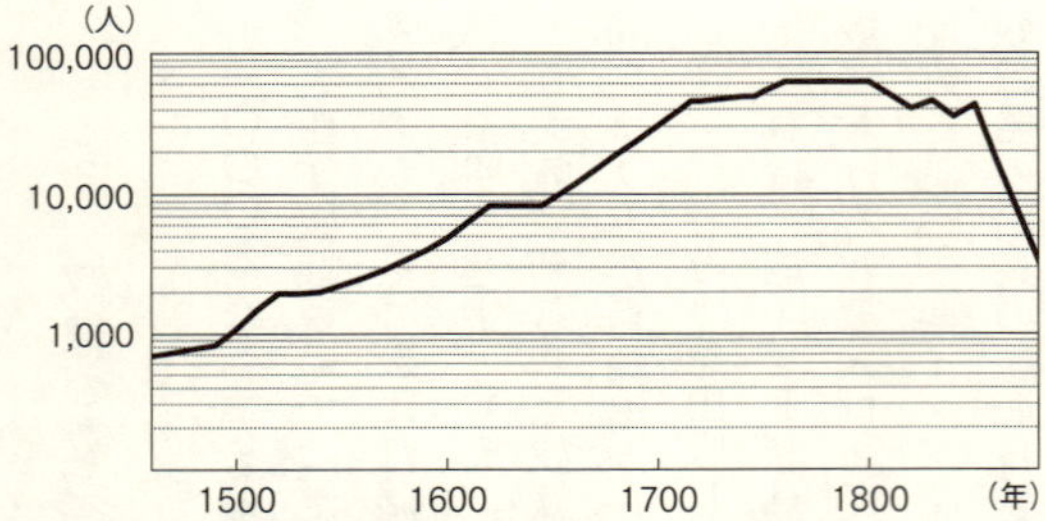

2－4　年代ごとの奴隷輸出数（カーティン266頁）

した。

彼の研究を質量ともに凌駕する研究はその後出ていないが、歴史学者ラヴジョイが一九八二年に発表した論文で、カーティンの推計値の正確さを評価しつつも、一七〇〇年以前の輸出量の修正や一八世紀の輸出数の再検討、さらに輸送中の死亡率の引き上げ（二〇％に）などを行い、一四五〇年から一八六七年までのアフリカからの奴隷輸出数をカーティンの数値よりも少し多めの一二〇〇万人とする推計値を出した。今のところ、これが一番信頼のおける推計値と考えておいて良いであろう。

比較のためにサハラ交易（七世紀から二〇世紀までの間）で砂漠を越えて北アフリカに送られた奴隷の推計値を示してみたいのだが、こちらの方は推計の根拠となる資料もなくはっきりしない。歴史書に書かれている数字も九〇〇万人から一八〇〇万人とばらつきが大きく、大西洋奴隷貿易の規模と比較するのは難しい。しかしただ一点、一〇〇〇年を超えるサハラ交易による奴隷輸出数と、一五世紀から一九世紀のわずか三世紀半の大西洋貿易による奴隷輸出数の推計値がほぼ同じレベルの数であることに注目しておきたい。大西洋奴隷貿易の凄まじさが理解できるであろう。

奴隷の数が意味するもの

アフリカ人歴史家の中には、カーティンの研究を文書（史料）主義に固執する（西欧）歴史学の限界を示すものとして批判する人が多くいた。それは、書き残された記録がないところに歴史はないとする頑迷な歴史学の方法論に対する反発から出た批判ともいえる。ヨーロッパ人は長らく「無文字社会のアフリカに歴史はない」とみなしてきた。残された記録が少ない奴隷貿易についても文書主義に固執したことで、カーティンの推計値は必然的に過小評価になっているとアフリカ人歴史家は批判したのである。しかし、ラヴジョイが改めてカーティンの推計方法を検証し、大きな遺漏がないことを確かめたので、そのような方法論的欠陥を理由とした反論はその後出なくなってきている。

そこで、一六世紀から三世紀半の間にアフリカから連れ去られた人の数をラヴジョイの示した一二〇〇万人とすると、この期間、アフリカの人口が毎年約〇・二％減少したことを意味する。それは当時の自然人口増加率の水準にほぼ等しい値であり、これは、一六世紀から一九世紀にかけてアフリカに人口増加がなかったのと同じことを意味する。しかも奴隷の多くが働き盛りの成人男女と子供たちであったことを考えると、この人口損失がアフリカの経済発展に与えた影響は計り知れない。

アフリカでも奴隷だったのか

カーティンの推計値は、一九七〇年代に、アフリカ社会における奴隷制をめぐる論争を巻き起こした。ヨーロッパ人が新大陸に連れ出した奴隷は、そもそもアフリカ社会が内部に抱えていた奴隷だったのかという点に関する議論であった。

ヨーロッパ人が奴隷貿易の正当性を自らに納得させるために用いてきた説明は、アフリカで不幸な一生を送っている奴隷たちにとっては、新大陸のプランテーションで働く労働者になる方がはるかに幸せだろうというものであった。この説明に説得性をもたせるためには、奴隷貿易以前からアフリカ社会に大量の奴隷身分の人がいたことを証明しなければならない。そこで、連れ出された奴隷の数が、もともとアフリカ社会にいた奴隷の数を下回るかどうかが重要な意味を持ってくる。

アフリカ社会における奴隷の滞留説に対し、ロドニーなどの従属論者たちは、アフリカの奴隷は大西洋奴隷貿易によって「創られた」のだと反論した。従属論とは、一九六〇年代にラテン・アメリカ経済に関する議論で登場し、七〇年代にはアフリカにおいても広く支持されてきた世界経済理論で、アフリカなどの第三世界の低開発は、資本主義体制のもとで歴史的に作られてきた支配＝従属関係のもとで創られてきたものであり、先進国の経済発展と表裏一体の関係にあると主張する理論である。いわく、「一五世紀以前のアフリカの社会関係の基本原理は共有制と結びついた家族・血縁の原理だった……奴隷は極端に少なく奴隷制時代もなかった。

……捕虜は、はじめは奴隷に匹敵する低い地位にあったが、その後急速に捕虜とその子孫たちは自由人となった。封建制とも資本主義制とも異なる状況では、人間による人間の収奪は永続しえないからだ」と。そしてロドニーは、一六世紀以降本格化した大西洋奴隷貿易は、アフリカ社会に本来いなかった奴隷を創り、それを輸出したのだと主張した。

イクイアーノの自伝

アフリカ社会における奴隷身分について考える時、解放奴隷自身が書いた自伝が参考になる。その一例として、東部ナイジェリアで一七四五年に生まれ、奴隷から解放され自由を獲得したイクイアーノの自伝をみてみよう。この自伝で彼は、家に妹と二人でいた時に突然襲ってきた男二人、女一人の誘拐者に捕らわれ奴隷にされたと書いている。彼は大西洋越えの奴隷船に乗せられ新大陸に連れて行かれる前にアフリカ内で、鍛冶屋や商人（奴隷商人かも知れない：筆者注）に三度ほど売り買いされている。その時の奴隷としての生活が、通常イメージされる奴隷とは異なっているのである。「この男（買い主の鍛冶屋）には妻が二人と何人かの子供がいた。彼らは皆、わたしをとても良く扱ってくれた」。その家の子供たちの遊び相手として自由に過ごしたが、唯一許されなかったのは彼らといっしょに食事をすることであった。二人目の買い主（おそらく奴隷商人）のところでは、離ればなれとなった妹と再会し、その主人は好きなだけ二人でいさせてくれた。「わたしは一度も彼らから手荒い扱いを受けたことはない。また、逃亡を防ぐために必要な場合に縛ることはあっても、彼らが奴隷を虐待している場面をみたことはない」と書いている。奴隷商人が奴隷を「商品」として大切に扱うのは当然だという見方に立てば、二人目の買い主が彼を虐待しなかった理由は理解できる。しかし彼以外の奴隷たちも同じ家屋敷の中に建てられた小屋に住み、食事を共にしないという点を除けば日常生活で奴隷と自由人の違いを見極めるのは難しいくらいだったという。

イクイアーノの自伝には、母親が奴隷であったために生まれながらに奴隷となった者、飢饉の時に食物を乞う代わりに奴隷になった者、戦いで捕虜になり奴隷となった者たちに対し、奴隷所有者は衣食住と畑と、その収穫物の半分を、そしてさらに妻か夫を与えてやらなければならないという記述もある。ヨーロッパの奴隷と異なり、奴隷でありながら畑を与えられ、奴隷の子供が自由人になることもあった。しかし、人殺し、盗賊、その他の罪で有罪となり奴隷にされた者たちに対する扱いは違ったようで、彼らは主人から厳しい扱いを受けることがあったという。奴隷といっても一括りにできない多様性があったことを示している。

しかし、いったん奴隷商人に売られてしまうと、このような多様性は意味を成さなくなる。奴隷商人の手に渡ると、罪を犯した人も、借金で自由身分を失った人や食糧のかた（抵当）として奴隷にされた子供たちも、同じ奴隷として扱われヨーロッパ人商人に売り出された。

「創られた」奴隷

アフリカ社会の奴隷制に関する議論は、アフリカ社会における奴隷身分の存在とその多様性を明らかにしたが、しかしそれは、ヨーロッパ人が西アフリカ沿岸部に大量の奴隷を求めに来た時にそれに応じるだけの充分な数の奴隷（それがどのような種類の奴隷であれ）がアフリカ社会にプールされていたという説を支持するものとはならなかった。

頻発する奴隷狩りの記録や一八世紀末のヨルバ諸国における戦争捕虜急増の記録をみると、一八世紀末以降西アフリカから輸出された奴隷は、結局はヨーロッパ人の需要に応じて「創られた」奴隷であったということは明らかである。それはアフリカ社会に伝統的に存在した奴隷身分の人たちの枠を大きく超え、戦争や奴隷狩り、誘拐等によって積極的に「創られた」奴隷と考えるべきである。その中で最も大量に奴隷を「創った」のが戦争であり、それを激化させたのが、ヨーロッパ人が西アフリカ沿岸部に持ち込んだ銃や火薬であった。

一八世紀末に西アフリカ内陸部を探検したマンゴ・パークは日記の中で「アフリカの奴隷の自由民に対する比率はだいたい三対一だと思う」と書き、「バンバラのマンソング王がカールタに戦いを挑んだとき、彼は一日で九〇〇〇人の捕虜を捕らえたが、そのうち自由民はたった七〇人であった」と書いている。

時代が下り、一八五二年のダホメーとアベオクタ（第三章の図三―三）の間の戦争の記録では、ダホメー側は一二〇〇人が死亡し、三〇〇〇人近くが負傷し、約一〇〇〇人が捕虜にされたという。そして捕虜の多くはラゴスやダホメーの市場で奴隷として売られたという。また一八六

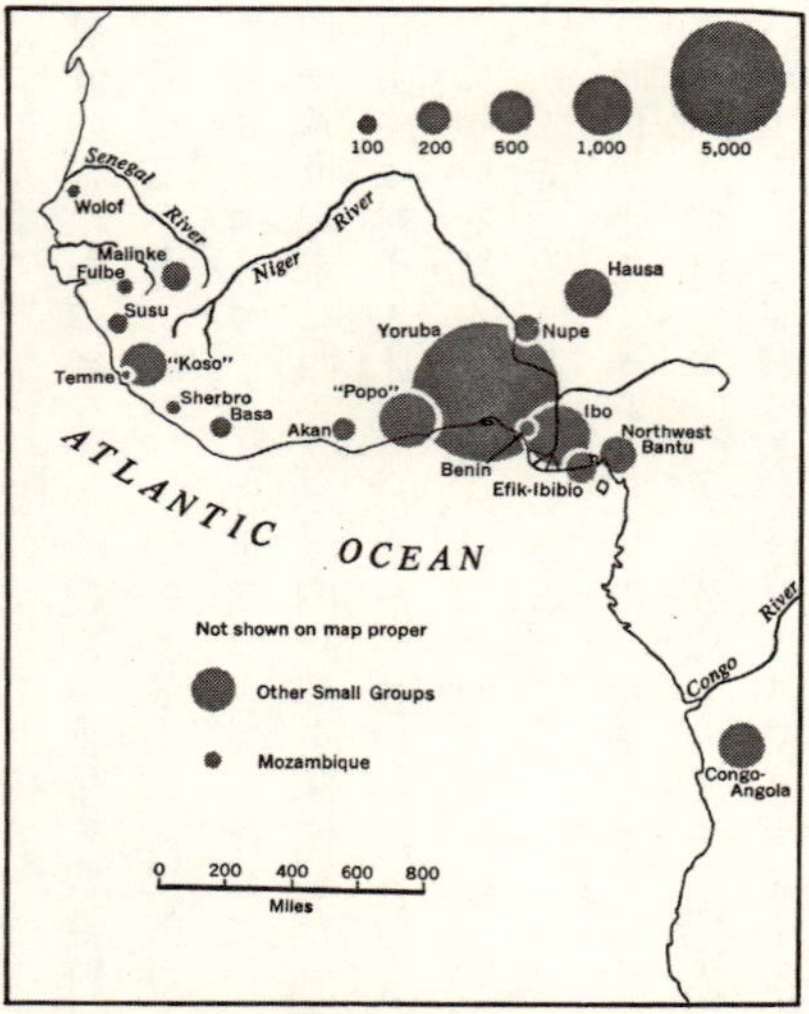

2－5　1850年のシエラレオネで解放された奴隷の出身地

〇年から六二年にかけてイジャイ（現在のナイジェリアにあった国）で続いた戦争では、イジャイ側が一八〇〇人の奴隷兵を失ったという記録もある。これは、兵隊自体が奴隷によって構成されていたことを示している。この頃になると、兵士の多くが奴隷で構成されており、敗戦側の捕虜はさらに奴隷にされたということである。いずれにしても戦争が起きる度に大量の奴隷が「生産」される状況があり、その奴隷がヨーロッパ奴隷商人に売り渡されたということになる。

図二―五に示したのは、一八五〇年頃にシエラレオネで奴隷船から解放された奴隷の出身地調査の結果を示したものである。解放場所とその時期、さらにサンプル数の少なさという限界はあるが、イギリスに続いてフランスも奴隷貿易を禁止（一八四八年）した後でも、現在のナイジェリアから多くの奴隷が連れ出されていた事が分かる。

第三章　奴隷貿易の禁止

1　イギリス議会の決定

「マンチェスター派」がやり玉に挙げた奴隷貿易

イギリス議会は一八〇七年に英帝国領内における奴隷貿易禁止法を制定した。この法律は奴隷制そのものを禁止するものではなかったが、貿易の禁止はやがて奴隷所有を消滅させ奴隷制の廃止につながるだろうという説明が行われた。しかし他の国々が奴隷貿易を続けている中では奴隷制廃止に結びつかないことは明らかであった。イギリスはまずフランスに対して奴隷貿易の禁止を訴え、一八一五年のウィーン会議ではヨーロッパ各国に奴隷貿易禁止を訴えた。しかしどちらも賛成を得ることは出来なかった。

なかなか進まない奴隷貿易禁止を促すために、イギリスは一八三三年、イギリス帝国領内での奴隷制を廃止する奴隷制廃止法を制定した。これによりイギリス帝国領内での奴隷貿易はもとより奴隷の所有自体も禁止となった。やがてフランスも、一八四八年になってフランス全領土での奴隷貿易禁止を決定した。二大貿易国の奴隷貿易禁止で奴隷貿易は急速に減少した。ポルトガルやスペインは一八六〇年頃まで奴隷貿易を継続していたが、それも減少しつつあった。

ではイギリスが率先して奴隷貿易禁止や奴隷制廃止に踏み切ったのは何故だろうか。その理由として挙げられるのは、人道主義者たちの反奴隷貿易運動の高まりとイギリスの経済構造の変化である。人道主義者たちの反奴隷貿易運動は一八世紀末から高まりをみせるのであるが、それは一八世紀の重商主義から一九世紀の産業資本主義への転換と密接な関係があったと言われている。

イギリスの高い砂糖関税に守られ莫大な財をなした砂糖プランターたち（砂糖プランテーションの所有者）は、自らはイギリスに豪邸を構え貴族のような生活をしていた。彼らは一九世紀初頭には四〇人にも及ぶ議員を国会に送り出して「西インド諸島派」と呼ばれる圧力団体となり、保護関税撤廃の動きを常に阻止してきた。これに対し、綿織物工業の発達で大量の労働者を抱えるようになったマンチェスターの産業資本家たち（「マンチェスター派」とも呼ばれる）は、穀物価格を高くしている穀物法にまず反対し、つぎに、労働者の消費が増えていた砂糖の価格引き下げを求めて砂糖関税や砂糖法などの撤廃を訴えた。

「マンチェスター派」が「西インド諸島派」を批判するにあたって、砂糖プランテーションにおける奴隷使用とそれを支える奴隷貿易をやり玉に挙げた。奴隷利用に頼っていた砂糖プランターたちは、奴隷貿易禁止には反対であった。「マンチェスター派」の産業資本家たちは、奴隷貿易禁止の最大の障害になっているプランターたちを批判することで、人道主義者や福音主義キリスト教徒の支持を取り付け、やがて世論の支持も得て、一八四〇年代には砂糖関係の特恵関税を引き下げることに成功した。

一八世紀に入ると英領西インド諸島の砂糖産業は衰退期に入り、新しい植民地であるブラジルやキューバ、サント・ドミンゴなどでの発展が著しかった。もはや英領西インド諸島の砂糖産業を保護するより、これら新産地を市場とすることの方が「マンチェスター派」にとっては重要なことであった。英領西インド諸島の砂糖産業の衰退が奴隷の輸入を減少させていた現実も、奴隷貿易禁止に対する「西インド諸島派」の抵抗を弱くしていた。「西インド諸島派」の人たちは、イギリス政府が西インド諸島の奴隷所有者に二〇〇〇万ポンドを支払うことと引き換えに奴隷制度廃止を受け入れた。一八三三年の奴隷制度廃止法はこうして成立したのである。

奴隷貿易禁止前のアフリカの奴隷商人

奴隷貿易の禁止は、西アフリカの人々にとっては寝耳に水の知らせであった。西アフリカ沿岸部には奴隷貿易で栄える奴隷商人や王が多数いた。彼らの日常は奴隷貿易を中心に回っていた。現在のカラバーに近い沿岸部で奴隷貿易をしていたエフィク人デューク首長の日記（一七八五―八八年）を見ると、奴隷売買や食糧であるヤムイモの搬入などで複数のヨーロッパ人と忙しくやり取りしていた様子が窺える。奴隷を引き渡す前に先に品物を受けとる「前渡し交易」といわれる当時の信用取引の実態もよくわかる。

彼らはヨーロッパの奴隷船が沖合に来ると礼砲を撃ちこれを迎えた。小舟でその船にでかけ、その船上で奴隷取引の相談をした。ヨーロッパ人商人から「前渡し品」として銅棒、ナイフ、ラム酒、ジン、水鉢、ビーズ、錠、鉄砲、火薬、砲弾、鏡等の製品を受け取った。輸出できる奴隷が手元にある場合はすぐに船積み作業に入るが、奴隷の蓄えがない場合は後日再度この地に戻って来るまでに決められた数の奴隷を揃えることを約束した。沿岸部の奴隷商人たちは、この前渡し品で奴隷と奴隷用の食糧であるヤムイモを調達したのである。前渡し品は信用貸しだったわけで、デルタ地域の奴隷商人の中には一人で三〇〇〇ポンドから五〇〇〇ポンドという高額の信用貸しを受けていた者もあったという。一八五〇年代になると、イギリス人商人がカラバー地区の現地商人に信用貸し取引で支払った報酬額は七万ポンドで、活動費として与えていた信用額は一三万ポンドにも達していたという。

アフリカ人奴隷商人の日記には、奴隷狩りのために秘密結社「レオパード」を利用していたことや、ヨーロッパ人商人の来訪が途切れると、早い来航を祈って生け贄の儀式を行ったことなども書かれている。このような奴隷貿易中心の日常を送っていた奴隷商人たちに、奴隷貿易の禁止が突然伝えられたのである。

コラム④：ヤムイモ

　ヤムイモは日本のヤマイモと同じヤマノイモ系の根茎作物で、西アフリカ沿岸部では現在でも最も大切な主食作物である。キャッサバが南アメリカから導入される前は奴隷船の食糧として重用された。一七、一八世紀の奴隷船の記録によると、奴隷五八三人の船で五万本のヤムイモ、四一〇人の船で三万五〇〇〇本のヤムイモが積み込まれたという。一人あたり八五本前後にあたる。それは馬鹿にならない量であり、ヤムイモにかかる費用は奴隷貿易の経費の五％にもなったという。一七世紀末頃になると、奴隷貿易を行っている沿岸部都市の周辺だけでは調達が間に合わなくなりヤムイモの供給地は後背地に拡大していた。

　ヤムイモは風通しの良い日陰に吊るしておけば半年以上貯蔵ができる。しかし湿度の高い奴隷船では大西洋越えの二カ月あたりが精一杯だったのではなかろうか。一八世紀末になりキャッサバの栽培が西アフリカ沿岸部で普及すると、ヤムイモに代わり奴隷船用の食糧として利用され始めた。キャッサバは毒抜きしたあと擂り下ろして乾燥させればパン粉のようになり貯蔵しやすい。料理する時は熱湯の中にその粉を溶かして餅状にすればよい。調理も簡単なため、奴隷船用の食糧としてはヤムイモより適している。

　しかしキャッサバは味ではヤムイモに敵わない。

ヤムイモの販売（上）
ビーフシチューと搗きヤムのセット

ヤムイモは蒸してそのまま食べることができるが、蒸したものを臼で搗いて餅状にして食べると一層美味しい。この搗きヤムを、オクラやモロヘイヤのような粘りのある野菜をベースにしたスープに絡めて食べるのであるが、スープには好みに応じて魚や肉を入れる。モチモチした搗きヤムを右手の指先に一口大ほどつまみ取り、スープを絡め取りやすいようにくぼみをつけ、スープにくぐらせて食べるのである。納豆餅を食べる時の食感に似ている。できればそれを噛まずに「呑み込む」のが通な食べ方である。収穫直後の新ヤムの「のど越し」は、滑らかな白玉のようで格別である。

2 奴隷貿易禁止がもたらしたもの

解放奴隷はどうなったか

一八〇七年の奴隷貿易禁止法の制定後まもなくしてイギリスは、シエラレオネ半島にある町フリータウンに「西アフリカ小艦隊」の基地を置いた。一八三三年に英帝国領内での奴隷制を禁止したイギリスは、西アフリカ沿岸部に同艦隊を派遣し奴隷貿易の取締りを強化した。自国の奴隷船取締りが第一の任務であったが、一八四八年にフランスも奴隷貿易禁止を決定してからはスペイン、ポルトガル船も対象にして全面的に奴隷船を取り締まるようになった。

艦隊による奴隷船の取締りは多くの悲劇と奇跡を生んだ。悲劇的なケースは、遥かな水平線上に奴隷船を発見した艦隊が急行して接舷するまでの間に、鎖でつながれた奴隷たちが証拠隠滅のために海に投げ捨てられたケースである。その一方で、この艦隊のお陰で自由を手に入れた人たちもいた。艦隊に保護された奴隷たちは、現在のリベリアの首都モンロビアやシエラレオネの首都フリータウンの地まで運ばれ、そこに上陸させられたあと解放された。解放奴隷と言われる彼らは、それらの地で新しい人生を歩むことになった。中には故郷の土地に戻るためにこの地を離れ長い旅路に就いた者もいた。

モンロビアはかつて「胡椒海岸」と呼ばれた地域にある。アメリカ植民協会が自国の解放奴隷の帰還先として選んだのがこの地域であった。同協会は一八二二年に初めてこの地に解放奴隷を送った。その後もこの地への解放奴隷の入植は続き、彼らが中心となり一八三三年リベリア連邦の成立を宣言した。これが今日のリベリア共和国のもととなっている。

また一八世紀末からイギリスで高まった奴隷制廃止運動の一環で、解放奴隷のための入植地として選ばれたのがシエラレオネ半島である。ここにイギリス国内から解放奴隷が送り込まれた。後に西インド諸島や西アフリカ沿岸部で解放された奴隷たちもこの地に送られた。

アメリカやイギリスからモンロビアやフリータウンに送られた解放奴隷たちは、キリスト教徒となりミッションスクールで西洋教育を受けるものも多かった。彼らは周辺の地元民からみれば、生活様式も西洋化した外来人であった。教育水準の高い彼らはその後リベリアやシエラレオネの国政において常に指導的役割を担うことになった。シエラレオネにおけるクリオやリベリアのアメリコ・ライベリアンと呼ばれる解放奴隷の子孫たちは長らく特権的階級を形成し、クリオは一九六〇年代までシエラレオネの、アメリコ・ライベリアンは一九八〇年代までリベリアの政治・経済を支配してきた。

合法貿易の代表：パーム油生産

奴隷貿易が禁止となり、奴隷以外の貿易は「合法」貿易と呼ばれるようになった。図三―一は奴隷貿易で運び出された奴隷の数と合法貿易の象徴的産物であったパーム油の貿易額の推移を示している。スケールの単位が異なることに注意が必要だが、奴隷貿易が一八三〇年代に激減したのに対し、パーム油は一八二〇年代以降急増していることが分かる。

奴隷貿易は、奴隷の獲得、維持管理、運搬、売却などを統括する能力を持つ王や有力な商人のみに許された独占的貿易であった。王国は戦争で大量の捕虜を獲得し、奴隷商人は三〇～四〇人乗りの大型カヌーで内陸部に出かけて奴隷狩りを行いさらに市場でも買い付けをして奴隷を獲得した。沿岸部の王国や奴隷商人たちは、奴隷の監視や食糧調達に多くの時間を割かねばならずその活動を維持するために一定の武力を保持し、統率された管理・運営システムを持っていた。

これに対し合法貿易の代表格であったパーム油の交易は、生産の現場から輸出に至るまで多くの民間人が関与する加工・流通システムを必要とした。農民はアブラヤシの樹から実を切り落としそれを圧搾機にかけパーム油を集める。パーム油は西アフリカ沿岸部の人たちの食事に欠かせないものであり、ヤシの実から搾油すること自体は農民にとって手慣れた作業であった。輸出用の搾油は品質保持の点で多少注意すべき点があったが農民たちにできないほどのことはなく、すぐにも生産が伸びる素地はあった。搾油された油をヒョウタンに詰めて市場に持ち込み商人に売る。農民から集めた油を小さな樽に移し替えた商人は、それを港まで運び船積み用の大きな樽に詰め替える。こうしてようやく輸出となる。

このように農民たちが生産し搾油したものを安心して市場まで持っていくためには、農村部が平和でなければならない。さらに地方の市場から沿岸部までの交通路も安全でなくてはならず、奴隷狩りや戦争が起きる状態ではこの交易は成り立たない。奴隷貿易を支えてきた王国や奴隷商人たちの存在が、パーム油の交易にとっては阻害要因となる時代になってきたのである。

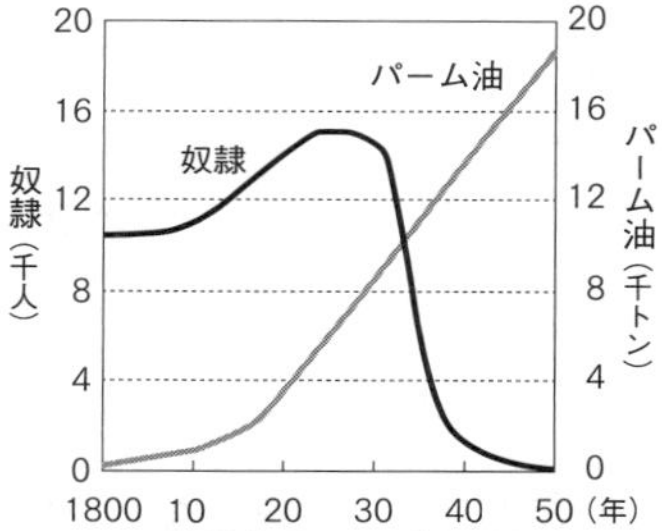

3－1　奴隷貿易から「合法貿易」への転換

ヨーロッパ人商人の内陸部進出への怖れ

沿岸部で奴隷貿易を取り仕切ってきた奴隷商人や王国の支配者たちは奴隷貿易から合法貿易に替わることに怖れを抱いていた。短期的に収入が激減することもさることながら、合法貿易を理由にヨーロッパ人が直接内陸部に進出してくるのではないかという怖れであった。

一九世紀のアフリカ商人や国王がヨーロッパ人商人の進出を如何に怖れていたかを示す事例を一つ紹介しておこう。時代は一八二〇年代、探検家クラッパトンが北部ナイジェリアのボルヌ王国を訪問した時の話である。通商協定の締結を打診したクラッパトンたちに対して土地のエミールは「我々の国は莫大な富を持つ富裕者が旅行するには適さない国である。小資本の人たちが四〜五人程で来る場合は危害を加えることはしない。この四〜五人が許される数の限度である。これ以上の人はここへ来てはいけない」と言った。彼が如何にヨーロッパ人商人の進出を警戒していたかが分かる。その後の一八二五年に、クラッパトンが友好通商条約の締結のためにソコトを再訪したとき、ソコトのスルタンが非協力的であったのもイギリス人の直接進出を怖れたからである。

しかし、ヨーロッパ人の直接進出は現実のものとなった。イギリスは、奴隷貿易禁止を迫ってナイジェリア沿岸部に取締り艦隊を派遣し、奴隷貿易を止めない港は封鎖も辞さないという強い態度に出た。現地の商人（首長）たちに奴隷貿易反対の協定締結を迫り、一八三四年にブラスで、三九年にボニーで、四一年にカラバーで、四二年にアボで相次いで協定を結んだ（第五章の図五―一）。

イギリスはこの協定で、奴隷貿易を止める代わりに商人たちに一定期間代償金を支払うことを約束した。しかしその額は奴隷貿易収入に比べれば非常に少額だったため、王や商人たちの不満は大きかった。このような不満を抱いたボニーの奴隷商人たちが、一八三六年に奴隷貿易取締り艦隊の船長を誘拐・監禁するという事件を引き起こした。この事件はイギリスが軍を急派して船長を奪還することで決着をみたのであるが、イギリスはその後、協定条項を一項目でも破れば躊躇なく軍隊を派遣するようになった。

合法貿易に転換した奴隷商人組織「ハウス」

奴隷貿易時代にナイジェリア沿岸部で栄えていたアフリカ人奴隷商人たちは英語でハウスと呼ばれる組織を作り、沿岸部の港町を支配し周辺一帯にも支配圏を広げ貿易を行っていた。ハウスは、数軒の家でできたグループがさらにいくつか集まってできたものであり、人口数にして一〇〇人から一〇〇〇人程の規模であった。貿易で成功した者や、奴隷や家のメンバーを多数所有する者がハウスの長になった。他のハウスとの勢力争いに勝ち残るためには奴隷貿易で利益を上げメンバーの数を増やす必要があった。ハッチンソンの推計によれば、一八六〇年ごろの東部ナイジェリア沿岸部では、全住民の三分の一がハウスのメンバーで、残り三分の二が奴隷であったという。

奴隷貿易時代には、戦闘カヌーを所有しその乗組員として多くの奴隷を使っていたハウスも、一八五〇年頃には、パーム油の交易に移行していた。奴隷貿易時代の交易ネットワークをパーム油の交易ネットワークに替える必要があり、ハウスの長になる人物には新時代の経営能力が求められた。もともとハウス制度では血縁関係の重要性は低く、解放奴隷を含む非血縁者もハウスのメンバーになることができ、才覚があればハウスの長になることも可能だった。

この変換期に幾つかのハウスでは、経営能力があり人望を得た解放奴隷がハウス長となった。ハウス長の中でもとりわけ権威のある最長老は、白人との交渉権を独占し、コメイと呼ばれる交易手数料を徴収する権利を持っていた。ハウス長らで構成するハウス会議に対しても強い権限を持ち、町の政治にも強い影響力を持っていた。解放奴隷の中にはこのような最長老の地位に就く人物もいて、その内の一人がパーム油の一大生産地で強大な王となったジャジャ（図三—二）である。

悲劇の王ジャジャの生涯

ジャジャは、一八二一年生まれのイボ人である。彼は一二歳の時にニジェール・デルタのボニーという町のアリソン首長に奴隷として売られた後、ペップル・ハウスに売られ、そこでパーム油の貿易に従事した。ここで彼はすぐれた商才と統率力を発揮した。

一八五四年にペップル・ハウスでペップル派と反主流のアラリ派に分裂する内紛が起き、ジジャはアラリ派についた。結局アラリ派が勝利したのだがそのアラリが死亡してしまい、ジャジャがその後を継ぐことになった。パーム油の生産地の事情に詳しく交渉力にも長けるジャジャは、一八六〇年代になるとニジェール・デルタで最も強い勢力を持つハウス長になった。

やがて彼は、ボニーにあった一八のハウスのうち一四を束ねてオポボと名乗る国を作り、一八六三年にこの国の王となった。オポボ国の領地は、海岸のボニーと内陸部（イボやイビオ人の地）の間にあり、パーム油の交易路を支配する要衝の地であった。

　強大な権力者となったジャジャは、合法貿易で内陸部に進出しようと考えていたイギリスの商社と衝突することになった。一八八六年、オポボの内陸部で商業活動を行おうとするイギリス商社に対し、ジャジャは営業税の支払いを求めた。イギリス商社がそれを拒否すると、ジャジャは全ての商業活動を禁止する命令を出した。彼はこの時、イギリスに直接パーム油を輸出することまでして、イギリス商社に対抗しようとしたのである。

3－2　伝統的衣装のジャジャと洋装のジャジャ

　このジャジャの権力と能力に驚いた現地のイギリス人領事ジョンストンは、彼を騙してイギリスの艦船に呼び出し、その場で捕らえてゴールド・コーストに送った。そこで裁判にかけて協定違反の罪で有罪とし、島流しのように西インド諸島に送ったのである。ジョンストンのこのやり方はイギリス国内で問題視され、ジャジャの西インド諸島での生活は拘束もなく自由なものとなった。彼が故郷オポボで得ていた交易手数料（コメイ）の補償金として年八〇〇ポンドの手当も支給されたのだが、ジャジャの望郷の念は募るばかりであった。その願いは四年後の一八九一年になってようやく認められ、彼は帰郷できることになったのだがその旅路の途中、アフリカ本土を目前にしたカナリア諸島のテネリフェ島で彼は亡くなってしまった。奴隷貿易から合法貿易への転換期を生きた数奇な生涯の一つといえよう。

ジャジャの他にも解放奴隷からハウスの支配者になった者がいる。ニジェール・デルタのイセキリ人で、別名「ベニン川の総督」と呼ばれたナナである。一八四八年に、ワリ国では王が亡くなった後に二人の息子たちも相次いで亡くなり、王不在の状態となった。この時イセキリの人たちは、王に代わる代表者を地域の有力者から選ぶこととし、当時貿易で成功していたハウスの長であるナナを代表に選んだのである。

ジャジャといいナナといい、解放奴隷出身者がハウスの長になり、やがて地域の代表や王になるという物語は、奴隷貿易から合法貿易への転換期という時代を映し出している。同時に、強い中央集権的国家が存在しなかったニジェール・デルタの社会の特色を反映しているとも言える。ハウスの長が、血縁主義ではなく能力主義によって決められたという点は、現代のニジェール・デルタの武装集団にもその類似性がみられる。

3　現地社会の対応

アベオクタ：禁止を受け入れた国

奴隷貿易の禁止を謳うイギリスに協力し、イギリスの威光と武力を利用して近隣諸国よりも優位に立とうというアベオクタのような国もあった。アベオクタは、ヨルバ諸国間の戦争で敗れたエグバ地域の人々が戦禍を逃れ辿り着いた岩山（オルモ・ロック）の麓にできた町である（図三―三）。

3－3　兵士が立て籠もった岩山（オルモ・ロック）　エレベーターや階段が整備され、誰でも登れるようになっていて、いささか神聖さに欠ける風景となっている。岩の上からは起伏の多いアベオクタの町が一望できる

一九世紀初頭から続くヨルバ戦争のなかで生き残るためエグバ地域からアベオクタに逃れてきた人々は、うち続く戦争の中で武器と弾薬を必要としていた。武器と弾薬を手に入れるためには大西洋岸に来ている外国船との取引が必要で、ラゴス近くにある沿岸の港町バダグリに至る交通路の確保が不可欠であった。そこでアベオクタの王は、その交通路上にある小国エグバド（これもヨルバ諸国の一つ）に通行の安全を保障させようとした。しかしこれがエグバドのパーム油生産に

強い関心を持っていた隣国ダホメーとの衝突を招くことになった（図三—四）。

イギリス人宣教師がバダグリに到着した一八四一年、バダグリへのルートをめぐるアベオクタとダホメーの戦争はすでに始まっていた。戦争が続く中の一八四五年、宣教師たちは歓迎されてアベオクタの町に入った。彼らはアベオクタの人々の要請に応じ、武器と弾薬を供給しその利用方法と町の防御方法を教えた。そして、さらにダホメーによるアベオクタ攻撃が差し迫っていた一八五〇—五一年には、ダホメーの沿岸部に二隻のイギリス軍艦を派遣するようイギリス領事に要請した。イギリス艦隊による洋上からの圧力により、アベオクタはダホメーからの攻撃を避けることができたのである。

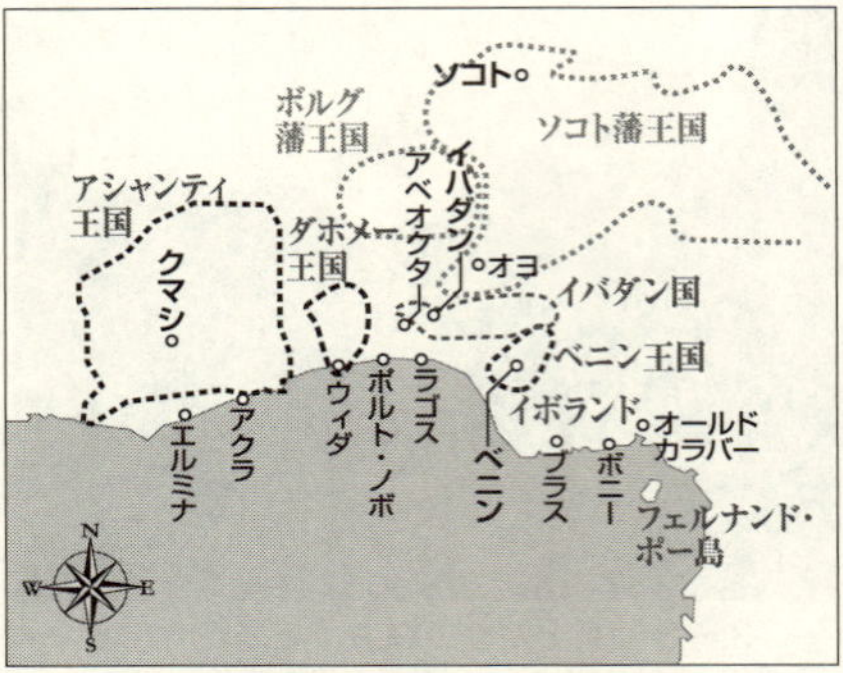

3－4　19世紀初頭の西アフリカ諸国

ラゴス：禁止に抵抗した国

アベオクタと対立していたラゴスは、イギリスの奴隷貿易禁止政策には反対であった。ラゴスは、大西洋に面したラゴス島を中心とした港町である。ヨルバ諸王国にとっても大西洋への出口として重要な港町であった。さらに内陸部に深く通じるラグーン（潟）の出口でもあり、このラグーンでつながっているベニン王国にとっても重要な外港であった。ベニン王国は、ラグーンを利用しわずか八日でたどり着ける距離にあり、ベニン王国が最も栄えていた一八世紀から一九世紀初頭まで、この島はベニン王国の支配下にあったこともある。

良港であるラゴスはイギリスの商人にとっても重要な港であった。もちろん奴隷貿易港としても大いに栄えていた。イギリスが奴隷貿易禁止をダホメー国に迫った時に、ダホメー王は自国だけの奴隷禁止は受け入れられないと反論した。ダホメーの港であるポルト・ノボやウィダの港で奴隷輸出を禁止しても、隣のラゴスのコソコ王が、奴隷貿易の許可を与えている限り、ダホメーのみが奴隷貿易を禁止することは不可能だというわけである。このような理由を述べてはいたが、実はダホメー王とコソコ王は同盟を結び、イギリスの影響を排除することで一致していた。そうした関係にあったので、アベオクタとダホメーとの争いでラゴスはダホメー側を支持した。アベオクタが必死の思いでイギリスの支援を求めたのにはこうした背景があった。

３－５　本土からラグーンの向こうのラゴス島を望む（1980年代）　当時は首都であり商業中心都市でもあった。イギリス軍が侵入して島へ艦砲射撃をしたのはおそらくこのラグーンからだったと思われる

アベオクタの要請を受けたイギリスの領事ビークロフトは、コソコ王を訪ね、奴隷貿易の禁止協定の締結を迫った。しかしコソコ王は、自分は最高支配者ではなく、

ベニンの王の了承を得る必要があると締結を渋った。数度にわたる要求にも応じなかったため、イギリスは軍事行動に出ることを決断し、一八五一年一一月に一部武装した二一艘の船でラグーンに入った。コソコ側の陸上からの銃撃にもかかわらず、イギリス側は浜から一マイルの近距離まで船を寄せ大砲を撃ち込んだ（図三―五）。

この軍事行動は西アフリカ沿岸警備司令官ブルースの認めるところではなく、ビークロフトの独走であったが譴責処分のみで済まされ、ビークロフトらの軍事行動が緩むことはなかった。一一月三〇日、イギリス軍は島の東部に上陸し、村を焼き払った。島にあったポルトガル人所有の奴隷小屋にも火を放ち、そこに囲われていた奴隷五〇〇〇人を解放したという。

このあともビークロフトのコソコ王攻撃は止まず、一八五一年に二隻の軍艦でラグーンに進攻し、ラゴス島への艦砲射撃を開始した。数日後にコソコ王は島を明け渡しラゴス島はイギリス軍の手に落ちることになった。一八五二年、新しくラゴスの王に就任したアキトイェは、イギリスとの間で奴隷貿易禁止、「合法貿易」促進、宣教活動の保護に関する協定を締結した。

これでラゴス島は奴隷貿易禁止の島となったはずであったが、前王コソコはポルトガル人商人の支持を得て奴隷貿易再開を画策し、奴隷貿易はなかなか止まなかった。コソコ王の抵抗が続く中イギリスは、アキトイェの後任として選んだドスム王や有力首長らと通商協定を結んだ。その協定でイギリスは年間一二〇〇袋の子安貝（一〇三〇ポンド相当か）を彼らに給金として支払うことを約束した。そして一八六一年にイギリスはラゴスを植民地にすると発表した。奴隷貿易禁止を踏み絵とし、それを理由に武力行使を行い、次に直接支配に進んだ典型的な例である。

4　奴隷貿易の爪痕

「大西洋奴隷貿易は歴史的過去ではない」

大西洋奴隷貿易の特徴を経済的に分析したホプキンスは、交易条件だけに限ってみればアフリカ側商人たちが一方的に不利であった訳ではないと分析している。ヨーロッパ人商人同士の競争は激しく、より商品価値の高い奴隷を短期間に集めたい彼らは現地商人の歓心を買うことに腐心し、現地商人が要求する多品目の品物を前渡しで与えるという「前渡し方法」をとっていた。ヨーロッパ人商人側にも不利な条件があったという訳である。

しかし、この貿易がアフリカ社会に与えた負の影響は、交易条件のみでは到底判断できない。人口減少や若年労働力の喪失についてはすでに述べた。ヨーロッパから輸入された布や陶器等が、粗悪品が多かったにもかかわらず、現地の織物業や陶業を衰退させたことも負の影響の一つである。

何よりも、奴隷狩りによる社会の荒廃や個人レベルの精神的負担の大きさは計り知れない。近年、奴隷貿易が個人レベルや社会に与えた影響を研究する論文が発表された。「アフリカにおける奴隷貿易と不信の諸原因」と題するその論文は、奴隷とされた子孫を対象に、彼らの血縁家族や近隣住民、さらには同一民族や地方政府などに対する信頼度を調べることにより、奴隷貿易が(一八〇〇年以上も後世の)今日の子孫に与えている影響を調べようという意欲的なものである。奴隷貿易の影響は沿岸部の方が大きいだろうという想定のもと、海岸からの距離と奴隷貿易の影響の相関関係をみるという方法や、信頼度を測るために簡便な四択(全くない、殆どない、少しある、大いにある)を用いたという点で方法論に疑問がない訳ではない。

しかし、この論文が提起した問題は重大である。この論文の結論は、奴隷貿易が終わって一世紀半以上も経つ現代においても、奴隷貿易が盛んであった(あるいは奴隷貿易で過酷な経験をした)社会の人々は、他の社会の人々より、血縁家族、近隣住民、同民族、地方政府のどれに対しても信頼感が低いというのである。もしこの結論が正しいならば、今日のアフリカの政治的不安定や汚職などの根源的原因の一つとして奴隷貿易を挙げることができることになる。

二〇〇一年八月末から九月初旬に南アフリカ共和国のダーバンで開催された「反人種、差別撤廃世界会議」では、この貿易にみられる人種差別主義を歴史書の中に閉じ込めるのではなく、現代の問題として取り上げるべきだという議論が行われた。その議論の末、大西洋奴隷貿易の反省と現在に与えている影響に関する議論の一部が「ダーバン宣言」の中に盛り込まれ、大西洋奴隷貿易が歴史的過去ではないことが再認識された。それはほんのわずかとはいえ「前進」であろう。しかしながら、この会議が反イスラエル主導で行われたとして、アメリカを初めとする数ヵ国が会議を途中でボイコットするという展開になってしまい、この会議後の議論は現在もなおその方向性が見えない状態になっている。

第四章　探検と宣教

1　ナイジェリア地域の探検

高まるアフリカへの関心

農産物や鉱産物を取り扱う合法貿易を拡大するためには、それらの生産地に関する情報が欠かせない。生産地の政治・社会状況はもとより、道路や水路などのインフラ事情も把握しなければならない。しかしながら奴隷貿易が三世紀半の長きにわたったにもかかわらず、ヨーロッパ人商人にとってアフリカ大陸内部はほとんど未知の世界であった。イギリスの資本家や政治家の間で、実情を詳しく調査する必要があるという意見が高まっていた。

そのために派遣されたのが探検家である。また「暗黒大陸」の文明化も必要だとして宣教師たちも派遣されるようになった。探検家と宣教師らは、現地で収集した情報をヨーロッパに持ち帰った。それらは奴隷貿易の禁止や合法貿易の推進に役立ったばかりでなく、一九世紀末のアフリカ分割とその後の植民地支配にも影響を及ぼす基礎情報となった。

探検時代の始まり

一七八八年六月のある土曜日、ロンドン中心部のトラファルガー広場に近いポール・モール通りの居酒屋（タバーン）に、サタデイズ・クラブのメンバー一二人が集まっていた。英国学士院会長を一〇年間務めたバンクス卿、国務大臣を務めたことのあるコンウェイの他、国会議員、アイルランドやスコットランドの貴族、地主、法律家、医者、司教などの面々で、うち六人は英国学士院の特別会員で、多くが大土地所有者であった。この日の会合に集まった一二人が発起人となり、アフリカ内陸部探検促進協会（アフリカ探検協会）が設立された。一般にも広く資金を募ることが計画され、年会費五ギニーを支払えば誰でも協会の一般会員になることができた。

最初に派遣されたのは、一七八八年のレッドヤードとルーカスであった。レッドヤードはキャプテン・クックがハワイで殺された最後の航海に船員として参加していたアメリカ人探検家で、意気揚々と応募して採用されたのであるが、八月にアレキサンドリアに到着してまもなくその地で病気になり三八歳で死亡してしまった。アラビア語に堪能なルーカスの方は、一〇月にトリポリに到着したものの現地の紛争で出発が遅れ、その上現地隊員に見放されてしまい、成果を上げることもできずに帰国した。

協会はアフリカ大陸西岸から内陸部に入る探検ルートを探ることを考え、一七九〇年にホートンをガンビアに派遣した。ホートンはガンビア川を遡り内陸部に向かったが、現地人に殺されてしまった。一七九四年にはワッツとウィンターボトムがシエラレオネに派遣されたが、わずか一六日間の内陸行で引き返すこととなり、これも失敗に終わってしまった。

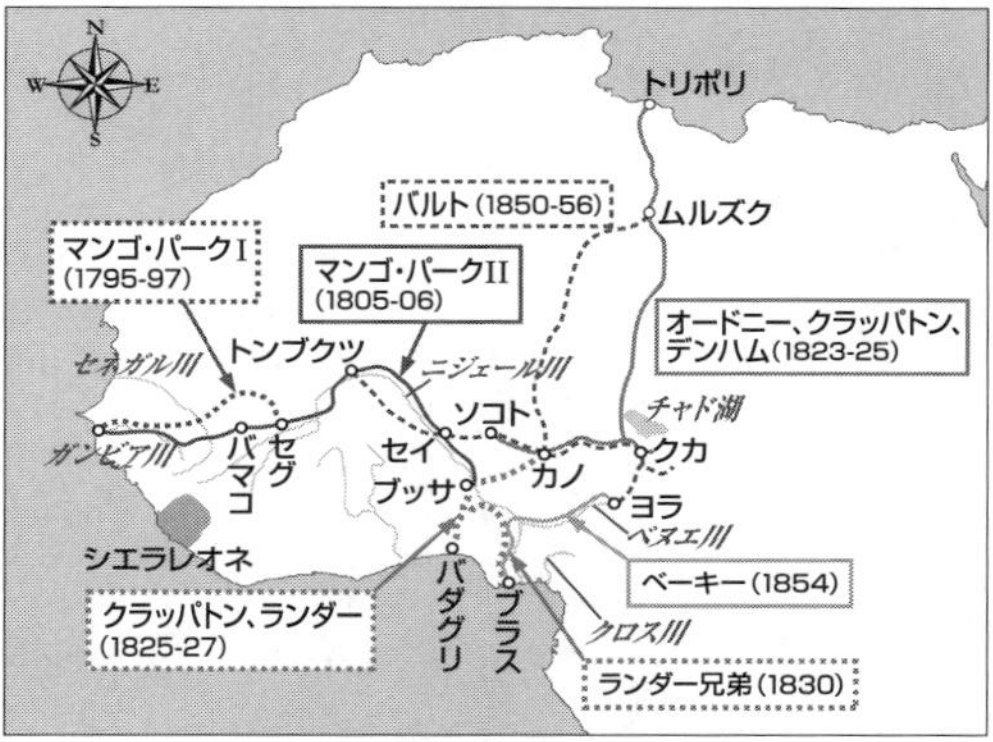

4－1　探検家たちのたどったルート（期間）

マンゴ・パークの成功と悲劇

このような失敗が続いた後に登場したのが、スコットランド人のマンゴ・パークであった。一七九五年、二四歳の時に彼は西アフリカの探検に出発した（図四―一）。その任務は、西アフリカ沿岸部からニジェール川に至るルートを発見し、ニジェール川の沿岸部にあるトンブクツやその他の都市の情報を収集しこの川の河口を発見することなどであった。トンブクツやガオの町の名は、サハラ砂漠縦断交易によって北アフリカ経由でヨーロッパにも伝わっていた。

ニジェール川河口の謎は、紀元前五世紀にヘロドトスが著した本までさかのぼることができる。ヘロドトスは、砂漠の向こう側に大河が流れておりそれがナイル川の上流らしいと考えた。しかし誰も確かめた者はおらず、この大河の流路を明らかにすることは西アフリカ内陸部に出かける探検家の夢であった。

マンゴ・パークはこの探検で、ニジェール川の支流の一つに到着することに成功した。そしてニジェール川沿いの都市セグからバマコまで航行して一七九七年に無事イギリスに帰国した。彼は一躍「時の人」となり、その報告会は人であふれた。この探検行の記録は本として出版されベストセラーとなった。

有能な探検家と認められた彼は、一八〇五年に再び隊長として西アフリカに派遣されることになった。今度はイギリス政府も協力することになり、兵士四五人も同行して、支出額も上限五〇〇〇ポンドとされた。一七九五～九七年の最初の探検に支出された費用は約三三〇ポンドだったことを思うと、この二回目の探検に対する期待の大きさが窺える。

ところがこの二回目の探検は、期待に反して悲劇的な結果になった。多数の犠牲者を出したうえにパーク自身も行方不明となってしまったのである。現地人による武器や運搬用家畜の盗難や襲撃が絶えず、病気だったりライオンやヒョウに襲われたりと多くの隊員が道中で命を落とし、亡骸は道端に塚をつくって埋葬された。過酷な任務に士気を落とす兵士も多かった。一八〇五年八月に内陸部の町バマコに到着した時には、副隊長も記録係の画家も失い、ヨーロッパ人生存者は六人に過ぎなかった。

バマコでカヌーを作り、マンゴ・パークを含めたヨーロッパ人五人と通訳、それにこぎ手の奴隷三人で一一月にニジェール川下りを始めた。川下りの途中でヨーロッパ人の多くは衰弱し、中には発狂する者、隊を離れる者が現れた。離隊したのはアマディという隊員である。彼の離隊がマンゴ・パーク隊の悲劇の原因だという説もあるが、彼がマンゴ・パーク隊の最後の状況をイギリスにもたらすことになった。アマディは、マンゴ・パークのカヌーに最後まで同乗していて唯一生き残った奴隷から、マンゴ・パークの最期の状況を聞きそれをイギリスに伝えたのである。マンゴ・パークは一八〇六年、現在のナイジェリアのブッサ付近を少し下ったところで現地人に襲われ殺されたという。この伝聞情報の確かさが確認されるのはずっと後のことになるのだが、この大がかりなニジェール川探検行は結局失敗に終わってしまった。

サハラを越えたクラッパトン

マンゴ・パークの失敗を受け、協会は北アフリカからの探検に再度切り替えることにした。当時イギリスと友好関係を結んでいたトリポリ王の保護のもとでサハラ砂漠を縦断する探検が計画された。今度の探検隊は、医師であるオードニーと海軍出身のクラッパトン、それに軍人経験のある探検家デンハムの三人を中心とする隊であった。

デンハムは性格が荒く態度が横柄で、トリポリでサハラ越えの準備をしていた段階から他の二人とは相性が悪かった。彼がトリポリで事件を起こし警察に逮捕された時に、オードニーとクラッパトンはこれ幸いと彼を残して先に出立し、サハラ越えの出発点となる町ムルズクに向かった。ところがこの町で二人は足止めを余儀なくされサハラ砂漠に進めないでいた。するとそこへデンハムがサハラ越えの隊商を引きつれ駆けつけてきた。彼は、釈放されたあとトリポリの高官に圧力をかけその隊商を用意させたのである。

トリポリ王に書いてもらったボルヌ藩王国のスルタン（藩王）宛の紹介状を携え一八二二年一一月に彼らはムルズクを出発した。翌年の二月にサハラ砂漠の南にあるチャド湖に到着し、その後すぐにボルヌ王国の首都クカに到着した。しかし、この時のサハラ越えのやり方を巡ってデンハムと他の二人との間の亀裂はさらに深まっていた。当初の任務として、隊長のオードニーが領事としてボルヌ藩王国に滞在し、クラッパトンとデンハムがハウサ諸王国を広く探検してできればニジェール川の河口を発見することが期待されていた。しかしクラッパトンとデンハムの関係はすでに最悪な状態となっていた。

ボルヌに到着した後、デンハムは他の二人と行動を別にした。彼はボルヌに留まり専らチャド湖周辺の探検を行い、「ニジェール川はチャド湖に流れ込んではいない」ことを明らかにした。この点では探検家として功績を上げたことになるが、この時に現地の奴隷狩り隊を使ったことをオードニーとクラッパトンは強く批判した。結局オードニーは自らが隊長となり、クラッパトンを副官としてハウサ諸王国を探検することにし、デンハムをボルヌに留めた。

一八二三年一二月にボルヌ藩王国を出発した二人であったが、カノの町に到達する前にオードニーが病気で死亡してしまったため、後はクラッパトンの単独行となった。彼は、カノ国を含むハウサ諸王国を訪問し、最終的にはハウサランドの当時の最高権威者であったソコト藩王国のスルタン（ムハッメド・ベロ）に会うことに成功した。彼はスルタンに対して、ニジェール川を渡河して南部の沿岸部地域に行きたいとの希望を伝えたが様々な理由で断られ、ニジェール川の河口の謎を解くことは叶わなかった。しかし、何度かスルタンを訪ねイギリス側の通商の要望を伝える内に、スルタンの方もそれに応える必要性を感じたのか、彼はクラッパトンにイギリス国王宛の親書を託すことにした。

ボルヌ国に戻ったクラッパトンはデンハムと合流し、一八二四年、二人は一緒にクカからトリポリに向かったのであるが、二人の関係は修復できるものではなく、砂漠を縦断する一三三日の間一言も口を利かなかったという。そんな二人であったが、一八二五年六月にイギリスに帰国すると称賛の声が二人に寄せられた。とりわけスルタンの親書を持ち帰ったクラッパトンに対する評価は非常に高いものとなった。

イギリスは、時機を逸することなくこの親書に応えるべきだと判断し、すぐにクラッパトンに二度目のソコト行き探検を要請した。その要請を受けた彼は、帰国後の休養を取る暇もなくすぐにギニア湾に向け出発し、一八二五年の一一月にナイジェリアの沿岸部のバダグリ（ラゴスの近くにある港町）に上陸した。クラッパトンはスルタンから、「今度来る時は沿岸部から来なさい」と言われていたのである。

ニジェール川の謎を巡る探検

クラッパトンは上陸後すぐにバダグリから内陸部に向け出発し、一八二六年の一月にニジェール川（当時はカヌリ語でクオラと呼ばれていた）に到達した。そこは二〇年前にマンゴ・パークが命を落としたブッサの近くであった。ここに至るまでにクラッパトンの補佐役である医師や軍人らは病気で亡くなっており、彼を身近で支えるイギリス人は、彼の部下であり後にニジェール川の河口を発見することになるランダーだけだった。この地点でニジェール川を渡って北に向かい一〇月にようやくソコトに到着した。しかし、ソコトはボルヌと交戦状態にあり、クラッパトンはまたもやソコトで足止めされた。そして彼は、北部ナイジェリアを自由に旅行することが叶わないうちに一八二七年、ソコトの地で倒れ亡くなってしまった。クラッパトンは、イギリスとソコトとの橋渡しをすることで一生を終えたことになる。

彼の死後、部下であったランダー兄弟は一八二七年に無事イギリスに帰国した。相次ぐ隊長の死で、イギリスにおけるアフリカ内陸部探検行の熱意は一時的に冷めたのであるが、ニジェール川の河口の謎への関心は依然高く、一八三〇年、ランダー兄弟（リチャードとジョン）にニジェール川探検が託されることになった。三月にバダグリに着いた彼らは順調に内陸部に進み、七月にブッサ近くでニジェール川に到達した。そして九月には川下りを開始し、一〇月には東から流れてくる大河（ベヌエ川）との合流地点に到達した（図四―二）。ニジェール川はここで流路を南向きに変え、そこからほぼ一直線に南に流れていた。彼らは水の流れに乗って順調に川を下り、一一月にニジェール・デルタの南端にある町ブラスにたどり着いた。遂にニジェール川の河口を発見したのである。一八三一年にロンドンに帰った二人は、長年の謎を解いた探検家として絶賛され、隊長のリチャード・ランダーはこの功績により、アフリカ関係者では初めて王立地理学協会からロイヤル賞を授けられた。

4―2　ロコジャの街からみたニジェール川とベヌエ川の合流地点（手前がニジェール川、向こうがベヌエ川）

2　探検でイギリスが得たもの

多岐にわたった調査項目

アフリカ探検協会は、地理的発見のみならず政治的社会的情報も非常に重視していた。一七九〇年に北アフリカから入るルートで、砂漠の南にあるハウサの国々の探検に派遣されたホートンに示された調査項目の一部をみるとそのことがよく分かる。協会が探検家に求めていた調査項目は以下のように多岐にわたっていた。

①ハウサ国に至るまでの行程：通過した国、旅の様子、

渡った川、トンブクツおよび大河（Neel il Abeed）からの行程など
②国家：ハウサ国は王制か否か、王制の場合その王位継承方法、貴族階級の有無など
③司法制度：裁判制度、町の警察組織、治安方法、死罪の有無、立法機関の有無など
④財産関係法：土地売買および土地確保の方法、土地争いの調停方法など
⑤国家歳入：地租、一〇分の一税、商業税などの状況
⑥農業：雨季の期間、栽培作物の種類、犂《すき》の利用状況、動物飼養状況など
⑦交易：貨幣の使用状況、度量衡、生産品、輸入品、交易相手国など
⑧宗教：礼拝堂の有無、死後の審判や死霊の祟りなどに関する考え方など
⑨言語：使用言語、書き文字の有無
⑩音楽：使用されている楽器
⑪マナー：女性の社会における地位、職業の異なる夫婦の一日の生活状況
⑫金：金鉱の有無、その採掘方法
⑬大河に関して：大河の流路に関する地理情報、水上交通に関する情報など

数千ポンドの資金援助をする協会が探検隊に求めていた情報の多くは実利的なものであり、探検家のロマンをかき立てる大河の河口に関する謎は、多くの項目のうちの最後の一つにすぎなかった。しかし、命をかけて未知の世界に分け入る探検家にとって、謎解きのロマンがいかに大きな力になっていたかは、マンゴ・パークの日記からも良く分かる。

クラッパトンがもたらした情報

現在のナイジェリアの地域に出かけた探検家たちがヨーロッパに持ち帰った情報とはどのようなものであったのだろうか。一七八八年のアフリカ探検協会設立から一八三〇年のニジェール川河口発見までの四〇年間に、北部ナイジェリアの地域に足を踏み入れた探検家はマンゴ・パーク、クラッパトン、デンハムそしてランダー兄弟であるが、ナイジェリアの情報をいち早くイギリスにもたらしたのは、一八二五年六月に帰国したクラッパトンとデンハムである。クラッパトンは帰国早々に次の探検に出かけ帰らぬ人となったのだが、この時の探検の報告書は、デンハムが書いた報告書と一緒に一八二六年に出版されている。

クラッパトンの方が北部ナイジェリア地域を広く旅行しておりかつ現地社会の観察もきめ細かいので、ここでは彼の報告書をもとに見ていこう。

まず、クラッパトンは探検記の中で、サハラ越え探検の困難さについて事細かに書いている。砂漠縦断に馬とラクダの両方を利用したこともありそれらに関する記述が詳しい。馬一頭のために飲み水を運ぶラクダが一頭、さらに飼料（乾燥モロコシや干し草、圧搾したデーツ等）を運ぶラクダも必要となる。ラクダは一頭あたり六つの革製の水袋（一つ約五〇ポンド＝約二二・六五キログラム、つまり一三六キログラム）を運ぶことができる、といった具合である。彼の細やかな観察眼は社会に対しても向けられており、彼が持ち帰った西アフリカ内陸部の社会の情報は貴重なものであった。彼は、砂漠の向こう側に秩序立ったイスラーム国家が存在することをイギリスに伝えた。

クラッパトンはまた、北アフリカ同様北部ナイジェリアのイスラーム社会で広く見られる一〇分の一税や通行税、市場で徴収されている市場税などの税制やボルヌで実際にあった奴隷制度や奴隷狩りの実態も伝えた。奴隷に関する情報は、後にイギリス政府が北部ナイジェリア、特にヌペやソコトを攻撃するための根拠として利用された。また、一〇分の一税制他の諸税に関する記述は、イギリスが北部ナイジェリアを統治することになった時の税制整備のために有用な情報となった。

クラッパトンの探検記が伝えた重要な情報の一つは、イスラーム地域の最高権威者であるスルタン（ムハッメド・ベロ）の人物像に関するものである。スルタンは国際情勢にも明るいインテリで、交渉術に長けた有能な支配者であると伝えている。ニジェール川以南の地域の探検許可を強く求めるクラッパトンに対しスルタンは決してそれを認めなかった。スルタンとの交渉の経緯を見ると、当時の西アフリカ内陸部の指導者たちがイギリスに対していかに強い警戒心を抱いていたかがわかる。クラッパトンは、イギリスと通商協定を結びソコトに領事と医者の駐在を認めて欲しいとスルタンに要請した。そうすれば沿岸部を経由する交易でソコトとイギリスは共に栄えることができると訴えた。それに対しスルタンは、即座に反対意見を述べることはなかったが賛成の意思表明をすることもなかった。イギリスの進出に対する警戒心があることを彼は隠さなかった。

スルタンはクラッパトンとの会話の中で、イギリスの植民地支配について「君たちはアルジェリアと戦争し、何人ものアルジェリア人を殺した。……君たちは強い人たちだ。キリスト教徒の国では最強だ。インド全土を植民地化したではないか」と言った。それに対しクラッパトンは、植民地化は自衛のためにやむを得ない戦いであった。イスラーム教徒の人々の諸権利に干渉してはいないし良い法律も作った、と述べるのが精一杯であった。

ソコトのスルタンの意志

沿岸部経由でイギリスと交易することはサハラ越え交易を衰退させる危険性があると考え、スルタンがイギリス側の要求をすぐには受け入れないであろうことはクラッパトンも充分認識していた。彼のニジェール川以南地域への探検を許さなかった理由もそこにあると考えていた。スルタンがクラッパトンに沿岸部行きを諦めさせて、その代わりにイギリス国王への親書を与え、「今度来る時は沿岸部から来なさい」と提案をしたのは、イギリスとの関係構築について今少し考える時間を得たかったためではないだろうか。

それでも、ダン・フォディオの息子で強大な力をもつソコトのスルタンがイギリス国王ジョージ三世に宛てた親書を、クラッパトンが持ち帰ったことの意味は大きかった。それは、スルタンがイギリスに対し内陸部に進出するための足場を約束したことを意味する。イギリスは、沿岸諸国を飛び越えて内陸のイスラーム国と一足先に正式な接触をもったことになる。

そしてこの後一八五〇年代に実施されたリチャードソン、バルトらのサハラ越えの探検の主要目的は、内陸部諸国との通商協定の締結におかれた。この探検から生きて帰ったのはドイツ人探検家バルトのみであり、彼は、ボルヌ、ソコト、ガンドゥの支配者たちと通商協定を取り結ぶことに成功したが、その協定がもとで交易が拡大することはなかった。しかしイギリス政府の思惑とは別に、科学者としてアフリカ大陸内部の自然や現地社会に強い興味をもっていたバルトは、北部ナイジェリアの主要都市や道路、さらには主要な支配者に関する詳細な情報をイギリスにもたらした（第六章参照）。

イギリス人を魅了した北部の自然と社会

マンゴ・パークは、一八〇六年に北部ナイジェリアの領域に入ったのだが、残念なことに彼の日記にはその時のことは書かれていないため、彼がその地域の社会をどの様に見ていたのかは分からない。しかし西アフリカにおける沿岸部と内陸部の気候の差については、内陸部の乾燥気候がいかに良いかということを、「ヨーロッパ人は、この風（ハマターン：筆者注）が吹いている間に、多くはその健康をとり戻す……（私は）ハマターンの季節のあいだにたちまちのうちに病気から回復した。……この乾燥した風は、たがのゆるんだ身体をひきしめてくれる。気分は爽快になり、呼吸するのが気持ち良い」と書いている。イギリス人にとって乾燥サバン

4－3　ナイジェリアの主要民族分布図

ナ地帯のもう一つの魅力となったのが、馬の存在である。ラクダの扱いに慣れないイギリス人にとって、馬は扱いやすく俊足でそのうえ運搬や軍事用に不可欠な動物であった。馬は、南部の沿岸部の湿潤地域では長くは生きられないので、それが利用できる内陸部の乾燥サバンナ地帯はヨーロッパ人には好ましい土地に見えた。

このような気候や家畜の利用条件に加え、北部の人々や社会の方が沿岸部の人々や社会よりも穏やかで秩序立っていて好ましいものに見えたようである。クラッパトンもそうであったが、彼の第二回目の探検行に部下として同行したリチャード・ランダーも同様の感想を漏らしている。ランダーは日記の中で、贈り物への返礼を例に、北部のフラニ人と南部のヨルバ人(図四―三)を対比し次のように述べている。

「(一八三〇年)五月七日:昨夜ファラタ(Falata:フラニ人)の婦人が、たくさんの鶏の卵と大きなお椀一杯の牛乳を我々の家に届けに来た。（これは）贈り物に対する感謝の気持という点にみられるファラタとヤリビアン（Yarribean：ヨルバ人）の違いを示す興味深いできごととして記しておく。ヤリビアンは、めったに感謝の意を表わさないし、感謝することを徳行だとは思っていない。彼らが我々からの贈り物を受け取る時にみせる冷淡さや無関心さ、さらにはさげすみの表情がこのことを証明している。ヤリビアンが、何かに心から感謝を示したことなど一度も見たことがない」

南部のヨルバ人に比べ、内陸部の北部ナイジェリア社会の人々の振る舞いに好印象を持っていたようである。

3　布教活動がイギリスにもたらしたもの

布教活動と奴隷貿易廃止

ナイジェリアにおけるキリスト教の布教活動は、一九世紀前半、南部の沿岸部すなわちベニン湾岸、ビアフラ湾岸およびニジェール川下流地域の沿岸部で始まった。その活動範囲は次第に内陸部に広がったが、布教の成果は沿岸部と内陸部で際だった違いをみせた。

宣教師が西アフリカ沿岸部に進出してきたのは、ニジェール川河口発見（一八三〇年）以降のことである。当時の宣教師の布教活動の目的の一つは奴隷貿易の廃止にあるとされたが、キリスト教に改宗すれば奴隷貿易は自然になくなるだろうという福音主義的な考え方は、ヨーロッパ人の手前勝手な理屈だった。ナイジェリア人歴史学者イキメが述べているように、「キリスト教が普及しているヨーロッパで、奴隷貿易が三世紀もの間認められてきた事実は、ヨーロッパ人に（奴隷貿易が：筆者注）少しも痛痒を感じさせていなかったということではないか」、それが何故、一八四〇年代になってにわかに〝痛痒〟を感じ始めるようになったのかということである。

宣教師が、イギリスの帝国主義の先鋒として布教活動を行ってきたという訳ではない。しかし、純粋に宗教活動に限られた、政治とは無縁のものだったというのも事実ではない。イギリス人宣教師がギニア湾岸の土地に上陸して一〇年あまりを経た一八五四年、一人のアメリカ人宣教師がラゴスに上陸した。彼は、布教活動の上で競争相手であるイギリス国教会の伝道所を見て、これはいわばイギリス政府のキリスト教代表部であると言っている。純粋な宗教活動だけの場とは決して思えなかったということであろう。

宣教師たちが政治に巻き込まれるに至った理由には、現地の王や首長たちの思惑もからんでいる。王や首長らは、宣教師を受け入れることによって北からのイスラームの浸透に歯止めをかけ、イギリスとの交易で有利な立場を確保しようと考えていた。一八四五年にイギリス人宣教師たちが政府と連携してアベオクタの国に入った例については第三章で紹介した。ここでは東部ナイジェリアにおける布教活動の例をみてみよう。

イボランド：貿易会社による支援

東部ナイジェリアでは、現地で活躍するイギリスの貿易会社の支援を得て布教活動を行っている例が多かった。一八四一年、現在の東部ナイジェリアのイボ人の地域（イボランド）の探検に同行した宣教師クロウザーは、ヴィクトリア女王の名代としてアボの町の首長と布教活動の自由を認める協定を結んだ。これがこの地で布教活動が認められた最初となった。クロウザーは、ニジェール・デルタがキリスト教布教に有望な土地だとイギリス国教会伝道協会に上申して資金援助を要請したが援助額は少なく、現地に進出していた貿易会社に支援を頼ることが多くなった。宣教師たちはまるで「大きな貿易会社の株主のような印象」を周囲にもたれるほどの支援を得て活動していたようである。

宣教師の派遣体制が整備されるにしたがい、一八八〇年代からは内陸部にも宣教師が足を踏み入れるようになった。連合長老教会がイボランドを流れるクロス川をアクナクナまで探検したのは一八八四年のことである。同じ頃イギリス国教会は、イギリス政府と協力しつつ、当時この地域で有力な交易ルート網を持っていたアロの商人たちが支配する町の一つを占拠した。アロの人はイボ人の一グループだが、神（チュクウ）の神託を受けた特別な人々だと信じられ、市場や交易ルートの守護人として強い影響力を持っていた。彼らは霊的な力を示すことで東部ナイジェリアのイボランドとその周辺地域の流通網を広く支配していた。奴隷貿易を統制していたのも彼らだと言われていた。イギリスはこの地域での商業活動のためには彼らの流通支配を打ち破る必要があると考え、一九〇二年に軍隊を派遣しアロの中心地を占拠した。その時に宣教師たちも軍隊と一緒にアロの地に入り、占拠地にある伝統的な祈りの場である祠《ほこら》を破壊していった。宣教師にとって、アロの神託信仰は破棄すべき邪教であった。こうしてこの地域では、政府の進出と踵《きびす》を接するように教会も内陸部に進出していったのである。

ベニン王国：布教拒否が招いた武力制圧

ヨルバランドとイボランドの間で栄えていたエド人の国ベニン王国では、一八九〇年代以降に布教活動が始まった。一八九二年、ベニンの王（オヴォラムウェン）とイギリス人船長の間で通商協定が結ばれ、ベニン国内での布教活動の許可も取り交わされた。しかし一八九七年、この協定の完全履行をせまりベニン・シティ（ベニン王国の首都）へ向かったイギリスの代理領事フィリップスが、王が派遣した首長たちによって殺されるという、いわゆるフィリップス事件が起きた。イギリスは直ちにベニンに宣戦を布告し、同年ベニン・シティを占領した。ベニンの王は退位・追放され、ベニン・シティは完全にイギリスの管理下におかれることになった。一九〇二年には、新しい指導者を育成するために必要だとして、セント・マチュウ教会とミッションスクールを建設した。ベニン・シティでは、教会はイギリス政府の統治政策の一翼を担うものとなっていたと言える。

このような布教活動と政府との結びつきについて、歴史家ビンドゥロスはイギリスから派遣されたイギリス国教会の伝道団について次のように述べている。「幾つかの（イギリスの）伝道団にみられる弱点は、政治的影響力がすでに行きわたっている地域を熱望し、すばらしく快適な環境の地域を好むきらいがある点である」と。これに対しプロテスタントの宣教師については「自らその心のおもむくところに従い、湿地帯や深い森の中に住んでいるプロテスタントの宣教師たちがいる。彼らは、傷つき血がにじむ手で施療院や小さい教会を作り、そして安楽よりも不自由を引き受け、それによって予想外の力を得ている」と感嘆している。

イギリスから派遣された宣教師の布教活動はこのように植民地政府や後で述べる特許会社などと密接な関係をもって行われることが多く、彼らが知り得た沿岸部ナイジェリアの社会や政治に関する情報はイギリス政府に伝わりやすい状況にあった。

「北部での布教は南部よりは上手くいくだろう」

南部に比べ、北部（内陸部）での布教活動は後れをとった。キリスト教宣教師が内陸部で本格的に布教活動を始めたのは一九世紀後半であった。

北部の社会や政治に関しては探検家がすでに多くの情報をもたらしていた。南部の政治的混乱、未開、野蛮のイメージに対して、北部の政治的安定、秩序、人々の礼儀正しさを強調するそれらの情報は、イギリス人宣教師たちに「北部での布教は南部よりは上手くいくだろう」という思いを抱かせた。イギリスの各宗派の人々は、北部ナイジェリアが、スーダン地域の中で最も将来性のある土地だとさえ考えていた。特にハウサ人の評価は高く、彼らは「知性、人相、物質文化、および文学活動の点で、南部の人より優れているばかりか、中国人にもまさっており、ハウサ文明は、ヨーロッパ文明に匹敵するもの」という意見さえあった。

北部がヨーロッパ人宣教師を魅きつけた要因として、先に述べた気候を挙げなくてはならない。高温多湿のギニア湾岸地域は、白人にとっては生活しづらい土地であった。彼らが沿岸部の土地を「白人の墓場」と呼んだのは、必ずしも誇張した表現ではなかった。長期滞在を考える宣教師にとって、気候の良し悪しや疫病の有無は、命にかかわる重大問題である。空気が乾燥していることに加え、南部に比べより標高が高く涼しい土地が広がっていることも、彼らに北部の住みやすさを印象づけた。

北部における布教活動の挫折

期待が大きかったにもかかわらず、北部におけるキリスト教の布教は芳しい成果を上げることがなかった。北部はすでにイスラーム勢力圏となりスルタン＝エミール体制がほぼ整っていた。そしてスルタンやエミールたちは、南部で展開されていた教会とイギリス政府との連携プレイを見ており、宣教師の進出に危機感を抱いていた。中にはその危険性を知りながらも、敢えて戦略的必要性から宣教師を受け入れたザリアのエミールの例があるが、多くは宣教師の受け入れには慎重であった。

一九〇〇年、トゥグウェル司教の一行が、カノのカナワの人たちから冷たい対応を受けたのを境に、ハウサの人々を改宗させるという希望に満ちた宣教師たちの高揚感は、転じてイスラーム教への敵愾心に変わった。「イスラーム教は、魂を破壊し、人間性を喪失させる宗教だ」と言ってはばからない宣教師もいた。彼らは、北部ではイギリス政府によるキリスト教の保護が必要だと主張し、政府が積極的に軍事介入し北部を平定することさえ夢みるようになっていた。

宣教師たちの沿岸部社会の再評価

内陸部で挫折を味わった宣教師らは、探検家たちとは逆に、イスラーム社会に対して敵愾心を抱くまでになっていた。そしてその反動と言えるかもしれないが、彼らの沿岸部社会を見る目に変化が出てきた。

沿岸部ではキリスト教への改宗者が増えミッションスクール建設も着々と進んだ。奴隷貿易時代に最も未開な民族だと思われていたニジェール・デルタ東部のイボランドでもキリスト教の布教は進み、多くの人たちが改宗し子供をミッションスクールに通わせるようになっていた。イボ人はヨーロッパ文化の受容が最も早く、進取の気性に富む民族だという評価さえ出てくるようになった。

布教活動を通して新しく発見された情報はイギリス人に、これまで抱いていた「暗いアフリカ」のイメージを払拭させるまでには至らなかったが、アフリカにも少しは「開明的」な民族がいるということを思わせるぐらいの効果はあったのであろう。

第五章　アフリカ分割から特許会社支配まで

1　イギリスのナイジェリア領域への進出

植民地支配への前奏

一八世紀末から一九世紀初頭にかけて、アフリカ内陸部を広く見て歩いた探検家や宣教師たちは現地の詳しい情報を持ち帰った。それらの情報は、「合法貿易」への転換を模索するヨーロッパ諸国が欲していたものである。ヨーロッパ各国は、西アフリカ沿岸部で活動する商人を領事に任命して自国の権益確保に努める一方、沿岸部の地図を作成し、沿岸部の支配者と協定締結を急いだ。

その権益確保の競争の中で開催されたのが一八八四年から八五年にかけて開催されたベルリン会議である。別名「アフリカ分割会議」と呼ばれるこの会議でヨーロッパ各国は、アフリカ沿岸部における自国の権益確保のために暫定的な境界線の線引きを行った。これによりイギリスは、現在のナイジェリアをほぼ包含する領域に対して権益を主張できるようになったのであるが、この会議で合意された境界線はあくまで暫定的なものであり、その後フランスやドイツとの間で境界線確定を巡る争いが繰り広げられることになった。

西アフリカ進出拠点の決定

一八一〇年頃のイギリスでは、西アフリカの内陸部探検のための本拠地や奴隷貿易取締り軍の基地をどこに置くかを巡って二つの意見があった。一つはヨーロッパに近いシエラレオネが効率的だという考えと、もう一つは、黄金海岸に奴隷貿易監視の要塞を作り、その上で背後にあるアシャンティ王国を通じて内陸部へ進出するのが良いという考えであった。

このような議論があるなか、一八一六年と一七年に開催された「西アフリカ進出戦略に関する特別会議」で、豊富なアフリカ経験をもつロバートソンというリバプール商人がフェルナンド・ポー島(現ビオゴ島)が最適だと主張した。ニジェール川の河口はまだ発見されていなかったが、奴隷海岸にその河口があるに違いないと考えていた彼は、その対岸のフェルナンド・ポー島こそ、西アフリカ内陸部進出基地として最適だと主張したのである(図五―一)。

しかし当時スペインが領有していたフェルナンド・ポーに基地を建設するには資金がかかりすぎるという理由で財政当局が反対し、この時は実現しなかった。西アフリカ進出と言っても

5－1　領域確定に関わる主要地名

この当時の現地在留イギリス人の数はまだ限られており、新しい基地を作る程の人員も財政力も不足していたのである。少し後の数字になるが、一八三〇年代にシエラレオネにいたイギリス人商人と行政官の数は八〇～一〇〇人、黄金海岸とガンビアに至っては商人と行政官を合わせても二四人にすぎず、西アフリカ沿岸部にいたイギリス人は総勢で二〇〇人を超えてはいなかった。これよりも数が少なかった一八一〇年代末に、フェルナンド・ポーに新しく基地を作るのが容易でないことは明らかだった。奴隷船の取締りを任務とする海軍は五〇〇人から一〇〇〇人の規模が想定され、奴隷貿易取締り基地をフェルナンド・ポーに設置するにはさらなる経費がかかると懸念されたのである。

ところが一八二〇年代初頭から、リバプール商人たちが黄金海岸以東のベニン湾岸地域の将来性に強い関心を抱き始め、やがてイギリス政府もベニン湾岸への進出を検討するようになった。同じ頃人道主義者たちも、海上での奴隷船拿捕だけでなく奴隷輸出地域での取締りを強化すべきだと植民地省に訴え始めていた。そのためには奴隷海岸に近いフェルナンド・ポー島への進出が最適であるとする意見が再び脚光を浴び始めた。

イギリス政府は一八二七年、奴隷貿易の取締り本部をシエラレオネからフェルナンド・ポーに移し、そして三〇年に、同地駐在の商人ビークロフトを、代理総督に任命した。イギリスは一八二三年から四三年の間、フェルナンド・ポーをスペインから賃借していた。

ニジェール川の大規模調査

フェルナンド・ポーは一八三〇年にランダー兄弟がニジェール川の河口を発見して以後、ニジェール河岸部の調査・情報収集の拠点ともなった。リバプール商人レアードがここを基地にしてニジェール河岸部の探検（一八三二～三三年）を行い、代理総督となった商人ビークロフトがニジェール川とクロス川河口部を探検（一八三五年、三六年）した。それらの調査結果はニジェール河岸部に対するイギリス商人の関心を高めた。ベニン湾への進出に消極的であったイギリス政府もその態度を変え、一八四一～四二年にニジェール川調査に乗り出した。

一八四一年のイギリス政府による調査は、地質学者、鉱物学者、宣教師を含む白人一四五人、現地人一三三人という大がかりなものであった。この調査隊は、奴隷貿易の禁止と合法貿易の拡大を現地の支配者（王や首長たち）に訴えることも任務とした。さらに通商協定の締結、砦の建設用地の取得、モデル農場の用地取得なども行った。モデル農場とはヨーロッパ人による農業経営の可能性を探るための農場で、イダ北方の地で幅四マイル奥行き六マイルの土地を借りあげ、そこに農具を陸上げし入植村の建設が試みられた。しかし、現地の農業労働者たちの反抗やフラニ人の襲撃があり、このモデル農場は放棄された。この調査は、参加した白人の約三分の一にあたる四九人が死亡するという悲劇的な結末に終わった。

しかしこの失敗にもかかわらず、同地域の経済的将来性に対する期待はしぼむことはなく、イギリス政府は一八四三年、代理総督のビークロフトをフェルナンド・ポー駐在の総督に任命し、引きつづきナイジェリア沿岸部の調査を続けた。この時ビークロフトはスペインのフェルナンド・ポー駐在総督も兼ねていた。政府は、一八五〇年代頃まで、現地駐在の商人に領事や総督を委嘱することで自国の権益を主張してきたのである。

フェルナンド・ポーを基地としてニジェール・デルタの調査はさらに進んだ。イギリスと西アフリカ沿岸部を結ぶ定期便を運航するアフリカ蒸気船会社を一八五二年に設立したレアードは、五四年にビークロフトを隊長に任命しニジェール川探検を行わせた。しかしその年にビークロフトが死亡、その後任に医者のベーキーを任命した。同年、ベーキーが四カ月に及ぶ内陸部の調査を行い二〇〇マイル以上に及ぶニジェール川の正確な水路図を作製すると、ニジェール川沿岸部への関心が再び高まった。この調査では白人乗組員の死者が一人も出なかった。これは、ベーキーが熱帯予防医学に実践的に取り組んでいた医師であったことが幸いした。彼はキニーネがマラリア予防に効くことを経験的に知り、自らそれを服用した初めての医者だと言われている。現地人との間でトラブルが起きなかったことも収穫であった。この成功で、内陸部のアフリカ人と直接交易する途が開けたとして、ニジェール・デルタへの進出に対する期待は大いに高まった。

河岸部での交易拡大と会社統合

ニジェール・デルタとニジェール河岸部の事情が明らかになると、この地域でのパーム油交易への期待が高まり商社の進出が加速した。イギリス政府はレアードの薦めにしたがい、ニジェール河岸のアボ、オニッチャ、ゲベに交易基地を建設した。一八六〇年にはレアードの後を継いだベーキーが、ニジェール川とベヌエ川の合流地点にある町ロコジャに交易基地を作った。ベーキーが、一八六四年、アフリカ商人会社（CAM）を設立し、政府がこの会社に資金援助を行うことを決定すると、すでにこの地で活動していたリバプールやブリストルの商人たちがこぞって反対した。この頃ニジェール沿岸部ではイギリスの商社間競争が激しく、倒産や吸収合併が相次いでいた。そんな中で政府が一社を支援することは独占をもたらすものだとして他の商社は大反対したのである。

ゴルディーの登場

しかし一方で、このような独占こそ必要だと考えている人もいた。小さな商社の経営を指導するためにニジェール河岸部に来ていたゴルディーもその一人であった。彼は過当競争によるイギリス商社の共倒れはフランス商社の進出を利するものであり、このままではフランス商社との競争に敗れるという危機感を抱いていた。この危機的状況から抜け出すためにはイギリス商社の合併が必要だと考え、一八七九年に有力四社を合併してユナイテッド・アフリカ会社（UAC）の設立にこぎつけた。この会社でフランスの商社に対抗しようというのである。

同じ年、フランス人セムレ伯がニジェール河岸のヌペ国のエミールと通商協定を結び、この地域で活動するフランス赤道アフリカ会社（CFAE）を設立した。フランス政府がこの会社の現地代理人を領事に任命すると、危機感を抱いたゴルディーは、イギリス政府もUACの代理人を領事に任命すべきだと働きかけた。彼は、フランスの脅威を喧伝し、一八八二年にUACを増資してNAC（ナショナル・アフリカ会社）に改組した。そしてさらに、現地代理人マッキントッシュに、現地首長たちと通商協定を締結するよう指示した。ゴルディーの命を受けたマッキントッシュは、七〇人以上の首長と協定を締結した。このようなゴルディーの運動に応えるように、一八八三年、イギリス政府はNACのマッキントッシュを副領事に任命した。これによりマッキントッシュが現地の首長たちと取り交わす協定は、一民間会社が取り結ぶ協定ではなくイギリス国王が承認した協定であるということになり、フランスの会社CFAEと対等の立場で競えることになった。

ベルリン会議におけるイギリスの狙い

NACやその前身のUACが進めてきた協定や条約の「実績」を、イギリス政府は一八八四

〜八五年に開かれたベルリン会議の席上で最大限利用した。会議にはNACのゴルディーがイギリス側の代表の一人として出席し、この実績をイギリス側の「実効的支配」の証拠として利用することに貢献した。ベルリン会議での主な論点は、

①コンゴ川河口およびコンゴ盆地における交易の自由について
②国際河川の自由航行の原則をコンゴ川、ニジェール川にも適用するかどうかについて
③アフリカ沿岸部で新しく占領された領土を国際的に認知するための正式な手続きについて

の三点であった。

イギリスの狙いは、コンゴ川流域で交易の自由を確保し、ニジェール川では自国の優越性を国際的に認めさせることにあった。イギリスはこの両方を手に入れることに成功した。ニジェール川の航行はどの国の船も可能とされたが、イギリス以外の国はニジェール川に武器や弾薬を持ち込むことができずイギリスの監視下におかれることとなり、イギリスの軍事的優位は決定的となった。また③で合意した領土の認定手続きにしたがい、イギリスは一八八四年、ラゴス植民地の東側でリオ・デル・レイ川までの沿岸部ならびに、ニジェール川の上流ロコジャまでの沿岸部とベヌエ川のイビまでの河岸部を含む地域を、オイル・リバーズ保護領とすることを宣言した。

特許会社の設立

ニジェール河岸部を保護領とする宣言をしたものの、イギリス政府にはその領域を統治する人員も財政的余裕もなく、その統治にあたってはNACに全面的に依存せざるを得なかった。財政的負担を軽くしたい政府と、政府の後ろ盾を得て交易の独占を目論むNACとの利害が一致し、一八八六年七月一〇日、政府はNACに特許状を与えてこの領域の支配を任せることにした。こうして特許会社「王立ニジェール会社（RNC）」が誕生したのである。RNCは、利潤を追求する私企業としての側面を持ちながら、保護領の統治権、徴税権、裁判権を国王から賦与された公的機関となった。

特許会社であるRNCが管轄する領域は、理論的には、NACやRNCが保護条約を締結した現地の首長たちの領土（首長領）に限られるはずであるが、実際の領域は地図で表すことのできない曖昧なものであった。一八九一年にニジェール河岸部の保護領の一部がオイル・リバーズ保護領に移管されることになった時も、その領域は曖昧なものであった。この当時の保護領は〝紙の上だけの保護領〟だったのである。

2　ナイジェリア領域の境界線の確定

「実効的支配」の意味の曖昧さと危うさを理解しているイギリスは、保護領の領域確保を確実にするために、フランスやドイツとの間で領域の境界を確定する必要があった。交渉の出発点

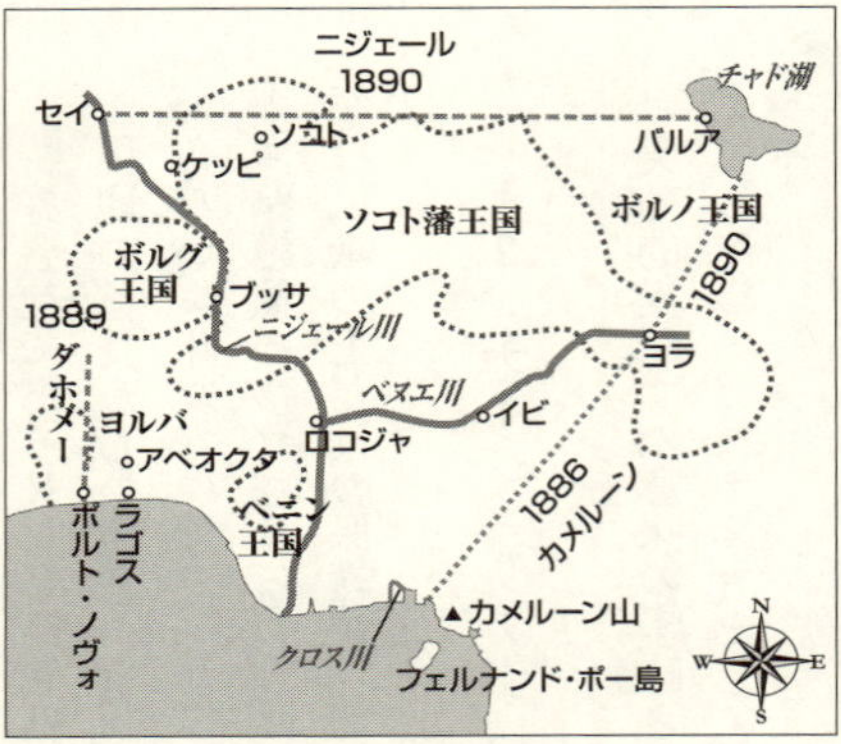

5－2　19世紀末の境界線

となる境界線は一八八五年のベルリン会議で地図上に引かれた暫定線で、西側と北側はフランス領と接し、東側はドイツ領と接していた。この暫定線をもとに実際の国境線が決定されるまでには紆余曲折があった（図五－二）。

（1）西側の境界線

ダホメー（現在のベニン）との最初の境界線は、一八八九年のイギリス・フランス協定によって、ポルト・ノヴォ領内の入江を縦断する経線に沿い北緯九度までの線を境界線とすることが決められた。ポルト・ノヴォに基地をもち、内陸部のダホメー王国への進出を考えていたフランスと、ラゴス植民地を基地にヨルバランドの諸王国（この頃オヨ王国は幾つかのヨルバ諸王国に分かれていた）への足がかりを探っていたイギリスとの間で決定された境界線であった。

イギリス側のヨルバ諸王国と、フランス領内のダホメー王国との間の境界線を決めるにあたって最も問題となったのは、ヨルバ諸王国とダホメーの双方が主権を主張するケトゥ地域をどちらの領土に含めるかという点であり、またそれらの国々からの独立を主張する沿岸部の小国

（ポルト・ノヴォやバダグリなど）をどちらに含めるかも問題となった。この境界線はヨルバ諸王国やダホメー王国の領土を分断するものであったが、イギリスとフランスはそれを承知で直線的な線を引きこれを境界とした。

（2）北側の境界線

北側は、一八九〇年にイギリスとフランスの間で、ニジェール河岸の町セイとチャド湖沿岸にあるバルアの町を結ぶ線を暫定的境界線とすることで合意した。この暫定線の北側をフランスが領有することにはイギリスも合意していたが、その南側の領有を巡っては両国の理解は一致していなかった。イギリスは自国が領有するものと理解していたが、フランスはそれを認めてはいなかった。フランスは、クラッパトンの探検以来イギリスが関係を持っているソコト藩王国のイギリス帰属は認めていたものの、それ以外の領土の帰属は未定と考えていた。とりわけニジェール川の南側にあるボルグ王国は、この時点でまだイギリスとフランスのどちらとも協定を結んでおらずその帰趨は未定であった。

フランス軍人モンテイユが一八九〇年から九三年の間、この暫定線の南側の諸地域（セイ、ケッビ、ソコト）を横断し、これらの地域にRNCの影響力がまったく及んでいないことを報告するに及び、このセイ＝バルア線による分割はイギリス側に有利すぎるという意見がフランス国内で沸き起こった。フランスは一八九七年にセイ＝バルア線の南側にあるボルグに進出しさらにニジェール川沿いにブッサまで南下した。ソコトのすぐ南の地域がフランスの手に陥ることを怖れたイギリスは、出兵に消極的であったRNCを差しおいて、ラゴスから急遽軍隊を派遣した。イギリスの軍隊急派に直面したフランスは、ニジェール川を軍事的に利用できない立場でイギリス軍に対抗することは不可能と判断し撤退せざるを得なかった。

一八九八年、北側の境界線は、ソコト藩王国の領土を切り取らないようにソコトの町から一〇〇マイルの半円形を描いて新しく決められ、今日の国境線となった。

(3) 東側の境界線

東側の境界線はドイツとの間で決められた。できればカメルーン山(四〇七〇メートル)の山麓部の一部を領土にしたいと考えていたイギリスは、すでに自国領内にあるエフィク人の国が、背後の内陸部に広大な領土を持つ商業王国であり、その領域はドイツ領内まで膨らんでいると主張した。ドイツは、後背地理論に基づいて引かれた境界線を変更する意思はなく、イギリスの主張が正しいかどうかを見極めるための調査を要求した。後背地理論とは、沿岸部における権益の棲み分け状態を内陸部にそのまま反映させ、海岸線から垂直に内陸部に引いた線を境界にするという単純なものであった。両国で調査を行った結果イギリスが主張するような商業王国など存在しないことが明らかになり、結局ドイツが主張した後背地理論に沿うかたちで、一八八五年、暫定的な境界線が決定された。この線は、リオ・デル・レイ川を境界とするもので、一八八四年にイギリスが宣言した「紙の上だけの」オイル・リバーズ保護領の境界線でもあった。しかし、長さ八〇マイルはあると考えられていたリオ・デル・レイ川が小さな川の合流したものにすぎないことがわかり、一八八六年、近くのクロス川河口を起点として、内陸部のベヌエ川河岸のヨラを結ぶ線を暫定的な境界線にすることがドイツとの間で確認された。

ベヌエ川以北の境界線は、一八九〇年にベヌエ川とチャド湖を結ぶ線で協定が結ばれ、すぐに具体的な境界線の確定作業が開始された。この境界線を巡って両国の対立は続いたが、フランス人軍人モンテイユがこの境界領域に足を踏み入れたことが分かり、フランスの進出に驚いた両国はその侵入を防ぐため、ヨラ近郊ではイギリス領を拡張し、チャド湖の湖南地域はドイツ領を広く取ることで急遽合意することにした。イギリスは、これによりベヌエ川をヨラの国まで優先的に航行できることになった。

ナイジェリアの領域確定プロセス

現在のナイジェリアに当たる領域を自国の植民地として確保するにあたって、イギリスは二つのプロセスを併用してきたことになる。一つは軍事的占領や保護条約などの締結で領域を内側から確保するプロセスであり、もう一つは地図の上で直線的に引かれた境界線を実体化し領域の外枠を決めるプロセスであった。

一八三〇年のランダー兄弟によるニジェール川河口発見はこの両方のプロセスで大きな威力

を発揮し、一八二一～二五年のデンハムとクラッパトンらによる北部藩王国への探検は北部の外枠を決めるプロセスに大きく貢献した。ナイジェリアの領域確定にあたって探検家が果たした役割は思いの外大きかったのである。

3　揺れる特許会社

活動に対する批判と疑義

特許会社RNCの設立に関しては、競争相手の民間商社はもとよりイギリス政府内部にも疑義の声が当初からあった。ゴルディーが「フランスの脅威」を利用しつつ、いささか強引に獲得した特許状であったが、特許会社設立後まもなくして民間と政府の双方からRNCの運営に対する不満や疑義が出されるようになってきた。

同業他社の批判は、RNCの交易独占、増税、裁判に関するものであり、外国の商社ばかりかイギリス系商社からも不満が出された。イギリス系商社の不満の多くは裁判の不公平性や課税額の不当性に関するものであった。一方、政府の方からはRNCの統治能力について疑義が出されていた。イギリス政府を動かしたのは一八八七年のドイツ人商人の訴えであった。そのドイツ人商人は、RNCが北部ナイジェリアのヌペ地域の首長たちとの間で取り結んだイギリスの交易独占条約の有効性について疑義を提出したのである。

このドイツ人商人の訴えは、イギリスの実効的支配に重大な疑いを提起するものだと考えた政府は、その真偽を確かめるため、一八八八年と八九年の二回にわたり調査団を派遣した。そしてこれらの調査団が明らかにしたのは、多くの協定の条文が現地の首長たちに正しく理解されていないという事実であった。例えば、一八八五年にイギリス人トムソンが、ソコトのスルタンおよびガンドゥのエミールとの間で取り交わした協定条文には「年間三〇〇〇袋の子安貝と引きかえに、領土に対して彼らが持っていた全権を委譲する」と書かれていたが、スルタンらはその子安貝を、交易を希望する臣下（白人商人）からの貢ぎ物だと理解していたのである。

協定書や条約への信頼性が疑われるこうした事例は調査団を困惑させた。RNCが現地の支配者たちと結んできた条約の中に信頼できないものがあることを公にすれば、ベルリン会議でこれらの条約を「実効的支配」の証拠としてきたイギリス政府の立場を自ら否定することになる。調査団はこの点を考慮して、一部協定書や条約に現地側との理解の相違があったことは認めたものの、RNCの活動を全面的に否定することまではできなかった。

特許状の廃止

他の商社から強い批判が出ていた税の徴収や予算支出の妥当性についても調査が行われ、RNCの統治能力が審査されることになった。その結果、出張所の新設や内陸部探検のための支出が、統治のためなのか営業拡大のためなのか明確でない点が指摘された。さらに裁判についても、RNCに有利で公正さに欠ける判決があるという事実も明らかになった。一八九〇年に提出された調査報告書ではこれらの点をふまえ、同業他社から批判の強かった関税・ライセンス税の引き下げと、裁判権をRNCの権限から切り離すことが勧告された。

この勧告にもかかわらず、政界に強い影響力を持つゴルディーは、フランスの脅威を喧伝しRNCの特許を保持しようとした。このゴルディーの態度に政府内からも批判が高まり、RNCの特許状の廃止が検討されるようになった。

結局特許状の廃止を早めることになったのは、皮肉にもゴルディーが喧伝していたフランスの内陸部進出の脅威であった。すでに述べたように、一八九七年にフランス人がボルグ地方に軍隊を派遣し、ブッサ近郊に駐屯地を建設したのである。フランスの進出を目の前にして政府は、RNCでは充分に対応しきれないと判断し、直ちに西アフリカ国境軍（WAFF）の設置を検討した。ガーナ駐留の西インド連隊とラゴスの警察隊に植民地省直属の兵士を加えて、新しい軍隊を創設しようというものであった。WAFFの正式の発足は一九〇〇年まで待たなければならなかったが、一八九八年には、即製の軍隊をブッサに派遣した。そして政府は、RNCと特許状廃止のための補償交渉に入った。その結果、八六万五〇〇〇ポンドの補償金を支払うことで合意し、一八九九年一二月三一日をもってRNCの特許状を廃止することが決定された。こうしてイギリス政府による直接的な植民地統治が始まることになったのである。

第六章　イギリスによるナイジェリア植民地支配

1　保護領化以前の南部ナイジェリア

南・北保護領時代の到来（一九〇〇～一四年）

一九〇〇年一月一日、イギリス政府は自ら植民地支配に乗り出した。その植民地は、南部ナイジェリア保護領（以後南部保護領）と北部ナイジェリア保護領（以後北部保護領）、それに一八六一年以来植民地であったラゴス地区の三地域であったが、一九〇六年にラゴス植民地が南部保護領に併合され、南部と北部の二地域体制となった。

非イスラーム社会の南部保護領とイスラーム社会の北部保護領では植民地支配の方法に違いがみられた。南部保護領の中ではさらに、地域社会の特性やイギリスとの接触の歴史を反映して、地域により支配に微妙な違いがみられた。

東部ナイジェリア

南部保護領は、ニジェール川の東側（東部ナイジェリア）と西側（西部ナイジェリア）で社会の集権化の度合いに違いがみられ、植民地支配の方法にもその違いが反映された。一九三九年から六六年の間、この東側と西側はそれぞれ東部ナイジェリア地域と西部ナイジェリア地域という行政地域となっていたので、ここでもその行政地域区分に沿って東部と西部に分けて植民地化の過程をみていきたい。その両地域を含んだ南部保護領全体について述べる時には南部という言葉を用いる。

東部ナイジェリアには強い集権的な王国は存在せず、小さな領域を支配する非集権的な首長制社会が一般的であった。このような社会は、分節社会（国家）または無頭社会といわれるが、一九二一年にタルボット等が行った社会人類学的調査の結果によれば、東部のイボ人やイビオ人の社会では、「村」が政治的に独立し経済的にも自立した単位となっていたという。

イボ社会では通常、村は共通の祖先をもつ人々によって構成され、血縁関係が村の形成の基礎になっている。村の創始者と血縁関係のない人々も村に住むことができたが、彼らはよそ者として受け入れられた。村の人口規模は、通常五〇〇〇〜一万五〇〇〇人程度であった。村長には中央集権的な力はなく、彼を頂点とする階級的な政治組織もみられなかった。この村を構成するのが人口数百人から数千人の規模の小村であった。この小村は散居村の形態をとることが多く、各家々は分散し細い小道で結ばれていた。

沿岸部には、第三章で述べたハウスと呼ばれる組織があった。内陸部の村よりは中央集権的な組織だったが、これも周辺地域を政治的に支配する組織とは言えなかった。奴隷貿易が盛んなボニー、ブラス、ニュー・カラバー、オールド・カラバーなどの町には有力なハウスがあったが、これらは、パーム油の交易を基盤にした商業集団といった性格が強く、周辺地域に対する支配権と言えばコメイと呼ばれる交易手数料の徴収権くらいのものであった。

このハウス制度は、一八八〇年代にはイギリス行政官に利用され温存されたこともあったが、イギリス国内における反奴隷制の声と、ハウスの交易独占を快く思っていなかった現地のイギリス商人たちの圧力によって一八九〇年代には廃止に向けて動き始めた。そして一九〇〇年代になると、このハウス制度を嫌うルガード卿（第七章コラム⑤参照）によって徹底的に破壊されてしまった。

西部ナイジェリア：ベニン王国とオヨ王国

西部ナイジェリアには、中央集権的な王国が幾つか存在した。東端部にはベニン王国があり、その西側にはヨルバ人の王国であるオヨ王国があった。ベニン王国の初代王エウェカとオヨ王国の初代の王アラフィンはともに、ヨルバ王国の建国の祖オドゥドゥワの子オランヤン（オランミヤン）の子供（異母兄弟）であるとされており、この二つの王国は政治体制でも類似性が

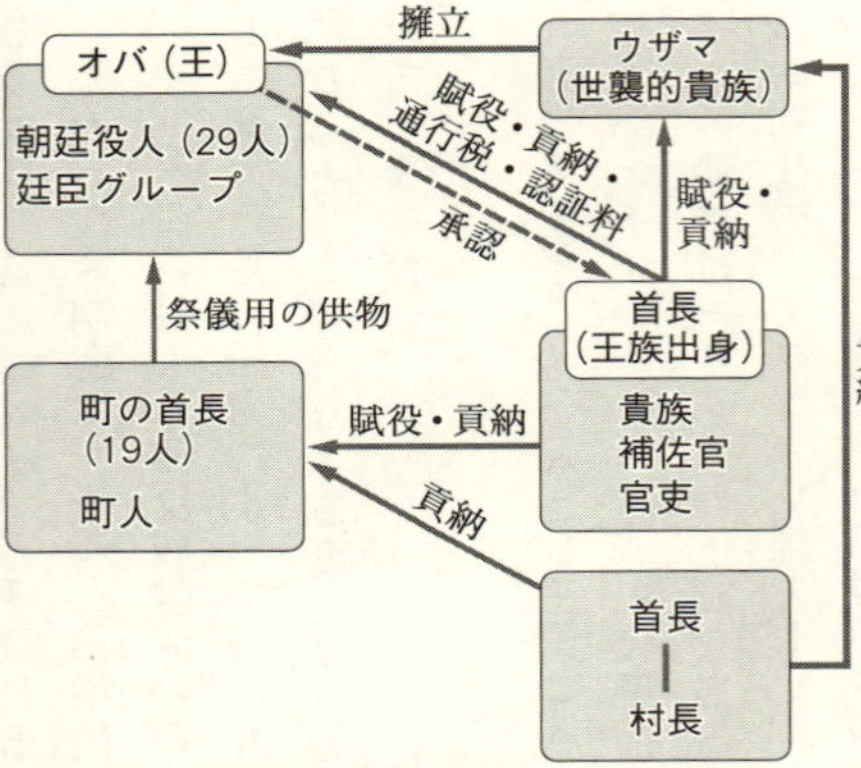

6－1　ベニン王国の政治組織

みられた。

ベニン王国は、西アフリカ沿岸部の王国の中では屈指の中央集権的な王国であった。国の政治は王（オバ）を中心に、世襲的貴族（ウザマ）、オバに仕える廷臣および職人代表の首長らによって行われた。王の経済的基盤は、年二回納められる貢納と、宮殿の建設や補修のため必要に応じて農民に課せられた賦役であった。これらの貢納と賦役の他に、通行税収入と称号認証料収入もあった（図六―一）。戦争で獲得した奴隷は原則的にはすべて王のものであったが、実際には従軍した兵士や家臣に分け与えられた。ベニン王国には貴族や首長が所有する進貢地と呼ばれる土地がたくさんあり、ここからも貢納が集められていた。

オヨ王国もベニン王国と似た体制をとっていた。首都オールド・オヨ（現在のオヨの町の北北東約一六〇キロメートルの土地にあった）には、アラフィンの称号をもつ神聖な王がおり、八人の上級首長層（オヨ・メシ）が彼を補佐していた。このオヨ・メシは、王の側《そば》にいて法律の制定、外交、軍事について王に意見を具申する補佐役であった。そればかりか、王の擁立や退位の決定権も持っていた。このオヨ・メシの他に、イラリスと呼ばれる廷臣や宦官および世襲制の有爵官などがいた。アラフィンの息子である皇太子たちは地方の町を領土として与えられ、その町の王（オバ）となっていた。彼らはそこで宮殿を持ち廷臣たちと町の行政と司法を司っていた。王のいない町にはバーレと呼ばれる首相が置かれ、彼が町会議で議長を務め地域の行政と司法を司っていた。

オヨ王国における権力の中央集権体制はベニン王国に比べ弱かった。オヨの王が地方の町々に課していたのは、祭礼の時の屋根葺き用の茅の供出と贈り物が主たるものであり、税ではなかった。いかなる形の貢納も人頭税もなかった。戦時には例外的に町々に対して、兵隊、食糧、武器の提供を求めたが、恒常的なものではなかった。

オヨ王国から生まれたヨルバ諸王国

このような貢納制度の緩さがオヨ王国の地方の町の独立性を強め、ヨルバ諸王国への分裂とつながっていった。イギリス行政官がヨルバランドへの進出を考えていた一八八〇〜九〇年代には、オヨ王国はすでに諸王国に分裂し、互いに戦争を繰り返していた。その中で勢力を拡大していたのは、強力な軍事力をもつイバダン王国であった。この頃になると、かつてのヨルバランド全体の盟主であったオヨ王国の王アラフィンに往時の力はなかった。

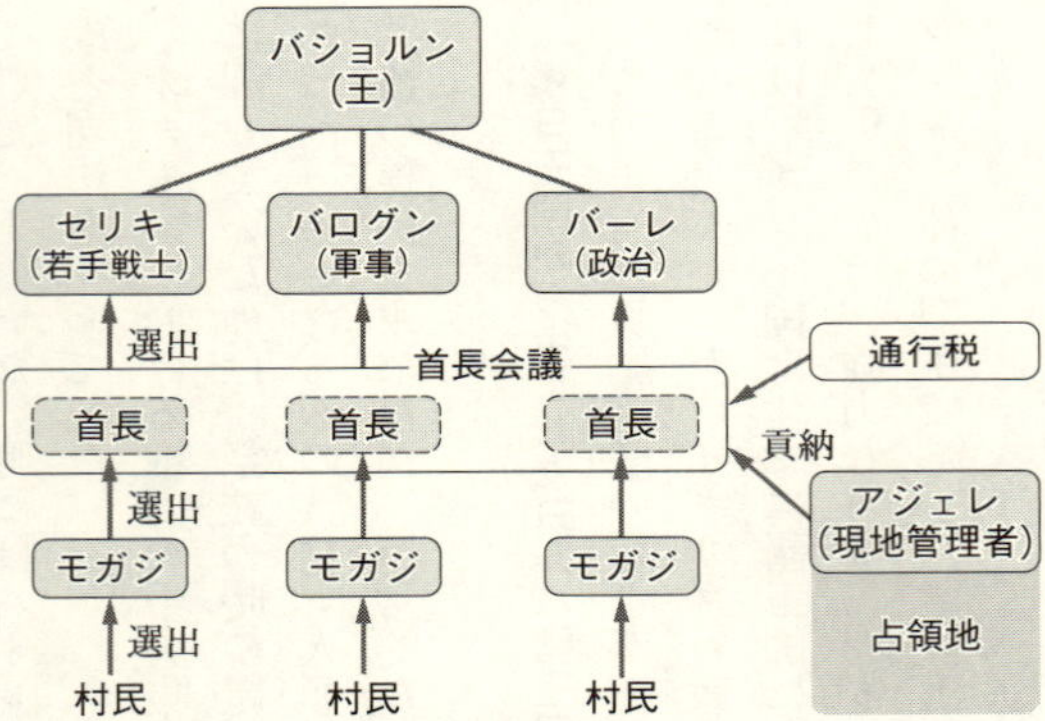

6－2　イバダン王国の政治組織

統治組織の整ったイバダン王国

イバダンは、オヨ王国分裂後のヨルバランドにおける戦争により、イフェ、エグバ、イジェブ等の土地から逃れてきた避難民と戦士たちによって、一八三〇年に作られた町であると言われている。この町には世襲的君主はいなかったが、オルヨレという人物が自ら王（バショルンと称する）を名乗って王座に就いた。オルヨレは、王の下に、政治を司るバーレを長とする首長グループの組織、軍事を司るバログンを長とする組織、そしてバログンを補佐するセリキを長とする若手戦士組織の三つの組織を置いて政治を行った。バーレ、バログン、セリキはすべて非世襲制であった。彼らの下で働く首長たちは、首長領内の地区代表（モガジ）の中から選出された。

通行税の徴収は首長たちが行い、バーレはそれに対して特別な権限を持っているわけではなかった。戦争によって獲得した占領地の支配も、首長たちが任命した現地管理者（アジェレ）にまかされていた。アジェレと首長との関係は非常に強く、アジェレは自分の首長に対して占領地の平和維持や貢納の義務を負っていたが、バーレや首長たちで構成する首長会議に対しては何の義務も負っていなかった。バーレやバログンは、首長たちの代表として王の統治を補佐する役割を担っていたが、ベニン王国に比べ王の中央集権制は弱かったといえる（図六―二）。

イロリン王国の特殊な経緯

ヨルバ諸王国の中で一番北辺に位置するイロリンの統治組織は、他の諸国とは異質なものであった。

イロリン王国は、オヨ王国の初代の王アラフィンの血を引くアフォンジャが王として君臨していた。しかし、本家筋とも言えるオヨ王国と対立するようになり、南にあるイフェ王国（旧ヨルバ王国から独立した国）とも戦争状態になった。この時にアフォンジャは、北部から来ていたイスラーム教徒のアリミが率いるフラニ軍に援助を求めた。その甲斐あってアフォンジャは両国との戦いに勝利を収めたのだが、アリミたちはこの戦争を聖戦と位置づけて参戦していたのである。戦争に勝利した後、アリミがアフォンジャにイスラーム化を求めるようなことはなかったが、彼はアフォンジャの子供たちの教師として当地にとどまった。

アリミとアフォンジャの両方が亡くなった後もアリミの後継者であるアブドゥサラミは引きつづきアフォンジャの子供たちの教師として留まっていた。しばらくしてこのアブドゥサラミとアフォンジャの長男との間で首長の任命を巡って対立が起きた。アブドゥサラミはこの戦い

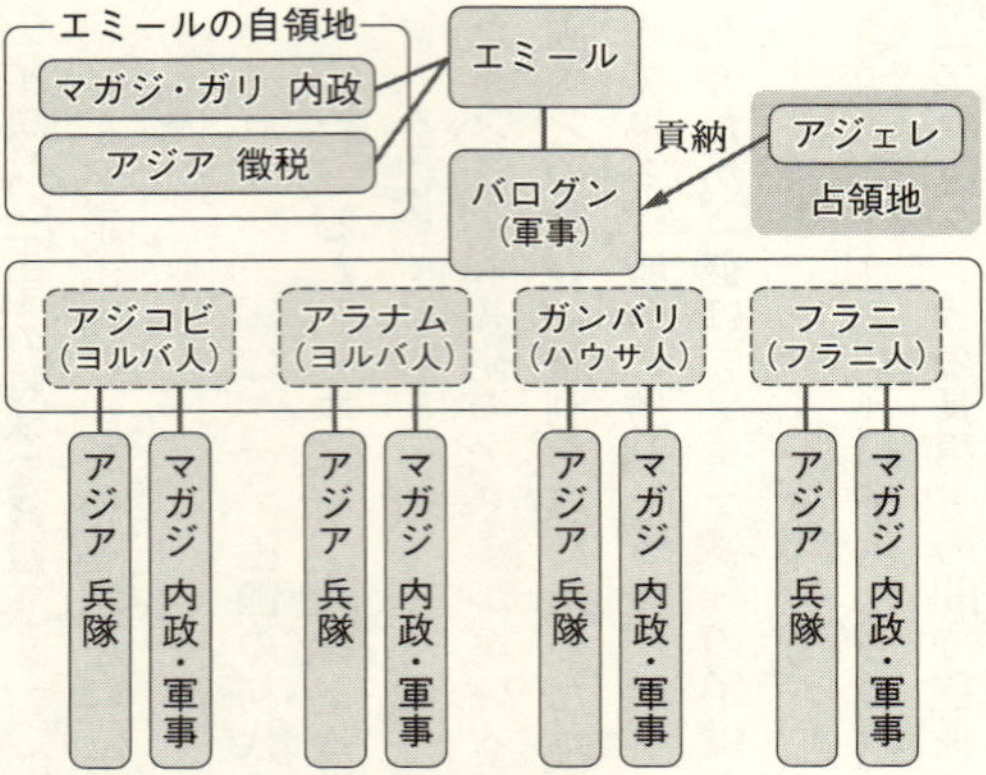

6－3　イロリン藩王国の政治組織

を聖戦と位置づけ、フラニ軍を指揮して勝利し、一八三一年に自らイロリンのエミールに就任した。このため旧イロリン王国はイスラーム藩王国となってしまった。

通常のイスラーム藩王国では、エミールの下にはハキマイを配し住民の支配にあたらせるのだが、イロリンでは住民の大多数が非イスラーム教徒のヨルバ人であったため、アブドゥサラミはアフォンジャ時代のヨルバ王国の統治組織を利用せざるをえなかった。彼は、ヨルバ王国時代の支配体制であるバログン、マガジ体制を残した。エミールの下にくるバログンには四人を任命したが、このうちエミールの支持母体であるフラニ人（住民の五分の一）を支配するバログンは一人しかいなかった。住民の五分の三はヨルバ人であり（ハウサ人が残り五分の一）、彼らの多くは非イスラーム教徒のままであった。

しかしながら、エミールは土地所有に関しては北部のイスラーム諸国と同様な制度に変革した。そのため、一九世紀末にこの地を訪れたイギリス行政官はこの町の統治システムが北部の藩王国と同じだと考え、この地を北部保護領の領域に加えたのである。

2　南部保護領の統治：統治評議会というモデル

一八八六年に王立ニジェール会社が設立されると、イギリスは同社を通して内陸部の実効的支配に乗り出した。同社はすぐに統治機構の整備に取り組んだ。その始まりは一八八七年のジョンストンによるジャジャ退位（第三章参照）とそれに続くボニー統治評議会の設置であった。これが後の南部保護領における統治機構のモデルとなった。

ジョンストンは、南部の現地社会にイギリスの統治システムを持ち込もうとした最初の行政官と言われる。彼は、現地首長から交易手数料（コメイ）の徴収権と裁判権を取り上げようと考えていた。それを実現するために彼はボニーに設置した統治評議会を通して「（イギリスの）領事が出した指令の実行、平和維持、主要道路や通信施設の維持・運営、商業取引条例の制定、住民間の小さなもめごとの審判とその処罰」を行おうとした。

東部ナイジェリアの統治評議会

分節的な社会を限られた予算で統治することにイギリスは苦慮した。そこで考え出されたの

6－4　任命首長が会議に使った建物　東部ナイジェリアの農村部に今も残る。会議が行われる二階部分は両開き窓が多い典型的な植民地スタイルである

が任命首長制である。この制度もジョンストンによって始められたものである。その実態をオポボの統治評議会の例で見てみよう。統治評議会は以下のようなメンバーで構成されていた。

議長：イギリス領事、副議長：イギリス人商人、書記：イギリス人商人、その他委員：オポボの首長（三人）、イギリス人商人（四人）、職権上の委員（イギリス人三人）

一〇人のその他委員のうち、現地の代表はわずか三人にすぎなかった。この現地人の代表が任命首長といわれる人たちであった。この評議会は毎週一回開かれ、ささいな事件の処理と平行してイギリス側の方針が伝えられた（図六―四）。最初に伝達された方針には、イギリス人商人たちの間で要求の強い、現地首長たちの交易手数料（コメイ）徴収権の剝奪が含まれていた。その徴収権は評議会が持つこととされた。

任命首長たちは下級裁判所や中級裁判所にも出席し、それまで村長や家長が処理してきた諸々の争いごとの調停や判決を下す権限も与えられた。中級裁判所の裁判長は常にイギリス行政官が務めたが、下級裁判所では任命首長が裁判長を務めることもあった。

任命首長

小さな村や町が独立している東部では、首長の数も多かった。任命首長はそんな首長の中から選任された、いわば首長の代表といえた。その選任は、イギリス行政官が自ら行うか、各地域の住民と協議して決めるかのどちらかの方法で行われた。だが、行政官が独断で選任した任命首長には問題が多かった。例えばンデアリチ、アロ、エンヨングという町にあった三つの中級裁判所の場合、三五人いた任命首長のうち九人は伝統的な首長であったが、五人は首長の家の出だが村長には本来なれない身分の人たちで、残りの二一人はそのどちらでもないのに選任された村人たちであったという。

住民との協議で決める場合でも問題はあった。有力な人を任命首長候補者に推薦するよう植民地政府が要請しても、人々は推薦した首長が殺されるのではないかと怖れ有力者を推挙しないことが多かった。その結果、その地位にふさわしくない人物が任命首長の座に就くことが多かった。そのような任命首長の権威は住民に認められず、中には住民に殺される者もいた。

統治評議会の下に位置づけられる下級裁判所と中級裁判所は、地域によって様々な呼び方がなされた。最初オポボに設置されたのは原住民裁判所と呼ばれ、その後に設置されたものは、原住民評議会、原住民評議会裁判所、下級裁判所、あるいは地方評議会などと呼ばれた。これらの評議会や裁判所は、「平和と秩序と繁栄」に寄与する条令を発令する権限を持ち、暴動や乱闘などの社会不安を防止・抑制するために必要な処置をとることができた。

また統治評議会のもとに各地に設置された原住民評議会には、最高裁判所や地区高等弁務官が下した決定事項を執行する権限が与えられていた。統治に関わるほとんどの権限が集中していた原住民評議会に、人々から権威を認められていない人物が任命首長として出席していたのであるから、東部ナイジェリアにおける植民地行政機構は、その末端において住民との意思疎通を著しく欠いていたと言えよう。

西部ナイジェリアでの統治システム

ベニン王国では、第四章で述べた一八九七年のフィリップス事件により、予期せぬ統治システムが導入されることになった。同年二月にベニン・シティを占領したイギリス総領事ムーアは、王(オヴォラムウェン)を廃位し、フィリップス殺害に関与した首長たちを処刑したうえで原住民評議会の設置を決定した。この原住民評議会の設置にあたってイギリスは、伝統的な首長たちの権威を利用することにし、彼らの中から一一人を任命首長に選任した。ベニン王国時代の権威を壊すことなく人選を進めたことになるが、原住民評議会制度そのものは、分節社会の東部で実施された方法と同じであった。

同様のことはヨルバ諸王国でも見られた。ここでも任命首長制を基礎とした原住民評議会制度が導入されたが、ここで任命首長に選ばれたのはかつての王国の支配者層であった。このため実質的には首長たちが構成員となる評議会となった。一八九七年に、間接統治論者のマッカラムがラゴス駐在の総督に就任し、ヨルバランドでの統治システムの整備を行い、各地に派遣した駐在事務官を議長とする首長評議会を作った。例えば、イバダンで一八九七年に作られた首長評議会の現地人メンバーは、バーレ、バログンといった王国の役職者の他、八～一二人の首長たちであった。

旧オヨ王国では一八九八年にオヨ評議会が設立され、上級首長層のオヨ・メシのうち七人が評議員に選ばれた。一九〇〇年にはイレシャやエキティでも王と数人の首長たちで構成する首長評議会が設置された。一九〇一年には伝統的支配者層（オヨ王国の王アラフィン、イバダンのバショルン、さらには上級首長層も含む）をメンバーとする原住民評議会法が制定され、伝統的支配者の権威を保護し利用する方法がとられた。総督は、原住民評議会の委員の任命権をもつことによって、首長の権威や政治活動に一定の影響力を保つことができた。

この原住民評議会法の制定でイギリスが最初に力を入れたのは、ヨルバランドの各王国がそれぞれ独自にもうけていた通行税の廃止であった。この通行税撤廃は、リバプールやマンチェスターの商業会議所を中心に強く主張されていたことである。首長たちは通行税撤廃に反対したものの、イギリス商業会議所側の「通行税収入の濫用」批判は強く、一九〇三年以降各地でつぎつぎと通行税の廃止が決められた。

南部保護領の統治システムは、東部の分節社会、西部のベニン王国、ヨルバ諸王国の区別なく、強硬な植民地支配論者であったジョンストンが始めた統治評議会をモデルとして整備されたことになる。

3　保護領化以前の北部ナイジェリア

スルタン＝エミール体制の整備

一九世紀の末には、ソコトのスルタンを頂点とするスルタン＝エミール体制が北部ナイジェリアの広い地域で整いつつあった。東端のドイツ領との境界近くの一部に、スルタンやエミール体制に組み込まれていない地域や緩やかな形でしか従属していない地域がわずかに残っているくらいであった。南の方に拡大したイスラーム聖戦の前線はニジェール川を渡り南部のヨルバ人の地域まで進行し、すでに述べたようにヨルバ諸王国の一つであるイロリン王国のイスラーム化に成功していた。

聖戦が終わった地域ではエミールが支配者として即位した。エミールの多くはダン・フォディオの教え子でマッラムといわれる宗教的指導者たちであったが、武功が認められてエミールの地位に就く者もいた。聖戦初期に即位した一四人のエミールのうち一三人がフラニ人であった。各地の藩王として任命されたエミールたちは、スルタンが支配するソコト王国をモデルにして藩王国の支配体制を整備した。先に紹介したヨルバランドのイロリン藩王国のように現地の伝統的統治組織を一部残して国を作ることもあったが、それは例外的であった。

こうして一八八〇年代頃までには、北部ナイジェリアのほぼ全域とニジェール・ベヌエ川低地（この地域をミドルベルトと呼ぶ）の地域はソコトを頂点とするイスラーム藩王国の領域となっており、この王国に脅威を与える敵対勢力は少なくなっていた。

ソコト藩王国の財政基盤

北部ナイジェリアのスルタン＝エミール体制がどれほど中央集権的であったかについては議論がある。都市に対する農村部の政治的・経済的独立性、経済活動の活発さに注目して、北部には中央集権的な統治・徴税機構は存在しなかったのではないかとする意見がある一方、ソコトのスルタンが、ザリアのエミールの任命と退位の決定権を持っていた点を指して、スルタンがエミールに対して実質的支配力を持っていたとする意見もある。一九世紀末から二〇世紀初頭にかけて北部を訪れたイギリス行政官や軍人の見方は、後者の意見に近いものであり、彼らは、不完全ながらも一定の制度のもとに広い地域で貢納が行われていた点を重視した。

各地のエミールからソコトのスルタンへは毎年定期的に貢納が行われていた。一八五三年、北部ナイジェリアを探検中だったバルトは、ザリアからソコトに向け貢納物を運搬中の隊と遭遇した。その時の記録によれば、この隊は子安貝二〇〇万個、長上衣用綿布五〇〇枚、馬三〇頭を運搬していたという。またジェカダという人の記録によれば、一九〇〇年にカノからソコトへ送られた貢納物は良馬一〇〇頭であり、このうち六〇頭には、すばらしいガウンや衣服が荷《にな》わされていたという。これらの貢納物はカラジとかジズヤと呼ばれる人頭税（特に非イスラーム教徒に対する）として徴税されたものである。

定期的貢納の他に、イスラーム法にあるザカット（一〇分の一税）やクムス（戦利品の五分の一）、さらにクルディン・サラウタ（エミール就任時にスルタンに贈る上納品）や相続税などもあった。戦利品の上納についての記録によれば、カノのエミールは捕虜として捕えた奴隷五〇〇人のうち一〇〇人をソコトのスルタンに贈り、そのうち五〇人はワジールと呼ばれるソコトの高官たちに贈られたという。またクルディン・サラウタに関する記録には、ある地方の長官がカノのエミールによって退位させられた時、彼が所有していた軍事物資（馬、刀、鉄砲）は次の長官にそのまま引き継がれたが、所有していた八〇人の奴隷のうち四〇人は次の長官に、二〇人はエミールに、そして残り二〇人はソコト（スルタンに一五人、ワジール・アブドゥラーに五人）に贈られたという記録もある。

ソコトのスルタンを頂点とするスルタン＝エミール体制の財政制度は、南部の王国に比べ格段に整ったものであったと言えよう。

4　北部ナイジェリアの保護領統治

力による征服と統治機構の整備

一九〇〇年一月一日、北部ナイジェリア保護領設置に伴い初代高等弁務官に就任したのは、後に南・北ナイジェリア保護領合併を推進することになるルガード（コラム⑤参照）であった。

ルガードが就任した当時の北部には、イギリスの支配が及ばない地域が周辺部にまだ少し存在していた。保護領内の実効的支配を強めるため、彼は就任翌年には陸軍大佐モーランドを隊長に三六五人の兵隊をヨラに派遣して占拠し、この地での倉庫建設の許可を迫った。モーランドの要求を拒否したエミールは隣国のドイツ領に逃れたものの現地人に殺され、ヨラはイギリスの支配するところとなった。しかしルガードは、ドイツ領と接する地域への支配力をさらに確実なものにするため一九〇二年に再びモーランドをボルヌ国へ派遣した。この時に派遣された軍隊は五〇〇〇人にのぼった。

ルガードが北部ナイジェリアの実効的支配確立を急いでいたまさにその年（一九〇二年）に、イギリスを驚かす手紙がソコトのスルタンからイギリス国王に二度にわたり届けられた。その手紙には、「バウチ（地方）におけるイギリスの干渉が邪魔であり、干渉を受けるような保護は要らない」と書かれていた。イギリスは、この手紙は一八八五年に王立ニジェール会社（RNC）の前身であるNACとの間で締結された協定に抵触するものと考えた。一八八五年の協定では、ベヌエ、ニジェール川の両岸で徒歩一〇時間以内の距離にある領域の全ての権利をNACに譲渡することや、NACの交易独占を認めるといったことが謳われていた。さらに、他の商社との交渉禁止、条約の恒久性、そしてNACがガンドゥに対して毎年、子安貝二〇〇〇袋、ソコトに対して三〇〇〇袋を贈ることが書かれており、イギリスがこの地域に対して持つ実効的支配を裏付ける協定であった。イギリスは、協定に書かれた権利はRNCの特許状の廃止とともにイギリス国王に引き継がれており、イギリスの干渉と保護はいらないというスルタンの要求はそれに反すると考えた。イギリスに対する反発感情が北部ナイジェリアを広く覆っていることを知ったイギリスは危機感を強めることになった。

一九〇二年に、ケフィに駐在していたイギリス人事務官が当地のマガジ（イスラーム徴税官）に殺されるという事件が起きた。イギリスはこのマガジに報復するため、〇三年一月二九日、二四人の行政官を含む七〇〇人あまりの軍隊をマガジが逃げたカノの町に派遣し、二月三日にこの町を占拠した。この時カノのエミールはソコトに出かけていて不在であったため、イギリス軍は直ちにソコトへ転進した。そして三月二一日にソコトの町も陥落させたのである。このスルタン＝エミール体制の中心であるソコトの征服は、イギリスによる北部ナイジェリアの実効的支配の始まりを意味するものであった。この征服の後、ルガードはスルタンらを前に次のような演説を行った。

「フラニ人は昔、ダン・フォディオの指揮のもとにこの国を征服した。彼らは、この国を統治する権利、課税する権利、諸王の即位・廃位を決定する権利を得た。しかしこのたび彼らは（我々に）打ち破られたことによりそれらの権利を失い、それらはイギリスのものとなった。

……すべてのスルタン、エミールならびに州の主要役人は、高等弁務官によって任命されるであろう。……（これより）イギリス政府は、フラニ人が征服によって地元民から取りあげた土地に対する諸権利を持つことになる。……政府は徴税権を有し、エミールや首長たちに、彼らが徴税できる税がどんな税であり、その税のうちどれだけを政府に支払わなければならないかを伝えるであろう……もしある藩王国の藩王に空席ができた場合、それは高等弁務官の同意があってはじめて埋められる……」

このルガードの演説は、戦勝国の司令官が無条件降服の国に対して行うものであった。そしてその後に彼が北部ナイジェリアで実施した統治は、演説の中で述べたとおりのものとなった。南部とは異なる、間接統治の始まりである。

ルガードが考える間接統治とは、イギリス人事務官の監督と指導のもとで現地人が末端の行政を担うというものであり、真っ先に実行したのがスルタンやエミールの新任であった。一九〇三年のソコト攻撃の時にソコトからブルミの町に逃れそこで殺されたスルタンの後任には、ルガードの指示でウスマン・ダン・フォディオの孫が任命された。同じ年、カノのエミールをロコジャに追放した後、後任のエミールをイギリスが任命した。ザリアでは、イギリス政府に陰謀を企てた廉《かど》でエミールが退位させられ、その後にザリアの初代エミールの孫が任命された。

イギリスは、ソコトの新スルタンの任命にあたりガウンとターバンを、カノの新エミールには傘や剣や短刀を与え、彼らがイギリス国王の臣下となったことを儀礼でも認識させた。そのうえで、これらの有力エミールたちには、イギリス国王に対する忠誠の誓約を要求した。北部の支配者たちは、正式にイギリス国王の臣下になったことで、南部の王や首長などに比べより深く植民地体制に組み込まれることになったが、同時に、それによって自分たちの権威が保たれることにもなった。

支配者の格付け

イギリスは、藩王国の領土の大きさ、領有民の人口規模、権力の強弱などを規準に、ソコトのスルタンやカノのエミールなどをトップクラスとする、現地支配者の階級分けを行った。例えばバウチ県では、第一級クラスのバウチのエミールの年俸は二〇〇〇ポンド、第二級クラスのゴンベのエミールは七〇〇ポンドとされた。以下、年俸二八〇ポンドの第三級クラスの首長が一人、年俸一二〇~三〇〇ポンドの第四級クラスの首長が六人いた。この第三、第四級クラスの首長が支配していた地域では駐在事務官が直接統治に乗り出した。

さらにその階級に従い、彼らを、司法評議会の議長、エミール裁判所の裁判長、あるいは地方裁判所の裁判長のいずれかに任命した。司法評議会は、藩王国間の政治問題や境界線問題、さらに土地相続に関する問題をとり扱うものとされ、第一級クラスのエミールがこの議長を務めた。第二級クラスのエミールや裁判官は、エミール裁判所や下級裁判所の裁判長を務め、そこでは日常的な行政・裁判に関わる問題を扱うものとされた。裁判はイスラーム法と慣習法にもとづいて審理された。

しかしこれらの評議会や裁判所で決められる判決や政策は、植民地政府が認める範囲のものでなければならなかった。全ての最終的な決定は総督が行い、その決定の範囲内で駐在事務官が評議会や裁判所を指導するという形をとった。ルガードは、総督と駐在事務官は、「干渉しがちな支配者」ではなく「注意深いアドバイザー」であるべきだ、と述べていたが、実際に北部保護領で行われた間接支配をみていると、「干渉しがちな支配」であったようだ。

イスラーム藩王国の支配に組み入れられていない地域の統治に関しては、南部ナイジェリアと同じ問題に直面した。人類学者による調査にもとづき現地に適合的な支配体制の導入が考えられたが、実際には駐在事務官が行政全般に直接関わる体制がとられた。結局、南部ナイジェリアでみられた原住民評議会の統治とほぼ同じとなった。

徴税機構の再編

フラニ人に代わる新しい統治者となったイギリスは、すぐに徴税機構の再編に取りかかった。北部においては南部でみられるような関税収入は期待できないため、徴税機構の整備は急務であった。イギリスが最初に考えたことは、税の種目の簡素化であった。まず伝統的な徴税制度の調査が行われ、その結果を受けて一九〇三年度（ナイジェリアの年度は一〇月始まり）に新しい税制が導入された。

この時の徴税機構の再編にあたってイギリスは、現地の社会を三つのカテゴリーに分けた。

①統治組織が整ったイスラーム社会。行政、徴税機構がイスラーム法にのっとり整備されており、ソコトのスルタンによってエミールが任命（承認）されている社会

②首長を中心に一定の社会組織をもち、イスラーム藩王国に対して物納あるいは金納の形で税金ないし貢ぎ物を払っていた社会（イギリスはこの社会を進歩的非イスラーム社会と呼んだが、イスラーム藩王国による奴隷狩りの被害が最もひどかった社会でもある）

③孤立した非イスラームの地域で、首長は存在せずいかなる税もなかった社会

まず①の社会では、「既存の権威をある程度守る」原則に従い、エミールたちの所得が急減しないよう従来どおりの徴税方法が存続された。つぎに②の社会に対しては、奴隷狩りの危険から守ることを政府が約束し、その代わりとして少額の税金を、村単位あるいはそれより小さい単位で課税することとした。課税額については、駐在事務官と住民との間の話し合いで決められるものとされた。そして③の社会では、当初は名目的な貢納義務を課すにとどめ、その後それぞれの社会の人口規模や豊かさを基準に課税するという方針をとったが、実際にはその後の徴税はなされなかった。

この時キャラバン隊に対する通行税（キャラバン税）も新設された。キャラバン税の税率は運搬物の評価額の五％で、徴収は三回まで行われるが、その後は地域の境界を越えても課税されることはないという制度であった。しかし徴税官の不足に加え、キャラバン隊が徴税地点を

迂回したりしたため税収増には結びつかず、この税は一九〇七年には廃止された。

この税制は一九〇四年に正式に公布されたが、実施は簡単ではなかった。一九〇三年の時点で北部ナイジェリアにいたイギリス人行政官は五二人にすぎず、住民一〇〇万人あたりわずか三人という少なさであった。一九〇五年になっても行政官の数は八七人にしか増えず、しかもこのうちの三分の一は常に休暇（ナイジェリア赴任者に認められている健康休暇）で現地にいないという状態だったのである。これだけの行政官で税制改革を実施するのは容易ではなかった。それでも一九〇四年の税収は見積もりの五万四四四五ポンドを上回り九万四〇二六ポンドに達した。

一九〇六年にさらなる税制改革が行われた。定着農民に対しては一般税を、遊牧民に対しては家畜税を課すという趣旨の改革であった。地租（クディン・カサ）や一〇分の一税、染色職人に対する税（クディン・カロフィ）などは一般税に統合され、家畜税（ジャンガリ）はそのまま残された。この他の税、例えばエミールの任命に際してソコトに支払われる税などは、各地の事情に則して禁止または存続が決められた。この改革は、多様な税を統合して税の簡素化を図ったものであったが、ここでも実際の徴税業務は地域の特性に応じて妥協せざるをえなかった。それが、北部の税収見積もりと実際の税収との差を大きくした。

実際の税は、家長→マスガリ／ダガタイ（村長）→ジャカドゥ（在村徴税人）→ハキマイ→エミール→領事といった縦のラインで徴税された。この徴税機構の中で、ハキマイの地位が問題であった。ハキマイは町に住み、自分の徴税担当地区（かつての領地）には住んではいなかった。実際の徴税業務を現地にいるジャカドゥと呼ばれる代理徴税官に代行させていた。このため住民とハキマイとの結びつきは弱く、徴税業務を任されたジャカドゥが地区の支配を強め、彼の下で徴税業務を補佐する村長たちも力を持つようになった（図六―五）。

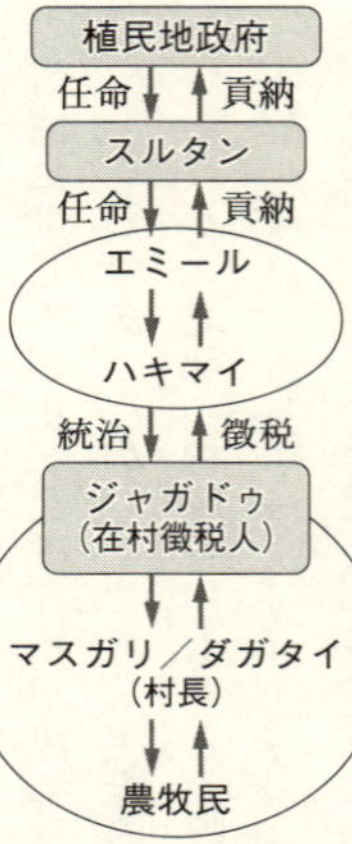

6－5　北部保護領における徴税機構

伝統的支配者への配分方法

徴収された税は、地域社会のカテゴリーと支配者のランクに応じて次のように配分された。

①主要エミールおよび弱小エミールの支配地域
植民地政府が歳入の二分の一、地方の伝統的支配者が残り二分の一を取得する。ただしイスラーム藩王国の頂点に君臨するソコトのスルタンに対しては、歳入の四分の三の取得を特別に認めた。

②主要エミール以外の支配地域
政府が歳入の二分の一以上を取得する。地域によっては政府が七五～八〇%、地区長一五～二〇%、村長に五%が配分され、地区長がいない地域では政府が九五%を取り、村長に

は五%が配分される。

③村長の存在すら不確かな地域

成人一人あたり年一ペンスという名目的な課税が実施され、すべての歳入は政府にまわされる。納税は、市部では現金でなされるが、地方では、子安貝か物納（農産物：アワ、ヒエ）の形がとられる。

この原住民歳入布告の発布後も、北部の税収入は南部に比べ五分の一にも満たなかった。徴税官の人員が不足していたことの他に、フラニ人による徴税機構が、イギリスが考えていたほどには組織化されていなかったことも原因と考えられている。

第七章　反植民地運動のはじまり

1　南・北保護領の合併

一つの植民地に

一九〇〇年に発足した南・北保護領体制は、当初から幾つかの問題を抱えていた。中でも最も大きな問題は、北部保護領の財政基盤の脆弱さと、統治や開発を巡る二つの保護領の間の対立であった。この問題を解決するためには両保護領の統合が必要であると初代北部高等弁務官であったルガードが主張し、その提案に沿う形で一九一四年に両保護領は合併されることになった。

一つの植民地となったナイジェリアは、第一次、第二次世界大戦を経るなかで政治的にも経済的にもより緊密にイギリスの植民地体制の中に組み込まれるようになった。それに伴い、各

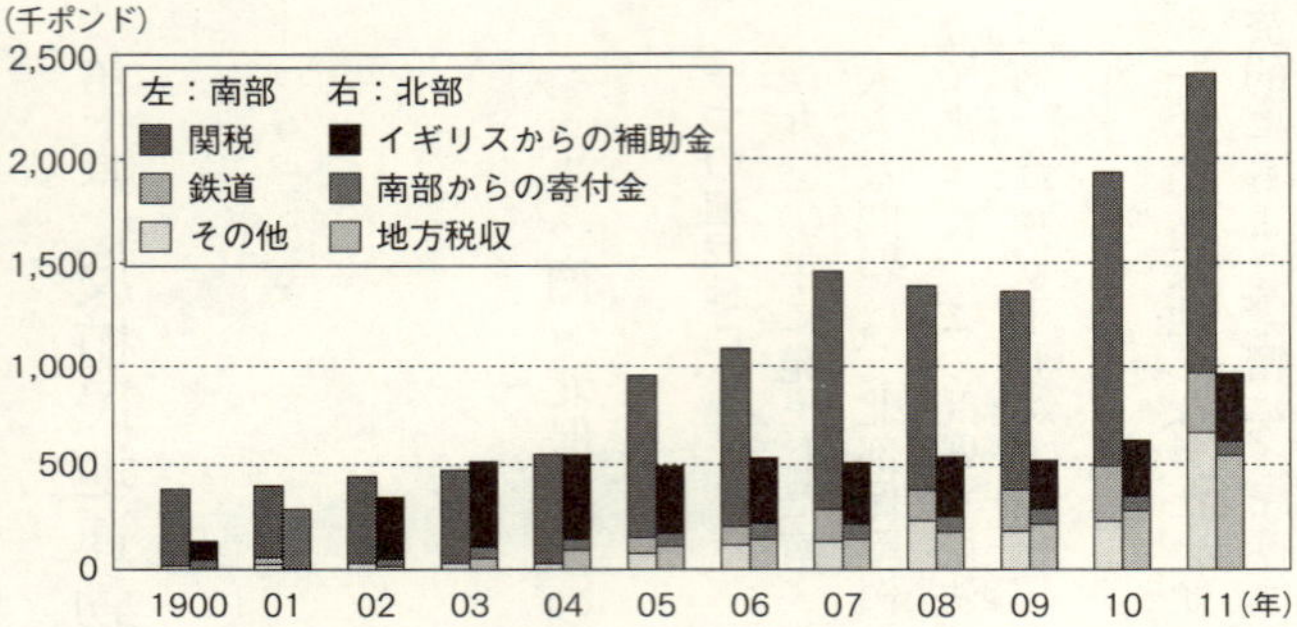

7－1　南・北保護領における項目別歳入の変化（1900～11年）

地で散発的に起きていた反政府運動が反植民地運動へと発展することになる。

財政基盤の違い

南・北保護領体制の中で一番憂慮すべき問題は、北部保護領の財政基盤の脆弱さであった。図七―一は一九〇〇年～一一年までの南・北両保護領の項目別歳入を示しているが、北部保護領の税収が非常に少ないことがわかる。

北部保護領における税収は、スルタン＝エミール体制の下で農民や牧畜民から徴収された諸税（一〇分の一税や地租、家畜税、家屋税など）のみで、あとは南部からの資金移転とイギリス本国からの援助であった。これに対し南部保護領では、住民から徴収された直接税収入はなかったものの多額の関税収入があった。その他に鉄道輸送収入やライセンス収入もあり、総歳入額は北部を大きく上回っていた。

南部ではこの税収を利用して鉄道建設、埠頭の整備、道路建設、通信施設の設置、保健衛生事業などがラゴス周辺で進められた。これに対し北部保護領は、行政に必要な経常支出に加え、西アフリカ国境軍（WAFF）の維持経費に歳出の大半を割かざるを得ない状態にあった。その国境軍の経費は、一九〇一年時点で総支出の四四％を占めていた。〇三年のソコト遠征時に七三二人（イギリス行政官二四人を含む）であった軍隊の維持費はその後徐々に減ってきていたが、〇八年でも軍の経費は支出の二八％も占め、開発にまわせる資金は非常に限られていた。

北部保護領は、南部保護領を経由せずに外国と貿易ができるようにしたいと考え、ニジェール川沿いのバロに自前の「外港」を作り、そこから北部の首都カドナまで一九一一年に鉄道を開通させた（図七―二）。しかし、ニジェール川の乾季の水位が外洋船の航行にとっては不充分で、期待した関税収入は得られなかった。そのうえ一二年になって、ラゴスから延びてきた鉄道がバロから約二〇〇キロメートルも上流のジェッバでニジェール川を渡り、バロから一二〇キロメートルもカドナ寄りのミンナでこのバロ線に接続されたため、ミンナ＝バロ間は利用価値のない盲腸線となった。北部政府は、鉄道がバロ近くでニジェール川を渡ることを希望していたが、南部政府はそれを無視したのである。バロ＝ミンナ線は南・北保護領政府間の意見の不統一がもたらした不経済の象徴となった。

南部保護領で徴収された関税収入の中には北部産の輸出物や北部への輸入品に掛けられた関税分も含まれているので、関税収入の一部は北部に還付してしかるべきとして、南部保護領から北部保護領への資金移転も行われた。しかし、それでも南・北保護領の歳入の隔たりは大きかった。このためイギリスは、北部保護領に対し毎年約五二万九〇〇〇ポンド（一九〇〇～一二年までの平均）の資金を援助していた。

経済開発重視か、体制再編重視か

南・北保護領の間で見られる財政基盤の違いは、両保護領政府の間に軋轢を生んだ。鉄道建設を巡る意見の不統一がその一例であるが、もっと根深い対立もあった。それは統治姿勢の違いである。南部が経済開発重視の方針であったのに対し、北部は統治制度の整備を重視していた。北部では伝統的支配体制に徴税を依存しており、その体制の維持・再編が急務であった。数少ない行政官はその仕事に忙殺されていた。それに対し関税収入に依存する南部では、住民に対する直接税の導入は行われなかった。北部の行政官から見れば、南部は植民地支配にとって最も基本的な徴税制度の整備を怠っていると見えたのである。

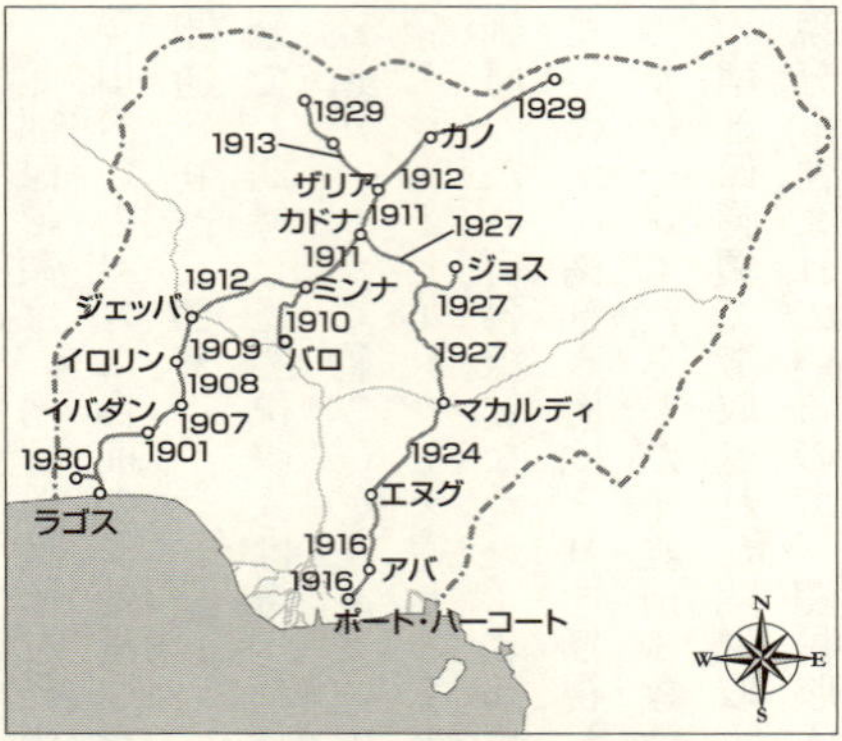

7－2　ナイジェリアの鉄道建設（開通年）

北部の高等弁務官のルガード卿はこのことをはっきりと口に出して南部保護領政府を批判し

た。彼は士官学校出身のエリートであった。これに対し植民地初期にラゴス植民地高等弁務官を務めインフラの整備に力を尽くしたマッカラム卿とマグレガー卿は、ともに技術畑出身であった。このような高等弁務官のキャリアの違いも統治制度の違いに影響を与えていたようである。

コラム⑤：ルガード総督の間接統治論

ルガード卿は大総督の職を離れて2年後に『英領熱帯アフリカの二重統治論』という本を書いた。第一次大戦も終わり植民地の統治と開発をどのように行うかがイギリス国内でも問われ始めていた頃である。この本で彼は、アフリカにおける行政改革は博愛主義的動機で行われるべきではなく、ヨーロッパ諸国にとっても将来的に利益となる互恵性という観点から行われるべきだと述べている。これは、彼が師と仰ぐチェンバレン（一九世紀末期に植民地大臣）の「人口稠密なイギリスにとって、経済的なはけ口として熱帯の処女地が必要である」という考え方を受け継いだものであった。彼は、優秀な植民地行政官の選抜や教育の方法についても詳しく自説を述べている。

ルガード総督

ルガードは、この本を植民地省官僚の教育に用いるよう働きかけた。そしてオックスフォード大学やケンブリッジ大学の協力を得て実際に官僚に教育が行われ、ナイジェリアにおける間接統治とそれにふさわしい行政官のあり方が講じられた。彼は、アフリカ社会が西洋化するよりも「良きアフリカ社会」になることの方が大切で、それには間接統治が良いと考えていた。この考えは後任の行政官たちに受け継がれて植民地末期におけるイギリス政府の方針に大きな影響を与え、政治改革が遅れている南部保護領よりも北部イスラーム社会の方が「良きアフリカ社会」であるとする、「北部ナイジェリア重視」政策につながっていった。

ルガードによる合併案

ルガードは一九〇五年、南部の高等弁務官には一切相談することなく本国の国務大臣に極秘の「覚書」を送り、統治効率上の観点から南・北保護領を合併する必要があると提案した。合併の利点として、南・北保護領の財政を一本化することで関税収入を内陸部の開発に利用できること、鉄道建設計画にみられるような不経済を無くせること、国内資源（鉱産物、農産物）の開発のために適切な政策が立てられること、原住民政策や裁判制度などで統一した政策がとれることなどを挙げた。

しかし間もなく、彼は香港総督としてナイジェリアを離れることとなり、この合併案は表立って議論されることはなくなった。この合併案が再び脚光を浴びるようになったのは、雑誌『アフリカン・メイル』の編集をしていたモレルが一一年に『ナイジェリア：その人々と問題』という本を発表してからである。その中でモレルは、ルガードとほぼ同じ理由から速やかに南・北保護領を合併すべきだと提案した。そしてこの大事業を成しうる人物はルガードだろうと示唆したのである。

合併：ナイジェリアの誕生

この本が出版された年、香港総督ルガードの元に植民地省から私信が届いた。それは、彼にとっては願ってもない打診であった。三年から四年をかけてナイジェリアの南・北保護領の合併について調査検討する意思はないかというのである。モレルに推されるまでもなくルガードは南・北保護領の合併の仕事に並々ならぬ意欲を持ちロビー活動も行ってきていた。その仕事を快諾した彼は、一九一二年に香港総督の職を辞し、南・北二つの保護領の総督を兼務する辞令を受け、早速現地調査に出かけた。

翌年五月、ルガードは、南・北保護領の合併に関する報告書を植民地省に提出した。その中で彼は、現在の南・北保護領にそれぞれ代理総督を置き、その上に全体を統括する総督を置くことを提案した。最高裁判事、検事総長、鉄道総裁、西アフリカ国境軍司令官、医事長官、電信電話総裁など全国的官庁の長たちを総督府のある首都に集め、その首都は北部保護領の首都カドナに置くことも提案していた。カドナには一九一一年にすでに鉄道が開通しており、気候は良好で土壌も野菜や花の栽培に適し、何よりも領土の中心近くにあった。イギリス行政官のラゴス嫌いは有名でありルガードの提案に賛成する意見も多かったが、圧倒的にインフラ施設が整っていたラゴスから首都を移すことは結局できなかった。

ルガードの合併案は、「北部優位主義者」のルガードが南部の人々に経済的負担を強いながら北部の統治機構を押しつけて「南部の北部化」を図るものだとして、南部の人々の反発は強かった。しかしそのような批判にもかかわらず、植民地省に提出された「報告書」に沿う形で、一四年一月一日、南・北保護領は合併され、現在のナイジェリアの基となる「ナイジェリア植民地および保護領」が誕生したのである。

2 植民地支配の確立

急増する換金作物生産

一九一四年は第一次世界大戦が始まった年である。圧倒的な海軍力を背景に「栄光ある孤立」を誇ってきたイギリスであったが、〇二年の日英同盟や〇四年の英仏協商の締結を皮切りに、世界で進んでいた経済ブロック化の動きに自らも乗り出した頃であった。そんなイギリスにとってナイジェリアを含むアフリカの植民地は、資源の供給源であるとともに工業製品の輸出先として重要性を増していた。

植民地政府は、一八九〇年代末から始めていた港湾整備や鉄道建設を一九〇〇年からまず西部の方で本格化させた。〇一年にラゴスからイバダンまで開通した鉄道は、〇八年にはイロリンの町まで延び、〇九年にはニジェール川沿いの町ジェッバに到達した（図七—三）。

鉄道駅から両側に放射状に延びる補助道路も整備され、一〇年代には西部ナイジェリアの多

7－3　ジェッバの町の丘からニジェール川を望む（1982年）　2018年現在、鉄道は再建工事中であり、まもなく列車がこの大河を渡る姿が見られる予定となっている

くの農村部からカカオやパーム油がラゴス港に運びだせるようになっていた。この鉄道と補助道路網は、農産物や鉱物といった輸出品はもとより輸入品の運搬にも役立った。

　交通手段の発展のお陰で、西部ではカカオ生産とパーム油の生産が、東部ではパーム油の生産が急速に増大した。また一二年に鉄道が北部の商業都市カノまで延伸されると、北部で栽培される落花生や綿花の生産も伸びてきた。図七―四をみると、輸出農産物が順調に伸びてきた様子がわかる。

　これらの輸出農産物の生産は、これまで自給的作物の生産がほとんどだった農民に現金収入をもたらした。現金をもたらす農作物という意味で輸出農産物を「換金作物」とも言う。植民地政府や宣教師たちは、農民が現金収入を得ることは農村社会の近代化にもつながると考え、彼らが換金作物生産を増やすことを奨励した。「コーヒー、カカオ、コットンに仕事」といった

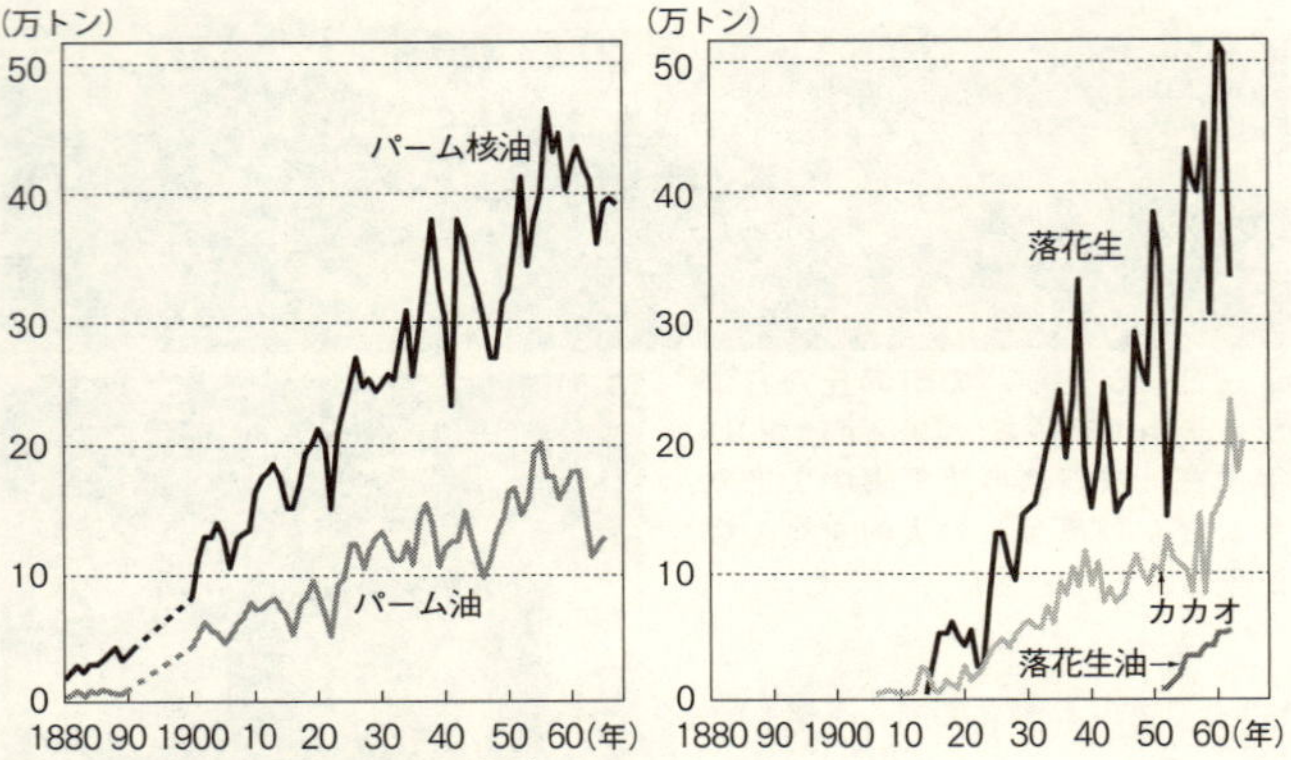

7－4　輸出作物の生産の伸び

スローガンを唱えながら換金作物の栽培方法を伝え歩く宣教師もいた。

直接税の導入を検討中の植民地政府にとっても、農民に現金収入をもたらす換金作物の普及は重要なことであった。子安貝やマニラ（第一章コラム③参照）といった旧貨幣ではなくイギリス貨幣での税金徴収を決めていたからである。植民地政府は、子安貝とマニラの輸入をそれぞれ一九〇二年と〇四年に禁止する一方、イギリスのコインや紙幣の輸入を増やした。人々が私蔵している子安貝やマニラは一定の交換比率でイギリス貨幣に交換し、市中から吸い上げて破棄した。すでに税として納められ政府の倉庫に積み上げられていた子安貝やマニラも、ポンドに記帳替えされた上で破棄された。

こうして、カカオ、パーム油、落花生、綿花などの一次産品の輸出量は確実に増え、ナイジェリアはイギリスの植民地経済の一翼を担う国へと変貌をとげてきた。換金作物生産の急増ぶりは、「アフリカ農民の蒙昧さ」を信じて疑わなかったイギリス人を驚かせるものであった。ナイジェリアの農民は、頑迷な自給生産農民ではなく、経済的刺激に敏感に反応する意欲ある生産者だったのである。

コラム⑥：アフリカ一の富豪

現在アフリカ一の富豪は、ナイジェリア人のアリコ・ダンゴテであると言われている（最高位は二〇一四年の世界第二三位）。彼は、綿、カシューナッツ、カカオ等の輸出と工業製品の輸入を手掛ける貿易業の他、精糖業、セメント工業、製粉業、清涼飲料会社などの製造業も経営している。

彼は一代でこの地位を築いたわけではない。彼の祖父アルハッサン・ダンタタは、沿岸部のイバダンやラゴスさらには現在のガーナのアクラやクマシにコーラの集積所を持ち、一九〇〇年代にはすでにコーラ交易で大きな商いをしていた。彼がコーラ商人から大きく飛躍するきっかけとなったのは落花生の交易であった。

一九一二年にラゴスから延びた鉄道がカノまで開通するようになると、イギリスの商社は落花生や綿花の輸出に乗り出した。彼らは、農民からの買い上げと鉄道駅にある集積所まで運搬を担ってくれる現地商人を必要としていた。この時、最大の商社であったUAC（ユニリーバの子会社）が契約したのがダンタタであった。彼はこの契約のお陰で、一九二〇年代に北部ナイジェリアの落花生取扱量で第一位となり、カノで一番裕福な商人になった。最盛期には、カ

落花生のピラミッド

ノ駅の落花生集積場に積み上げられた〝落花生のピラミッド〟の内六〇体が彼のものであったと言う。それは総重量にして四万五〇〇〇トンであったと言うから、一九二〇年代後半の輸出量の平均（一二万トン弱）の三分の一以上を占める量であったことがわかる。第二次大戦後、彼の会社はマーケッティング・ボード（MB）の買い付け代理人のライセンスを取得、イギリス商社と同等の地位を獲得して経営基盤を強化していった。

質素倹約と一族融和を厳命したダンタタは一九五五年に亡くなったが、その後も彼の子供たちは堅実に商売を発展させてきた。このダンタタの孫の一人がダンゴテである。彼は、軍事政権時代から政府と親密な関係を保ち、ラゴス港の一部（アパパ地区）で広大な土地の払い下げを受けた時に不正疑惑がもたれニュースになったことがある。また二〇〇三年の総選挙でオバサンジョ陣営に多額の選挙資金を提供したことや、オバサンジョが引退後、彼が故郷アベオクタに建てた大統領図書館に大金を献金したことも話題になった。

イギリスの戦後復興への貢献

ナイジェリアの輸出農産物は、二つの点でイギリスに貢献した。一つは、農産物を安くイギリスに提供したという点である。特に第二次世界大戦時に新設された西アフリカ生産物統制局は、熱帯農産物を安定的かつ安価にイギリスに供給することに貢献した。二つ目は、生産物統制局の後継として戦後に作られた「マーケッティング・ボード（MB）」が、内部に蓄積された余剰金をイギリスの国債購入に充てることで、イギリスの戦後復興に貢献したという点である。

ここで、統制局とMBの役割について簡単に触れておこう。イギリスは第二次大戦中の一九四〇年に、ガーナとナイジェリアで生産されるカカオの買い上げを統制する西アフリカ・カカオ統制局を設立した。四二年には統制品目をパーム油製品、落花生、ゴムなどに広げ、さらにシエラレオネとガンビアも加えた西アフリカ生産物統制局（WAPCB）に再編した。統制局の目的は、これら農産物の安定的供給、価格安定、販売先の規制にあった。統制局は、認可した商社（認可代理人）にのみ農民からの買い上げを許可し、その農産物はすべてイギリス食糧庁が買い上げるものとされた。食糧庁は世界の市場価格を基準に、それよりも低い価格で買い上げたので、農民たちが受け取る生産者価格（農民に支払われる価格）は国際価格の二九〜四五％にすぎなかったという。

西アフリカ生産物統制局は、第二次大戦後にガーナMBとナイジェリアMBの二つに分割されることになった。四七年にまずカカオMBが分割され、四九年にはその他の生産物MBも国別のMBに分割された。MBは生産者価格の安定、生産物の品質管理、販売の効率化などのために必要なのだと説明され、輸出農産物の販売を独占するシステムは残された。そして激しい価格変動から生産農民を護るための「余剰金」の蓄積が認められた。この余剰金の七〇％は、市場価格が下落した時に生産農民を護るために使われるものとされた。しかし実際に余剰金がその目的のために支出されることはほとんどなかった。

一九四七〜五四年の間、カカオ、パーム油、綿花、落花生の四つのMBで約一億二〇〇〇万ポンドの余剰金が蓄積されたが、それらの余剰金の最大の使い途はイギリスの国債購入であった。それは五四年まで続けられ、それ以降はナイジェリア各地の開発投資に使われるようになるのであるが、結局のところ市場価格の暴落から農民たちを保護するために使われることはほとんどなかった。農民たちが受け取るべき余剰金は、イギリスの国債購入を通してイギリスの戦後復興に使われたことになる。

西洋教育の拡大：南北の格差

一九〇〇年以降、南部では西洋教育の普及が急速に進んだが、北部ではほとんど進まなかった。ルガードは、イスラーム教徒の反発を避けるため北部でのキリスト教の宣教活動を抑制する方針をとった。後任の高等弁務官もその政策を受け継ぎ、北部でのキリスト教の宣教活動に非協力的であった。このため、一〇年代の初め頃までの北部ではミッション系の学校は非常に少なかった。一四年時点で北部のキリスト教会は四二堂のみで、ミッション系の学校で学んでいた生徒数は約六五〇人にすぎなかったという。同じ年に南部のヨルバランドの一つの町（イジェブ・オデ）だけで一一六の教会があり、アベオクタの町にあるミッション系の学校の生徒数は四〇〇〇人だったというから、差は大きいものがあった。

南部ではイギリス教育局の認定を受けたミッション系の小学校や中学校が増え始め、植民地政府は、これら認定校の設立や立地場所、教室数などを管理するようになった。学校における使用言語は英語であり、その英語の学習レベルがイギリスの認定基準に達しない学校は正規校と認定されなかった。英語能力は植民地政府やヨーロッパ系企業で働くには必須であった。

認定校を卒業した若者の数は首都ラゴスを中心に急速に増えてきた。ラゴス植民地政府とヨーロッパ系会社に雇用されていたナイジェリア人は、一八八一年時点では四五人にすぎなかったが、一九〇一年には一一〇〇人以上に増え、二一年には五三〇〇人以上に達していたという。植民地支配のもと、英語を使える労働者や事務員が確実に増えてきていたのである。

ナイジェリアで英語による西洋教育を最初に経験したのは、解放奴隷たちであったと言われている。彼らはサロと呼ばれ、西洋化したキリスト教徒として特別な存在であった。しかしサロの数をはるかに凌ぐ数の若者たちが、西洋化した英語話者として育ってきていた。西洋教育を受けた人の数は徐々に増え、二一年には人口の〇・五%にあたる約三・二万人に達し、不完全ながらも西洋教育を受けたことのある人の数もこの頃すでに人口の四%に達していたようである。

二一年の南部ナイジェリアには二二〇〇校以上の小学校があり、そのうちの九〇%以上は植民地政府から補助を受けていた。これに対しキリスト教の宣教が抑制されていた北部の小学校数は南部の五〇分の一という状態であった。高等教育の施設はさらに少なく、二六年時点でも中学校は一八校にすぎなかった。

直接税導入と労働力不足問題

一九一四年に「ナイジェリア植民地及び保護領」の総督になったルガードにとって、南部での直接税導入はいわば自ら掲げた「公約」であった。彼は一九一七〜一八年に、西部ナイジェリアの一部地域で直接税の導入を試みた。それまであった伝統的諸税（死亡税や通行税）や貢納を廃止する代わりに、農業収入や商業収入に所得税を課すというものであった。しかしこの所得税は課税額の評価が難しいとの理由で導入は断念せざるをえなかった。次の手段として人頭税（一人あたり六シリングから八シリング徴収）の導入を試みたが、それも強い反対に遭い実現できなかった。

ルガードといえども、南部における税の徴収は簡単ではなかった。直接税導入の試みはしばらくは見送られ、一〇年以上が経過した一九二七年に西部ナイジェリアの一部で、翌二八年に東部ナイジェリア諸県で、直接税導入が再び試みられた。しかしこの時も東部のアバをはじめ各地で暴動が起き、導入は取りやめとなった。結局南部保護領では一九五〇年代まで直接税導入は行われなかった。

植民地政府は、労働力不足解消と直接税徴収を同時に推進することを狙う強行策をとったことがある。一九〇〇年代の南部では、鉄道建設を初めとするインフラの整備に大量の労働力が必要であったが、労働者が集まらなかった。そこで植民地政府は、人々を賃金労働に駆り出す手段として直接税の導入を強制したのである。日常的に使っている子安貝やマニラでの納税はできないことを人々に伝え、人頭税や家屋税を個人単位ではなく地域単位で徴収しようとした。地域の首長や村長らは徴税責任者とされ、自分の地域から若年男子を賃金労働者として送り出す労働請負人のような立場に立たされることになった。北部のジョス地域にあるスズ鉱山でも、南部の鉄道建設の現場でも、周辺地域の首長を通じ労働者が半強制的に徴募された。一方でこうした強制的な徴募が行われなかった地域も多い。そこでは農民が積極的に賃金労働者になることはなく、直接税の徴収が進むことはなかった。彼らにとっては、役所や建設現場の仕事は拘束時間が長い割には賃金が安く、カカオ生産の方が労働時間の拘束もなく実入りも良かったからである。

第一次大戦の影響

イギリスは第一次世界大戦開戦以降様々な政策で植民地の経済的支配を強めた。敵国ドイツの商社の追放もその一つである。戦後になりドイツ商社の一部は復帰したが、その数も規模も小さくイギリス系企業の独占状態は続いた。一九三三年には、イギリス・オランダ系資本のユナイテッド・アフリカ会社（UAC）を筆頭とするわずか七社で、ナイジェリアの貿易額全体の三分の二を占めたという。さらに三九年になるとこのUACだけでナイジェリアからの輸出額の四〇％を、親会社のユニリーバ社全体で見ればナイジェリアの貿易額の八〇％を占めていたという。

これらの企業の投資は短期の利益回収を狙ったものであって、収益は本国に送金されナイジェリア国内に再投資されることは少なく、ナイジェリア人資本家が育つ機会は少なかった。カカオ生産で「潤った」西部ナイジェリアの農民たちが真っ先に行ったことは、新規事業への投資ではなく、藁葺き屋根をトタン屋根に替えることであった（図七―五）。

7―5　トタン屋根が今も健在な街イバダン

3　植民地支配に対する反対運動

ローカルな反政府運動

反植民地政府運動は、ラゴスで最初に起きた。一九〇八年に植民地政府が水道料金の大幅値上げを図ると、それに反対する運動が立ち上がった。この運動には後に反植民地運動の父となるマコーレイも首長たちといっしょに参加していた。ちょうどこの頃発行が始まっていた新聞の影響もあり、この運動はラゴスの人々の間に一気に広がった。

一九一八年に西部ナイジェリアのアベオクタの町で直接税の導入が発表されると、人々はそれに激しく反対し暴動となった。怒りの鉾先は、植民地政府の末端に位置する原住民評議会の委員たちに向かった。これまで無かった税（貢納）の徴収を、伝統的支配者である彼らが植民地政府の意を受けて発表したからである。アベオクタでは王（アラコ）が植民地政府側に立ち、納税拒否者に対する実力行使に出た。その渦中に、納税に非協力的だった女性が公衆の面前で裸にされるという事件が起き、人々の王への反発は一層強まり、鉄道や電信線を破壊する暴動に発展した。

東部でも一九二〇年代に徴税が始まり、ここでも人々は抵抗した。東部のオウェリ県で二六年に人口調査が実施され、その結果に基づき男性に対する課税が決められた。同様の人口調査が二八年に再度実施されると、今度は女性に対する課税のための調査に違いないと思った女性たちが、調査と課税に反対するデモを行った。この運動はイボ人の「女性の闘い」といわれた。同様の運動は二九年にオウェリやカラバーの町でも起き、工場が略奪され原住民裁判所が破壊された。しかしこの時点では、これらの反徴税運動が全国的に統一した運動として地域外に広がることはなかった。

直接税導入の試みがことごとく失敗に終わるのは、原住民評議会の権威不足にあるのではないかという、かつてルガードが指摘していた議論が再び浮上し、植民地政府は、三一年と三二年に原住民評議会に関する現地調査を実施した。その結果明らかになったことは、住民が任命首長たちの権威をほとんど認めていないという事実であった。

しかし植民地政府は、反徴税運動や反任命首長制運動が全国的な運動となることを怖れ、各地域の反対運動には個別の対応で切り抜けていた。

マコーレイとアジキウェ

しかしやがて植民地政府の思惑を超え、反政府運動は全国的な反植民地運動に発展していくことになる。その最初のものが、マコーレイの指導する運動であった。

ラゴスにおけるローカルな反政府運動に関わっていたマコーレイは、人民連合の設立や反奴隷・原住民保護協会ラゴス支部の設立に加わり、各種の反植民地政府運動の中心的人物となっていた。土木工学の専門家でもあった彼は、一九二一年には、ラゴス首長の秘書としてラゴス沿岸部の土地紛争で植民地政府との交渉にもあたった。

そんな彼が中心になり、一九二三年にナイジェリア国民民主党（NNDP）がラゴスで結成された。このNNDPの主要な設立目的は、①一九二二年に設置されたラゴス町議会のさらなる民主化と自治政府の実現、②高等教育機関の設置、③小学校の義務教育化、④個人企業の差別のない奨励、⑤公務員のアフリカ人化、であった。この政党の支持者はラゴス住民の各層に広がり、白い帽子をかぶるのでホワイト・キャップと呼ばれた有力首長層、イスラーム宣教師（イマーム）、マーケットマミーと呼ばれる女性商人層、そしてキリスト教徒や西欧化した専門職の人々も参加していた。

一方で、ラゴスのキングス・カレッジの卒業生を中心とする若者達はこのNNDPの運動に満足せず、一九三四年にラゴス青年運動（LYM）を結成した。その後三六年にナイジェリア青年運動（NYM）と改称され、三七年にはアジキウェが加入することでNNDPをしのぐ勢力をもつようになり、三八年のラゴス町会議員選挙で圧勝した。NNDPが、多民族、多宗教、多階層の人々から支持を得た集団であったのに対し、NYMはNNDPから新興エリート層、キリスト教徒、ラゴスへの新規流入者などの人々を選択的に吸収したコスモポリタン的性格の集団であった。

NYMに加わっていたアジキウェは、この時代にあっては稀なコスモポリタン的経歴の持ち主であった。東部出身のイボ人の子として北部で生まれ、八歳で両親の故郷に移り、高校時代は首都ラゴスで過ごした。このため彼はナイジェリアの三大言語である北部のハウサ語、東部のイボ語、西部のヨルバ語を話すことができた。彼はカラバーにある専門学校を経て一九二五年にアメリカに渡り、大学院を終えて三四年にナイジェリアに戻った。当時良い仕事が無かったために、一時ゴールド・コーストの首都アクラに行き、そこでジャーナリストとして活躍したあと三七年にナイジェリアに戻り、すぐにNYMに加わったのである。

しかしこのアジキウェが、政党紙の発刊を巡る対立や立法議会候補者の選任を巡る対立などが原因で四一年にNYMを離党しNNDPに移ると、彼に従うかのようにイボ人がこぞってNYMからNNDPに移籍した。このためNYMは、ヨルバ人の比重を高める結果となった。しかしこの時はまだ、政党の民族的分化は決定的なものではなかった。

第八章　独立からビアフラ内戦へ

1　第二次世界大戦後のイギリスの政策

一九四七年にインドとパキスタンの独立を承認したイギリスにとって、次なる課題は西アフリカ植民地の独立であった。イギリス政府は、ナイジェリアの自治権拡大に向けてまずは公務員のナイジェリア人化を進め、それから徐々に独立に向けた施策に取り掛かろうと考えていた。そんなイギリスの段取りを前倒しにするよう急《せ》き立てたのが、ナイジェリアの反植民地運動であった。それは戦前よりも規模が大きく組織的なものであった。

戦後のラゴス

戦時中低賃金に苦しめられてきた公務員や政府系企業のアフリカ人技術者の組合が、戦争直後の一九四五年、五〇%の賃上げを要求して三七日間にわたるストライキを敢行した。参加者数が三万人規模だったと言われるこのストライキは植民地政府を驚かせた。

この当時、ストライキの中心地となったラゴスには職を求める若者たちが溢れていた。戦時に必要な労働力としての速成教育で技能や知識を身につけた電気工、看護師、大工、書記などに戦後の職は用意されていなかった。反ファシズム・民主主義防衛の戦いだと鼓舞されて戦場に出かけた兵士たちが戻ってきた母国は、相変わらず非民主的な植民地統治のもとにあり、彼らの職もなかった。彼らはイギリスのやり方に失望し、やがてそれは怒りに変わっていった。

ラゴスの町はこれらの怒れる労働者や失業者を多く抱えながら急成長を続けていた。三一年に一二万六〇〇〇人であった人口は、戦後まもなく二〇万人を超え、五一年には二三万人に達した。急成長に伴う治安の悪化もひどく、一九二七〜三〇年にわずか三〇件だった有罪事件(少年犯罪も含む)が一九四五〜四七年には八四五件へと急増していたという。

南部で拡大した反植民地運動

賃金問題や雇用問題が反植民地運動に結びつくことを植民地政府は怖れていたが、事態はまさにその方向に進んでいった。一九四四年、マコーレイとアジキウェが中心になり自治政府実現のための国民会議が設立された。この会議への加入組織は、当初四〇以上であったが同年中に八七組織となり、名前もナイジェリア・カメルーン国民会議(NCNC)に変更された。N

CNCは、その年に提出されたリチャーズ憲法の草案が住民による直接選挙と責任政府体制を認めていないことに反対し、「全国的な」キャンペーンを開始した。このキャンペーンの最中にマコーレイは死亡するのであるが、彼の後を継いだアジキウェ（図八―一）は、労働組合運動を反植民地運動に結びつけることに積極的で、技術者組合のストライキも支持した。

NCNCはナイジェリアの反植民地運動を代表する組織として、一五三の加盟団体からイギリス植民地大臣との交渉委任状をとりつけ、四七年、アジキウェ他六名をロンドンに派遣した。この時に彼らと会った植民地省大臣クリーチ・ジョーンズは、イギリス政府がナイジェリアを自治に向かわせる方向にあることを明言した。

8－1　アジキウェ

政党の発展

初めて全国的な反植民地キャンペーンを行ったNCNCの主な支持者はイボ人でその他ヨルバ人の一部と北部出身者たちであったが、アジキウェが指導者となってからはイボ人の参加が増えてきた。これとは反対にNYMはヨルバ人中心の政党となり、政党の民族的色分けが進んだ。NYMはNCNCが展開する全国運動には直接加わらず一定の距離を置いていた。

このころ民族の親睦を目的とした団体の設立も盛んであった。ラゴス・イボ同盟（IUL）はイボ人の親睦団体として一九三四年に設立されていたが、ヨルバの始祖と言われるオドゥドゥワの名を冠したオドゥドゥワの子孫の会（EOO）がヨルバ人の親睦団体として四五年に結成された。これらの団体は非政治的文化団体であったが、やがてNCNCやNYMとの結びつきを強めていった。IULから発展して四八年にできたイボ国同盟は東部のNCNCの支援団体となり、EOOはNYMの支持団体となった。

イギリス政府の方針変更

イギリス労働党政権（一九四五～五一年）は、ナイジェリアの開発と自治政府樹立に向けた準備を開始する方針を打ち出し、四五年には、行政機関におけるナイジェリア人化を早めた。三九年に僅か二三人であったナイジェリア人管理職は、四七年には一八二人、五三年には七八六人に増え、六〇年には二六〇〇人超となった。また同年に発表された開発一〇ヵ年計画では、通信インフラの整備、農業研究開発、教育設備の充実、医療保健サービスの改善、水道施設の普及などに力が入れられた。小学校や中学校が増設され生徒数の定員も増やされた。四八年には英領西アフリカでは初めての官立大学であるイバダン大学が新設された。

さらにイギリス政府は憲法改正を三度も行った。最初が、NCNCの全国反対キャンペーンの対象となった四七年のリチャーズ憲法である。この憲法では、西部地域、東部地域、北部地域の三地域に地域議会を設け、これらの議会議員の中から連邦議会の議員が選ばれることが決められた。一三六人の連邦議会議員の地域別議席数は、北部が六八、東部が三四、西部が三一と西部首長会議からの三議席であり、北部と南部（西部と東部の合計）で同数とされた。三地域の議会議員は、住民の選挙によってではなく納税男子で構成される被選挙資格者の中から選ばれることとされ、この点が直接選挙を望むアジキウェらの攻撃の的となっていた。

四八年に総督になったマクファーソンは、リチャーズ憲法の反省を踏まえ、ナイジェリア人の意見も聴取したうえで五一年に憲法改正を行った。マクファーソン憲法は、ナイジェリア人の大臣一二人（三地域から四人ずつ）とイギリス人の任命大臣六人からなる内閣を作ることを定めた。連邦議会は、北部地域議会が半数、南部の議会（西部地域議会と東部地域議会）が半数を占める構成とされ、地域議会にはこれまで以上の予算と権限が与えられた。地域議会議員は住民の投票によって選ばれるものとされ、早速幾つかの地域で直接選挙が実施された。しかしその結果は、一つの政党が一定の地域や一民族からしか支持されないという、政党の地域化・民族化の傾向を強めるものであった。

作られた北部の政党

ＮＣＮＣが推進した反リチャーズ憲法全国キャンペーンは、全国運動と言いながら実は北部

8－2　タフワ・バレワ

への浸透は弱かった。ラゴスで運動を指導していたのは西洋教育を受けた南部のエリート層であったが、北部ではそのような人材は育っていなかった。

反植民地運動が南部のエリート層を中心に発展してきていることに危機感を抱いたイギリスは、北部にも近代的な政治を担う人材が必要だと考え始めた。そこで植民地政府は一九四五年、タフワ・バレワ（図八―二）やアミノ・カノらを留学生としてイギリスに二年間派遣した。学校の校長や教師であった彼らはロンドンで北部教員厚生会を立ち上げ、帰国後にはこのメンバーが中心となり北部教員協会を結成した。さらに彼らは四九年にカドナで開催された北部ナイジェリア会議（NNC）の結成総会に参加した。

NNCは、反植民地運動を訴える南部のNCNCと一定の距離を置くことを明らかにし、イギリス政府を安堵させた。さらにNNCの後継政党として同年に設立された北部人民会議（NPC）は、「北部における自治政府運動を、南部の急進派の手によらず北部の穏健派の手によって行う」ことを宣言し、北部のスルタン＝エミール体制の維持を前提とした政党であることを明確にした。このNPCの方針は、北部のスルタン＝エミール体制の安定を最重要事と考えていた植民地政府の思惑とも一致するものであった。

これに対し反スルタン＝エミール体制を明確にしたのが、NPCのタフワ・バレワと袂を分かったアミノ・カノが五〇年に立ち上げた北部人民進歩同盟（NEPU）であった。

南部の政党が、ヨルバ人主体のナイジェリア青年運動（NYM）とイボ人主導のナイジェリア・カメルーン国民会議（NCNC）のように民族的色分け傾向が強くなったのに比べ、北部におけるNPCとNEPUの対立軸は民族ラインではなく、政策の違いによるものであった。NPCがスルタン＝エミール体制が確立していた北西部で広く支持を得ていたのに対し、NEPUは、その体制のもとで周辺部に追いやられてきた北東部、つまり現在ボコ・ハラムが活動する地域で強い支持を得ていた（図八―三）。

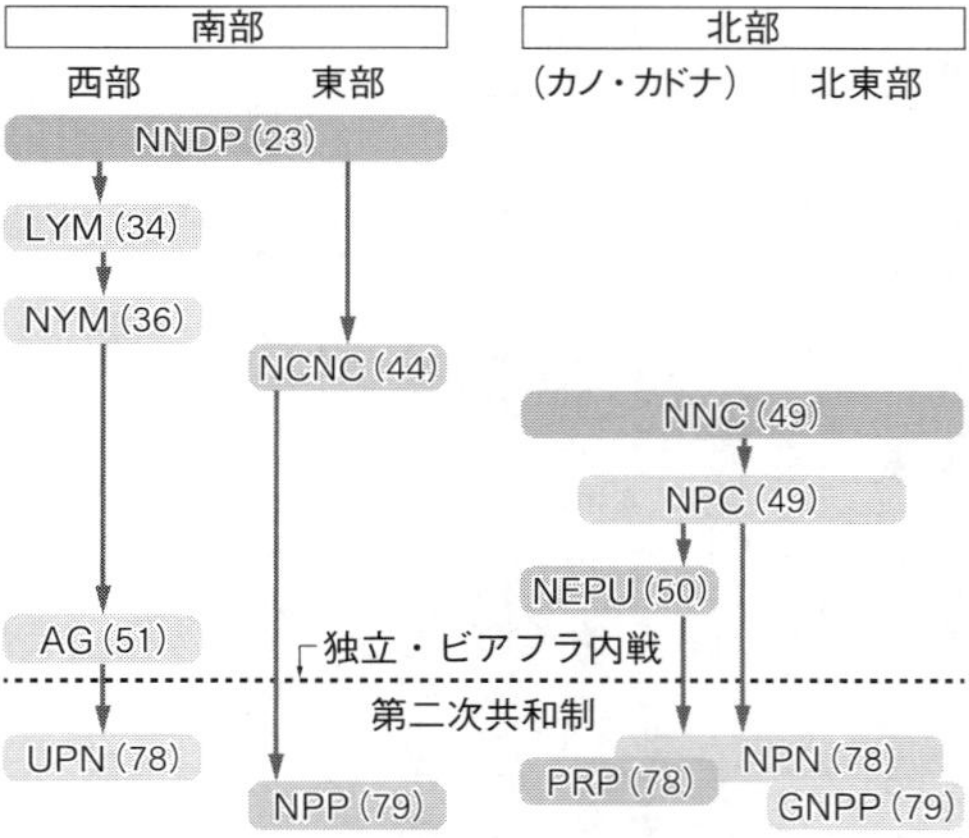

8－3　ナイジェリアの政党（結成年）と地域性

2　政党の地域化

三地域が自治権をもつ連邦政府構想

政党が徐々に地域化、エスニック化を強める中、一九五四年に三度目の憲法改正となるリットルトン憲法が公布された。この憲法で、連邦政府と地域政府との間の権限の線引きと税収の分配方式が決められ、三つの地域政府が大きな自治権を持つ連邦国家となることが決められた。首都ラゴスは三地域政府間の折り合いがつかず、どこにも属さない地域とされた。軍事、外交の権限は連邦政府が持つが、その他の多くの権限が地域政府に与えられ、地域政府が連邦体制下の自治政府となる道が開かれた。歳入については、関税収入や消費税収入は連邦政府と地域政府で折半し、地域政府へは北部＝三〇％、西部＝四〇％、東部＝三〇％の比率で配分されることが決められた。地域配分で西部地域のみが一〇％多いのは、当時ココア輸出が好調で西部の関税収入に対する貢献度が高いことが反映されたものである。

連邦議会一八四議席の地域別配分数は、北部に九二、西部と東部に各四二、カメルーン地区に六、ラゴス地区に二議席とされた。なお、南カメルーン地区は、第二次大戦後にイギリスの信託統治領となり東部ナイジェリアに含まれていたが、五四年に自治領となり、その後六一年の住民投票でカメルーン共和国に加わることになりナイジェリアから離れた。南部の政党NC

NCはイギリスからの早期独立を要求したが、北部の政党NPCはこれに反対した。どの議会も一定の自治権をもつことには賛成したが、ナイジェリア連邦から分離することは求めなかった。

各政党は、地域自治権拡大要求や独立要求を掲げ、五四年、五六年、五九年の選挙を戦ったが、その結果明らかになったことは政党の地域化であった。それはあたかも、イギリス政府による度重なる憲法改正が、「分割して統治せよ」の意図をもってなされてきたかと思わせるような結果であった。

コラム⑦：日本軍と戦ったナイジェリア人

第二次大戦で日本軍と戦ったという元軍人に一九八〇年頃のナイジェリアで会ったことがある。私の友人の異母兄弟であるその人は、「日本軍は強くて怖かった。我々の隊でイギリス軍人といえば指揮官しかおらず、しかも彼らは飛行機に乗るばかりで戦場で日本軍と戦うことはなかった」という。地上で日本軍と直接戦ったのは自分たちで、「日本軍は本当に手強かった」と嘆息することしきりであった。

戦史によると、彼が所属した第八一西アフリカ師団は、現在のバングラデシュのチッタゴン南方八〇キロメートルのチリンガ付近からビルマ国境を越えてビルマ領内のカラダン河谷に進入し、そこから川沿いに南進してアキャブ方面に向かったようである。この戦線は、当時日本軍が進めていたインパール作戦の中では攻撃の中心から遠く離れたビルマ南東部の前線であった。

西アフリカ師団はインド軍師団とともにこの前線でアキャブ奪還作戦に加わっていた。アキャブは飛行

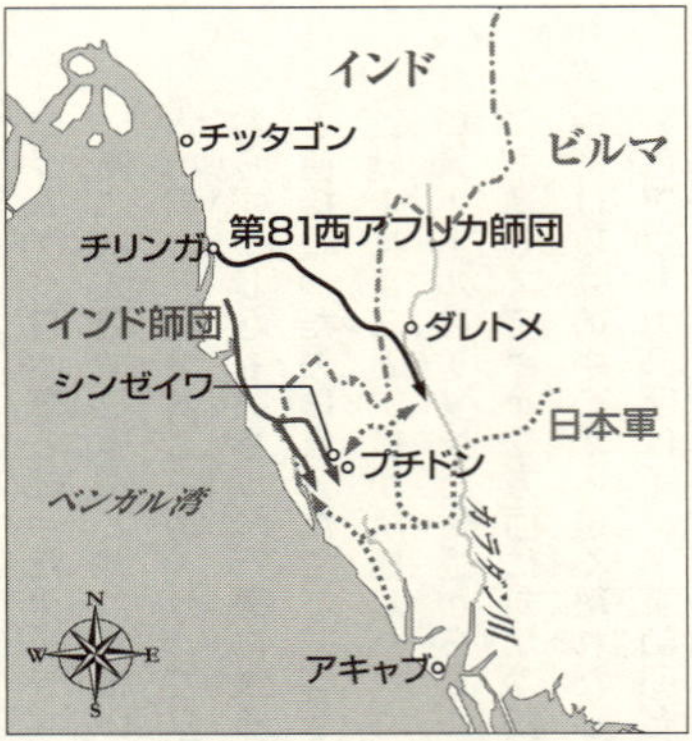

ビルマ戦線における第81西アフリカ師団

場もあるベンガル湾岸の要衝であり、一九四二年五月に日本軍が占領した町である。四三年一一月に戦線に加わった第八一西アフリカ師団は、チリンガからカラダン川上流のダレトメまでの一二〇キロメートルの道を、わずか一カ月の突貫工事でジープが通れるまでに改修し、その道は「アフリカの道」と呼ばれたという。

　この第八一師団は、補給物資のすべてを空輸補給で行う師団として初めて発足したのだという。元兵士の思い出に飛行機の話がたびたび出たのはこのためであろう。四四年二月に日本軍は、プチドン北西一五キロメートルのシンゼイワ盆地にインド師団を追い込めることに成功したが、戦況を有利にすることはできなかった。イギリス軍は空輸部隊を出動させ五週間あまりの間に七一四回もの空輸を行い、推定約二三〇〇トンの物資を投下したという。日本軍は、誤投下された物資をかき集めるのに必死だったという。

　日本兵は「アフリカの道」が修復された直後に後退したものの、四四年一月二〇日頃に第八一師団に攻撃をしかけてきた。それに対し西アフリカ軍は小部隊の日本軍を押し戻しつつカラダン川を南進したが、日本軍の退却が決定的かと思われた三月頃、突如小部隊が必死の反撃に出てきて激戦となりインド領内まで撤退せざるをえなかったという。この元アフリカ兵には、食糧や補給物資で圧倒的に有利にあった自分たちに対し、捨て身で夜襲をしかけてきた日本兵の怖ろしさが蘇ってきたのであろう。

一九五四年の総選挙

一九五四年にリットルトン憲法のもと、総選挙が実施された。その結果、北部でＮＰＣが、東部でＮＣＮＣが圧勝した。西部のヨルバランドではＮＹＭの後継党である行動党（ＡＧ）が強かったが、旧ベニン王国の地域ではＮＣＮＣが勝った。ＡＧは、北部と東部で各一議席しか獲得できなかったためヨルバ人政党としての性格がさらに強まった。こうして、西部ではヨルバ人がＡＧを、東部ではイボ人がＮＣＮＣを、北部ではフラニ・ハウサ人がＮＰＣを支持するという、三地域における支持政党の明確な色分けができあがった（図八―四）。私はこのことを三地域鼎立構造と呼ぶが、この構造にはもう一つの特徴がみられた。

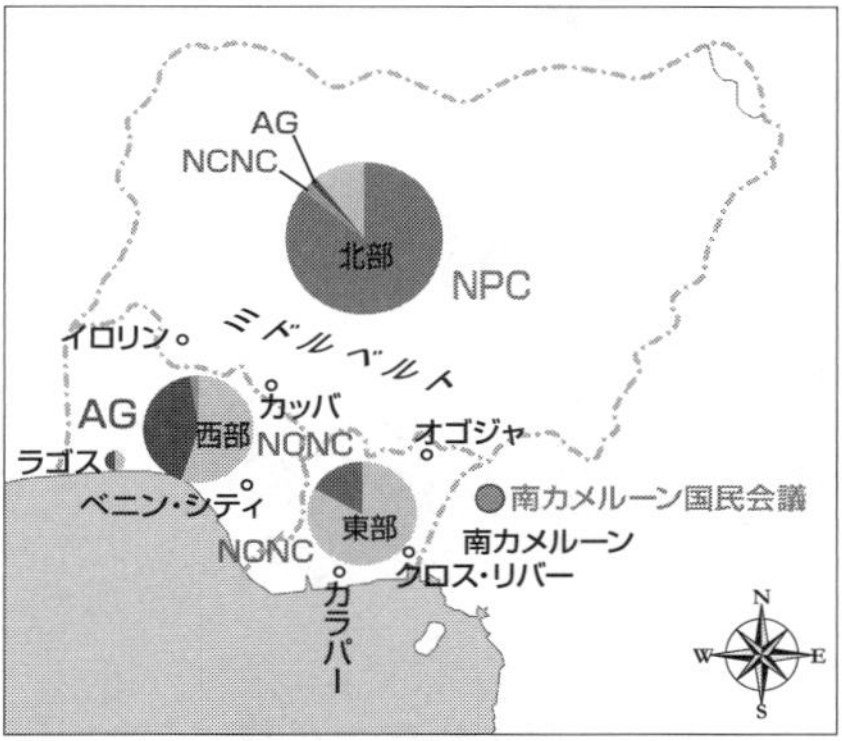

8－4　1954年の選挙結果

それは、少数民族の人たちが自分たちの住む地域の有力政党ではなく、他地域の有力政党を支持したという点である。例えば、西部の旧ベニン王国地域の人々はＡＧではなく東部で強いＮＣＮＣを推し、東部のイボランド以外の地域（カラバー、オゴジャ、リバーズの各県）の有権者はＮＣＮＣではなくＡＧと選挙協力した統一国民独立党（ＵＮＩＰ）を支持した。いわば

「敵の敵は味方」ということで「寄るべき大樹」を域外に求めたということである。

独立を間近に控えた一九五七年には、制憲会議でヘンリー・ウィリンクを団長とする「少数民族問題調査委員会」が設置され、各地の少数民族の人々が、独立に向けどのような希望を持っているのかが調査された。二年間にわたる調査結果は「少数民族の心配とその緩和策に関する調査委員会報告」として、五九年に議会に提出された。

それには、西部の東端部であるベニン地方、北部のミドルベルトにあるイロリンやカッバ地区、そして東部のオゴジャ、クロス・リバー、カラバーの人々が新しい「地域」の創設を強く要請していたことが書かれている。ベニンの人々は、ヨルバ人中心の西部から分離して中西部地域の新設を要求し、イロリン、カッバ地区の人々は北部から分離し西部に編入する要求を出し、オゴジャらの人々は東部のイボ人地区からの分離を求めていた。しかし同委員会は、新「地域」創設が大民族による専制的支配問題の解決にならないこと、また財政上も極めて難しいことを挙げこれらの要求を退けた。このため、少数民族の人々は三地域体制の中で、各地域内のマイノリティとして独立を迎えることになった。

地域分立を経済的に強化したMB

マーケティングボード（MB）が、その余剰金を使って地域の開発に貢献したことは先に少しふれたが、この余剰金が三地域鼎立構造を経済的に強化する方向で使われるようになった。

作物別に作られていたMBが、一九五四年に地域別MBに組織替えされたからである。

アブラヤシ製品の生産は、東部で約六二・二％、西部で約三三・三％（一九四九年）と西部と東部にまたがっていたものの、カカオ生産に至っては九五・三％（一九五三年度）が西部で生産され、落花生は九九・八％が北部で生産されていた。この生産の地域的偏りが余剰金の配分に際して問題となり、作物別MBを地域別に再編すべきという意見が強まってきたのである。このため五四年のリットルトン憲法で、作物別MBは北部MB、西部MB、東部MBの三つの地域別MB体制に再編されることになった。各地域のMBは、その地域で生産されるすべての輸出農産物の買上げと販売に責任をもつことになった。

地域MBが設置されると、三地域で地域開発公社が設立（西部は四九年に、東部五四年、北部五五年）され、MBで蓄積された余剰金は各地域政府やそれらの地域開発公社に貸与や贈与の形で与えられ、地域開発に貢献した。地域政府によって異なるが、五五年から五九年の間の地域政府の歳入に占めるMBからの資金は、北部で九・八％、西部で二四・五％を占めていた。東部のそれは一％と低かったが、北部と西部の地域政府にとってはMBからの資金は地域開発にとってはなくてはならないものとなっていた。中央政府から地方政府への交付金の額は、定められた配分式にしたがって決められていたので、地域政府にとっては自由に利用することができるMBの余剰金は魅力的であった。地域政府は地域開発公社などを通してこの余剰金を開発に使った。このため、MBは「第二の徴税機構」と呼ばれることもあった。

3　独立後の政治対立

一九六〇年の独立

一九六〇年は「アフリカの年」と言われ、ナイジェリアを含むアフリカの一七カ国がこの年一挙に独立を果たした。それもあってか、五七年のガーナの独立に比べ、ナイジェリア独立の印象は薄い。植民地時代に徐々に進められてきた連邦議会制度の改編や地方政府の自治権拡大の延長線上で独立が実現されたという、植民地支配からの「切れ目の無さ」も独立の印象を薄めた一つの要因であろう。

三度にわたる憲法改正により、連邦下院でのナイジェリア人議員の発言権が高まってきた。五七年に開かれた政憲議会では、イギリス人総督のもとで内閣を指揮する連邦首相として北部出身のタフワ・バレワが就任した。この年はガーナが独立した年であったが、ナイジェリアでは連邦政府の主導権を争う政党間の対立や三地域の自治権の権限を巡る地域間の対立が深刻さを増し、独立がいつ実現できるか予断を許さない状態にあった。

一九六〇年の独立にこぎつけることができたのは、政治的対立で政憲議会が紛糾するようでは独立の時期を逸するという危機感が政治家の間で共有されていたからである。これには五九年の、フランスのシャルル・ド・ゴール大統領による仏領諸国の独立承認表明と、イギリスのマクミラン首相による「アフリカ大陸に変化の風が吹いている」という独立承認に前向きな発言も大きな後押しになっている。ナイジェリアは、アフリカに吹く風に乗り遅れないように、国内的問題を先送りして独立したのである。

植民地政府の思惑

イギリス政府はナイジェリアの独立にあたって親英的で穏健な北部NPCの政権誕生を願っていた。そのためには連邦議会の議員定数が極めて重要な意味を持つことになり、植民地政府は議員定数を決める基礎となる人口調査を一九五二年に実施した。

その結果は、北部が一六八四万人、西部が六三五万人、東部が七二二万人となり、北部が全国三〇四一万人の過半数（五五％）を占めるとして植民地政府は、連邦議会議員の半数を北部地域に配分することを決めた。

実はこの人口調査に際して南部の人たちは過去の課税評価の悪夢を思い出し、過少申告したといわれている。その結果が、連邦議会の議席に使われることを知って大いに驚いたのであるが後の祭りであった。五九年の連邦議会選挙は、この枠組みの中で実施された。

この選挙の結果、北部に地盤を持つNPCが連邦下院の三一二議席のうち一四二議席を占めて第一党となり、東部に強いNCNCが八九議席、西部に地盤をもつAGが七三議席を獲得した。いずれの政党も過半数を占めることはできず、NPCとNCNCが連立を組み、NPC副党首のバレワが再び連邦首相となり、第二党のNCNC党首アジキウェがナイジェリア人初の総督に就任した。

普通に考えればNPC党首のアハマド・ベロが連邦首相の地位に就くはずであるが、ソコトのサルダウナ（スルタンに次ぐ地位）でもある彼は敢えてその職に就かず、五七年からすでに連邦政府の首相の座に就いていた副党首のバレワを連邦政府に送った。独立以前にベロは、北部のナイジェリアからの分離または緩やかな連邦制を主張し、一四年のルガードによる南・北保護領合併は間違いだったと公言していた。その自分が連邦首相になることはリスクが大きいと考えたのであろう。彼自身は、五四年から務めていた北部地域の首相の職に留まった。

ところで、六三年十月一日にナイジェリアは共和制（第一次共和制）に移行し、総督であったアジキウェが大統領となり、ナイジェリア人初の国家元首となった。連邦首相のバレワはそのまま共和国の首相となった。

五九年の地域議会選挙では、北部でNPC、西部でAG、東部でNCNCがそれぞれ議会の過半数を占める結果となった。西部と東部の地域議会は五七年以来一定の自治権を持つ自治政府となっており、北部も五九年には自治政府となった。このため独立時のナイジェリアは、連邦政府の下に一定の自治権（立法権、裁判権）をもつ三つの地域議会が分立する、地方の独立性が強い国となっていた。連邦議会でのNPCとNCNCの連立は、政策的合意というより、北部と東部で圧倒的な力を持つ二党間のパワーシェアリングという意味合いが強かった。その煽りを受けたのが連邦議会で野党になった西部のＡＧである。ＡＧは独立後すぐに、ＮＰＣとＮＣＮＣとの綱引きに遭い内部分裂を引き起こすことになる。

二回目の人口調査

一九五二〜五三年の人口調査から一〇年が経ち、六二年に独立後初の人口調査が行われた。先の調査で失敗したという思いのある南部の人たちは、人口登録者数を増やすため様々な努力をした。その結果、南部の人口は全国の過半数を上回り、人口増加率は北部が三三・六％なのに対し南部が七〇％近くと異常な値となった。政府は不正が行われたとしてこの調査結果を破棄し、翌六三年に二五〇〇万ポンドの巨費を投じて全国的な再調査を実施した。

この六三年のやり直しの人口調査では、調査員が前回の四万五〇〇〇人から一八万人に増加され、調査期間は一七日間から四日間に短縮され、不正防止に力が入れられた。しかし、不正の努力がそれを上回ったようで、全ての地域で人口数は前年の結果を上回り、総人口は五五六〇万人となった。今度は北部と西部での増加が著しく、その結果北部は再び総人口の過半数を占めることになった。

前回の人口調査に輪を掛けてあり得ない結果が出たのであるが、政権党のＮＰＣと北部の地域政府は直ちにこの結果の受け入れを表明した。しかしＮＣＮＣはこれを認めず、調査結果の受け入れを拒否した。これによりＮＣＮＣとＮＰＣとの同盟関係に亀裂が入った。西部に基盤

8－5　アウォロウォ

を持つAGの一部や北部の反NPC勢力（NEPUや東部のダイナミック党）も調査結果の受け入れに反対であった。大学生や労働組合、ラゴス市議会、社会党らも反対運動に加わり、人口調査結果は大きな政治問題となってきた。なかでも事態が複雑だったのは西部である。

人口調査結果を巡る西部地域の混乱

西部地域議会の与党はAGであったが、党内部の主導権を巡る争いで党内が揺れていたさなかにこの人口調査問題が加わり、内部の分裂が決定的となった。

西部地域首相であったAG副党首のアキントラは、党首アウォロウォ（図八―五）と対立して一九六二年五月に副党首を解任された。議会は直ちに彼の罷免を決めアキントラは首相の座も失った。このAG内の対立と西部議会の混乱を憂慮した連邦政府は、西部全土に非常事態宣言をしたうえ西部に軍隊を派遣し、M・マジェコドゥンミ博士を暫定的に西部首相に任命した。

同博士は、AG内の混乱原因の一つである汚職の実態に関する調査委員会を設置した。三カ月後にこの委員会は、党首アウォロウォが西部の公社の資金をAGに不正流用していたという内容の報告書を提出し、アウォロウォ他二四人は国家反逆罪の罪に問われることになった。この結果を受けアキントラは六三年に西部の首相に復帰し、アウォロウォは同年九月、裁判で有罪とされ一七年に及ぶ禁固刑を言い渡されるという逆転劇となった。

首相に復帰したアキントラはAGの中の一部の支持者をひきつれ、六三年に統一人民党UPPを設立してNCNCと連合関係に入った。これにより西部地域政府も反人口調査運動に加わるだろうと予想された。しかしアキントラは大方の予想に反して新たにナイジェリア国民民主党（NNDP）を立ち上げ、NPCに接近し人口調査結果を受け入れると表明した。この無節操ともいえる行動は、西部における北部のNPCと東部のNCNCとの間の綱引きを激化させることになった。

西部地域におけるNPCとNCNCの対立は両者の全面的対決へと発展し、ついには連立関係の解消にまで発展してしまった。この政党間の対立は民衆レベルでも広がり、六四年になると北部で反イボ感情が極度に悪化した。そして北部議会は、カノの町にある南部出身者の居住区（サボン・ガリ）に住む二〇〇〇人以上のイボ人に対して、四八時間以内に退去するよう求めた。同様のことが他の北部都市でも行われ、現地住民とイボ人の対立は日が経つにつれ深刻の度を増していった。

一九六四年連邦議会選挙

連邦議会選挙を控えた一九六四年後半にはいると、北部のNPCと東部のNCNCとの対立はさらに激化してきた。NPCはNNDPと連合してナイジェリア国民同盟（NNA）を結成し、対するNCNCはAGと連合して統一進歩大同盟（UPGA）を結成した。NPCはNNAを結成したことによって北部政党といった印象を和らげ、国民政党であることを印象づけようとした。これに対しUPGAは、NPCを「封建主義的植民地主義者の党」と批判し、自分たちの進歩性、革新性を強調した。

UPGAは、NNAが北部と西部で選挙妨害を行っているとして、選挙運動の停止と投票日の延期を訴えた。しかしバレワ首相はその訴えを認めず、選挙は強行された。UPGAが呼びかけたボイコットに応じたのはNCNCの地盤である東部と中西部の一部のみであった。ボイコットが行われなかった地域の得票結果は、NNAが二五三議席のうち一九八議席を占めるという圧勝であった。北部でUPGAが確保できた議席数はわずか四議席に過ぎなかった。

発表された結果ですでにNNAの勝利は確定していたが、選挙の強行に消極的であったアジキウェ大統領は、すべての選挙が終わる前に首相を任命することに当初難色を示した。しかし、政治的空白がもたらす危険性を考慮し、六五年一月四日にNPCの党首アブバカールに「広く人材を求める」内閣の組閣を要請した。これを受けNPCとNNDPの連合体であるNNAは勝利宣言を行い、NPCのバレワが再度首相に就任した。バレワ首相は選挙戦で対立していたNCNCのアジキウェ大統領の再任を認め、これでNPCとNCNCとの全面的対立は回避されると思われた。しかし、バレワが発表した暫定内閣の内訳は、閣僚一七人のうち一五人がN

PC党員でNCNCからの入閣はわずか二人にすぎず、NCNC側には不満が残った。

やり直しの補欠選挙が六五年三月に実施され、全ての議席が確定した。もともと東部で強かったUPGAがこの補欠選挙では勝利し最終的には一〇五議席を獲得したが、前回の結果の合計でNNAの勝利は動かなかった。この結果を受けて四月にバレワ首相は内閣改造を行い、大臣を一気に倍増した。しかし五四人となった大臣のうち閣内メンバーは二二人に限られ（残り三三人は無任相）、しかもその中の主要ポスト（外務、防衛、国務、経済開発、鉱山エネルギー、労働、運輸など）はNPCが独占した。NPC単独政権といっていいこの体制に対し、NCNC側はさらに不満を募らせた。

政治的対立が激化する西部地域

西部地域では、引き続き政権の保持を狙うアキントラが連邦政府与党のNPCと連合を組んで一九六五年の西部議会選挙に臨んだ。選挙後アキントラは、自らが率いるNNDP党の勝利（NNDP八二議席、UPGA一一議席）を宣言しすぐに組閣に入った。しかし、UPGA側はNNDP側の発表に先立ってまったく違う選挙結果を発表（NNDP二六議席、UPGA六八議席）しており、この違いを巡り両者の激しい応酬が続いた。

この時の選挙は、ナイジェリア史上最悪の不正選挙であったといわれている。このためUPGA側の反発、とりわけヨルバ人の政党といえるAGの反発は激しく、ヨルバランドの各地で暴動が発生した。アキントラはこれに対しイジェブ県での武器所有を禁止し、北部地域政府に数百人の警官の緊急派遣を要請した。これがまたさらに人々の反感を買った。

選挙前年の六四年にアキントラは、西部議会でヨルバの伝統的称号（第一三代のアレ・オナ・カカンフォ）を授与されていた。この称号は、意志強固で勇敢な戦士に贈られる称号であったが、過去に不吉な歴史を持つ称号でもあった。イロリン王国の王アフォンジャがかつて同じ称号の保持者（六代目）だったのだが、彼はヨルバランドにイスラーム教徒の騎馬軍を呼び込んだ張本人であった（第六章参照）。この歴史を忘れない人たちには、ヨルバの土地にイスラーム軍を呼び込み結局イスラーム藩王国となる原因を作ったアフォンジャと、ヨルバランドの政争に北部の政党NPCの力を借りようとするアキントラの姿が重なって見えた。反アキントラ派の人々の怒りは、アキントラを支えている北部NPCへの反発も呼び覚ましたのである。

4　政治的混乱からビアフラ内戦へ

軍隊内部の人的構成

こうした西部地域の政治的混乱が、ビアフラ内戦へつながる最初のきっかけだったと言えるが、直接の原因は一九六六年一月に起きたクーデター未遂事件とさらにその半年後に起きたクーデター事件であった。この二度にわたるクーデターの背景を知るためには軍内部の事情を把握しておく必要がある。

ナイジェリア軍は、兵卒には北部出身者が多く将校には南部出身者が多いという特徴を持っていた。兵卒に北部出身者が多いのは西アフリカ前線軍時代からの伝統である。そして将校や非制服組の上層部に南部出身者が多いのは、南北間でみられた教育格差の結果である。独立直前のナイジェリア人将校は三〇人いたが、うち二四人は南部出身であった。しかもそのうちの一四人は東部出身者でイボ人が圧倒的に多かった。軍隊のナイジェリア人化を推進するため、短期委任将校を正規将校に組み入れることが実施されると、軍隊上層部における東部出身者比率はさらに高くなった。短期委任将校とは大卒者を将校として短期間委任する制度であり、北部出身者の採用は少なかった。六五年に最後のイギリス人最高司令官エバラードが、後任にイボ人の旅団長イロンシを任命したのであるが、この時の軍隊上層部におけるイボ人の勢力は他を圧倒していた。イロンシは少年兵として軍隊に入隊した叩上げの将校であったが、彼はこの時ナイジェリア人初の陸軍少将に昇進した。

相次ぐクーデター

一九六四年の連邦議会選挙で、NPCのバレワ首相とNCNCのアジキウェ大統領の対立が深刻さを増したことは先に述べたが、この時軍部は、首相（＝北部出身）と大統領（＝東部出身）のどちら側に忠誠をつくすべきか迷っていた。そのような時に、イボ人であるヌゼオグ大佐を首謀者とする軍事クーデターが発生（六六年一月一五日）した。これは反NPC、反アキントラ派が起こしたものであった。クーデターは失敗に終わったが、この事件で連邦首相のバレワ、NPC党首で北部地域首相のアハマド・ベロ、西部地域首相のアキントラらが暗殺された。バレワやアキントラに近い七人の将校も殺害された。彼らの出身地は、北部四人、西部二人、東部一人であった。

BBCはこのクーデターを「イボ人によるクーデター」と報道した。首謀者であるヌゼオグやアデモイェガ（ヨルバ人）たちは、自分たちが狭隘な部族主義にとらわれて決起したわけではないと自伝の中で主張している。しかし同時にアデモイェガは、クーデター決行日（D—Day）を一月一五日に決めた理由として、この日を逃すと北部による「西部打ち壊し」の準備が完了し、親バレワ政権の軍人が力を増すことになることを危惧していたと述べている。さらに彼らは、将兵採用の地域割当制度に強い不満と危機感を抱いていた。五八年以来、新規の将兵採用にあたっては、北部が五〇％、東部と西部がそれぞれ二五％と決められていた（六三年に西部から中西部地域が分離された後は、西部が二一％、中西部が四％）。彼らは、このような地域割当制がやがては軍内部における北部優位を強めるだろうと怖れていたのである。

このクーデターを鎮圧したイボ人のイロンシ将軍は政府に忠誠を示したが、首相を失った連邦政府に事態を収拾する能力はなく、政府は全権を軍に委ねた。一六日になって政府はイロンシを連邦政府首相に推挙し、彼は軍の最高司令官と国の代表を兼ねる国家元首となった。着任当初のイロンシは、バレワ政権支持者の処遇に配慮する姿勢を示したが、クーデターを起こしたヌゼオグやアデモイェガらに対する罪が保護監察と軽かったこと、さらに二一人の中佐への昇進人事で一八人がイボ人であったことなどイボ人厚遇政策が目立つとして、北部や西部出身の軍人の間から批判が出た。そして、イロンシに対する不信感を決定的にしたのが、彼が六六年五月に発表した連邦制の廃止と単一国家制の導入であった。北部の人々は、イロンシがイボ人中心の中央集権的な連邦政府を作るのではないかと疑念を持ったのである。

NPCの党首であったアハマド・ベロはかつて北部の分離独立を希望していた。たとえそれが叶わず南部と共に一つの国になるとしても、北部の主導権が保障されなくてはならないと考えていた。六〇年の独立は、そのような了解のもとに出発したはずであった。しかし、ベロが殺されイロンシが国の代表となって中央集権制が強化されると、南部による北部の「植民地」化が始まるのではないかと、北部の政治家や軍人たちは怖れた。北部の一般の人々の怖れはさらに大きく、彼らはイボ人排斥運動に走り出すことになった。

内戦への突入

連邦制廃止の決定直後、北部各地で南部出身者（特にイボ人）に対する迫害が始まった。このような緊迫した状況の中、イバダン訪問中のイロンシが、七月二八日に北部出身下士官らに拘束され行方不明となった。後日彼は射殺体で発見されたのであるが、これが第二次クーデタ

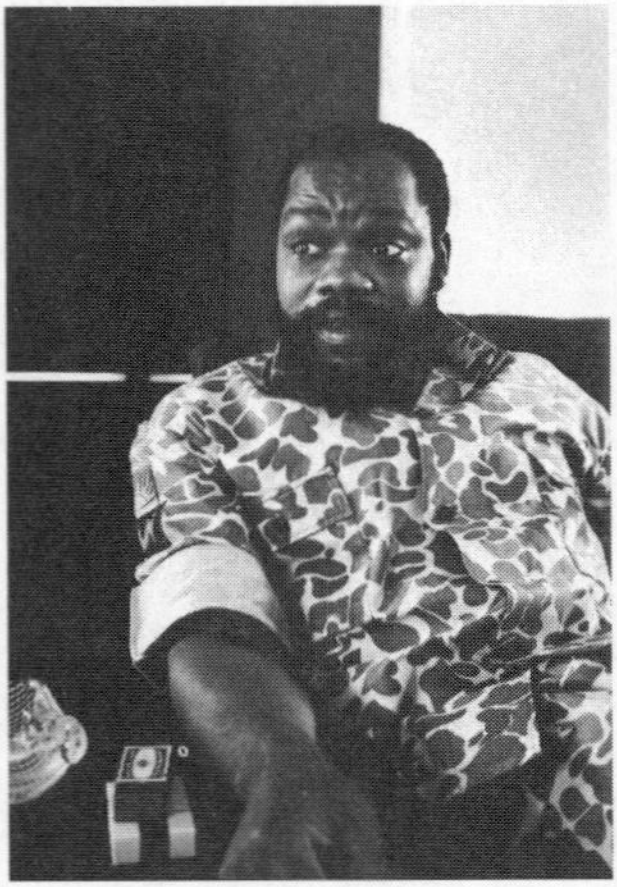

8−6　オジュク

ーの発生である。このクーデターの発生後、各地でイボ人将校や兵士に対する虐殺が始まり、東部にあった陸軍第一歩兵大隊を除く全ての軍事基地で北部出身将校による指揮権の奪取が始まった。この混乱の中、最高軍事評議会の決定として、当時参謀長であった北部出身のゴウォンが評議会議長に就任することが発表された。この決定に対して、北部、西部、中西部の軍政長官は賛意を示したが、イボ人で東部軍政長官であるオジュク（図八―六）は同意しなかった。

軍部内での出身地別対立が激しさを増すなか、身の危険を感じたイボ人将校たちは、東部や中西部に移動した。六三年に西部から分離した中西部にはイボ人が多数住んでおり、その首都であるベニン・シティには第四管区司令部があった。北部や西部で身の危険を感じたイボ人の軍人、とりわけ文官（将校）たちは大挙してこの第四管区司令部に「出張」してきた。大量の将兵が流入したこの司令部では、彼らを臨時に受け入れるために補助部隊が再編されるありさまであった。この当時、ナイジェリア軍の文官の約五〇％はイボ人であったと言われている。

この時、中西部地域の軍政長官は地元出身のエド人であるエジョール陸軍中佐であった。彼は第四管区司令部にいる九人の陸軍中佐の誰よりも位階が高く、中西部における軍の最高権力者のはずであった。しかし、司令部の九人はすべてイボ人であり、彼らは東部軍政長官オジュクと密接な連絡をとって行動しており、エジョールには第四管区司令部を指揮する権限も力もなかった。

ゴウォンが指揮する連邦軍とオジュクの指揮下にある東部の部隊との衝突の危機が迫る中で、ガーナの国家元首であるアンクラー中将が話し合いの仲介をとり、六七年一月、ガーナのアブリで両者の会談が実現した。エジョールも、この会議で両軍の調停役を買って出た。しかし、東部地域の大幅な自治権を要求するオジュクとそれに反対するゴウォンの主張の開きは大きく、合意に達することは出来なかった。

会談後オジュクは、東部復興のために徴収された連邦政府歳入を東部政府に移す歳入布告を発布し、また東部で非常事態宣言を発令できる権限を自らが持つことを表明した。これに対し、ゴウォンは六七年五月二七日、全国を四地域体制から一二州制へ移行すること、それにより東部を三州に分割することを発表した。この発表の直後オジュクは、東部をナイジェリアから分離しビアフラ国として独立することを一方的に宣言したのである。ビアフラの語源はよく分からないが、十六世紀にヨーロッパで出版された地図にはその地名がすでにあり、奴隷貿易時代にはビアフラ湾はヨーロッパ人に広く知られた地名となっていた。オジョクは、これを新しい国名に採用したのである。こうして連邦政府軍とビアフラ軍との間で戦争が始まった。

5 ビアフラ内戦の終焉

バンジョ准将の処刑とビアフラ軍の劣勢

ビアフラ軍は、一九六七年八月の緒戦において中西部地域に電撃的な進撃を見せ、一時は首都ラゴスに迫るかと思わせる勢いを見せた。しかし、連邦軍による総反撃が始まると戦線はすぐに後退し始め、二年半後の七〇年にビアフラ軍は敗北に追い込まれた。実はビアフラ軍は、東部エヌグにあった陸軍歩兵大隊と中西部の親ビアフラ側の小隊以外は、軍隊経験のない練度の低い即製部隊しか持っていなかったのである。ビアフラ軍の別動隊とも言えるナイジェリア解放軍のある部隊七〇〇人の兵士の場合、ほとんどが武器の取り扱い方を知らず、しかも兵士の一四%にしか武器が行き渡っていない状態だったという。

このような状況を冷静に見て取り、ビアフラ側と連邦政府側との停戦の可能性を探っていた人物がいた。ヨルバ人のバンジョ准将である。彼は六六年一月のクーデターへの関与を疑われて収監されていたところをビアフラ軍により解放された人物である。ヨルバ人である彼にはビアフラ軍に加わる必然性はなかったが、オジュクとは旧知の仲であり、准将としてビアフラ側の「ナイジェリア解放軍」に参加し中西部地域の指揮官となっていた。解放直後にオジュクに会った彼は、ビアフラ独立宣言には反対であるという持論を述べながらもビアフラ解放軍側に加わっていたのである。唯一の理由は、北部軍人によるナイジェリア軍支配に我慢がならなかったからである。西部地域の政治家たちは、西部地域に北部将校が指揮する軍隊が駐留していることに反感を持ち、その軍の撤退を求めていた。ビアフラ軍の作戦もこの西部の動きと歩調を合わせるべきだとバンジョは考えていた。しかし西部で圧倒的な影響力を持つ政治家アウォロォオが、六七年八月に、ビアフラ軍の中西部への侵攻を非難する声明を出したことで、西部が連邦政府軍側に付くことが明らかとなり、バンジョが考えていた、南部（西部、中西部、東部）が一丸となって北部と対峙するという構図は崩れ去ってしまっていた。しかしバンジョはこの考えを捨てきれなかったようで、オジュクに直言するとしてビアフラ軍の本部に出かけた。しかしそこで彼は暗殺を企てていたとして逮捕され、軍法会議にかけられ国家転覆罪の罪で処刑されてしまった。

中西部地域の指揮官であるバンジョ准将が暗殺計画の罪で銃殺されたとの知らせは、ただでさえ劣勢にあるビアフラ軍の士気をより一層低下させた。その直後からビアフラ軍は連邦軍の攻勢に押され続け、六七年の一〇月に入ると前線はニジェール川まで後退した。南の海岸部も連邦軍の支配下に入り、北側もビアフラ国の首都であるエヌグが連邦軍の手に落ち、ビアフラ側は首都を約一四〇キロメートル南にあるウムアヒアの町に移した。一〇月末には、陸路でビアフラ側に入るルートはすべて連邦軍に押さえられてしまった。この後も、オニッチャやオウエリなどのイボランドの主要都市でビアフラ軍は激しく抵抗し、戦闘は二年以上続くことにな

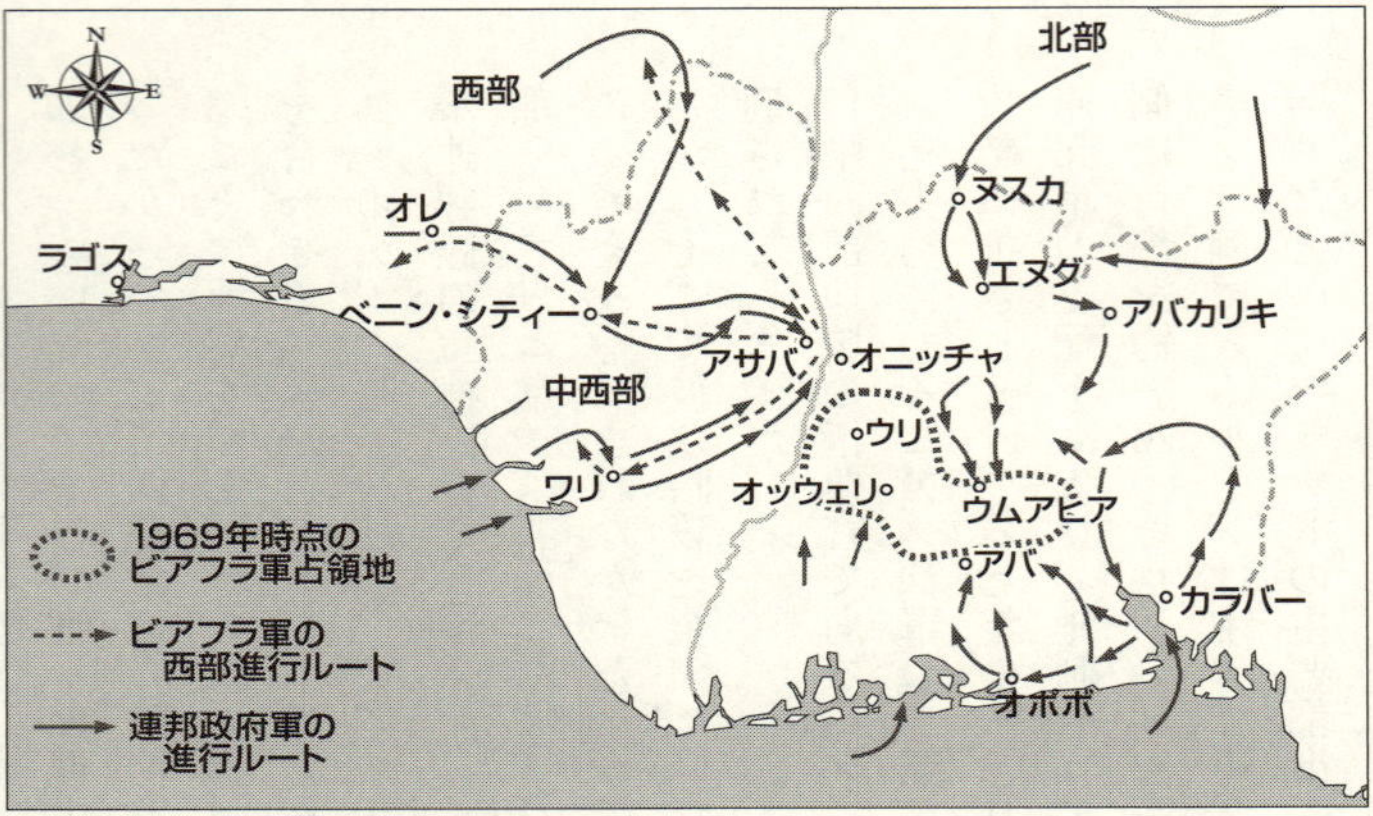

8－7　ビアフラ軍の侵攻と後退

るのであるが、ビアフラ軍が戦況を挽回することはなかった。

イボ人に対する少数民族の悪感情

オジュクがビアフラの領土として宣言した東部の中には、イボ人以外の民族もたくさん住んでいた。東部の中心地に住むイボ人たちはビアフラの独立宣言を熱狂的に支持していたが、沿岸部に住むイビビオやエフィク、イジャウ、イクウェレの人々の心境は複雑であった。東部でのマイノリティでありこれまでも政治的にイボ人たちと対立することがしばしばあったこれらの人々が、ビアフラ軍と連邦政府軍の攻防の最前線に立たされることになったのである。戦線が移動するたびに人々は逃げ惑った（図八―七）。

私のイビビオ人の友人の故郷はアバ近くの戦略的要所にあった。その故郷の町はビアフラ軍と連邦軍の争奪地となり、三度も占領軍が入れ替わったという。その友人の老父は、銃撃戦が始まると何時間も家の中で床にうつ伏せていたという。銃撃戦が終わり庭先に出れば兵士の死体がころがっており、新しい占領軍から遺体を埋葬するよう指示された。皆で協力して穴を掘り、ビアフラ兵も連邦軍も区別することなく埋葬したという。「この町の若者たちの中にはビアフラ軍に加わった者もいるが、連邦軍の兵士として戦った者もいる。私にはどちらに勝って欲しいという願いはなかった。とにかく早く戦争が終わって欲しかった」とその老人は語ってくれた（図八―八）。

8－8　家の前で語る老人　この時すでに90歳を超えていた

ビアフラ政府は東部の住民全体の支持を受けたわけではない。信頼のおける「ビアフラ国民」はイボランドにしかいなかったということであろう。これがビアフラ側の軍事的弱点の一つであった。ビアフラ国側の少数民族は、ビアフラ国にアイデンティティを感じるというよりも、むしろ自分たちの民族意識を覚醒させられたようである。東部の少数民族の一つイクウェレ人の退役軍人が書いた自伝を読むと、ビアフラ領内の少数民族の人たちがイボ人に抱いていた悪感情がよく分かる。彼はビアフラ内戦が始まる前に大尉で退役し故郷イクウェレに帰っていたのであるが、ビアフラ独立宣言後に彼の故郷に来たイボ人の農民が「この土地は我々イボ人のものだ。魚も我々のものだ」と主張したという。そして彼は、度重なるビアフラ軍からの参加要請を断ったがゆえに危険人物と目され収監された。排泄物で汚れた床、軍人たちの収監女性に対するレイプなど悲惨な状況を監獄で経験しながらも、連邦軍の進軍に救われ九死に一生を得て解放されたのである。彼のような東部の少数民族にとってこの内戦は、イボ人に対する敵意と警戒心をより強固なものにしたのではなかろうか。

国際的支持が得られない分離独立運動

この戦争はまた、分離独立に対する国際社会の冷たさをイボ人のみならずアフリカ人に教えた。独立宣言をしたビアフラ国（東部地域）は、当時のサハラ以南アフリカ諸国の中にあっては人口や経済規模の両方で南アフリカ共和国に次ぐ規模の国となるはずであった。一九六二年の東部の人口は一二四〇万人で、これは南アフリカ共和国の一九八〇万人よりは少ないが、タンザニアの一一七〇万人やケニアの九五〇万人より多く、同じ西アフリカのガーナの七七〇万人やカメルーンの六〇〇万人よりは多かった。世界銀行が初めて発表した国民総所得のデータ（七五年時点）でみると、ビアフラ国の生産額をナイジェリアのそれ（二九三億ドル）の三分の一とみなすと、南アフリカ共和国の三四九億ドルには及ばないものの、ガーナの五九億ドル、ケニアの三三億ドル、ウガンダの二九億ドル、タンザニアの二七億ドルを優に上回っている。この数値は、内戦後の石油生産拡大後のもので開戦時はこれよりも少なかった可能性はある。

しかしそれでもビアフラ国の経済規模が他のアフリカ諸国と同等以上であったことは確かなようである。

それにもかかわらず、ビアフラ国の独立を承認したのは、タンザニア、ザンビア、ガボン、コートジボワールの四カ国にすぎず、武器その他の物資援助を行った国は、フランス、南アフリカ共和国、ポルトガル、イスラエルにすぎなかった。タンザニアとザンビアは、当時の大統領が元大統領アジキウェ（イボ人）と個人的関係があったことが影響し、ガボンとコートジボワールはフランスの意向を反映したものであった。ビアフラ側の支援を行った国のうちフランスは、その石油資源に大きな魅力を感じていた。連邦政府側を支援したソ連には、これを機会に西アフリカへの経済的、政治的進出の基地を確保したいという期待があった。連邦政府側、ビアフラ側を問わず、援助国には、将来の経済的権益を狙う思惑があった。

ビアフラの独立承認にとって最大の壁となったのがアフリカ統一機構（OAU）の反対であった。六八年九月にアルジェで開催されたOAUの会議で連邦軍支持が打ち出され、これを境に西側諸国からビアフラ側への援助が急速に減少した。この後はフランスやポルトガル、南アフリカ共和国からの援助がガボンのリーブルヴィル経由で空輸されるのみとなった。

世界に衝撃を与えたビアフラの飢餓

ビアフラ内戦が始まる前から北部や西部でイボ人の虐殺が始まり、それから逃れるため多くの人たちが東部に逃げ帰ってきた。北部と西部で殺されたイボ人の数は三万人を超え、北部から東部に逃げ帰った人は一三〇万人、西部などから帰った人が五〇万人と言われている。これほど多くの人たちがわずか数カ月のうちに東部に流入したにもかかわらず、国連の難民救済の支援対象とはならなかった。これらの移動民が難民ではなく、自発的な帰郷者とみなされたからである。連邦政府が国際的支援を求めなかったので、国連も難民問題として取り上げなかった。帰国が始まってしばらくの間は、イボ人社会が帰郷者を吸収する能力を持っていたため難民キャンプを必要としなかった。イボ人は出稼ぎに出ても故郷に送金しつながりを絶やさない。また彼らは出稼ぎ先で同郷集団や様々な「講」を作り、新しい出稼ぎ者に対する資金援助や死者の葬送への支援などを行う。そのような故郷と出稼ぎ者の間の社会的ネットワークがこの政治的危機の中で互助機能として有効に働いたのである。

しかし、一〇〇〇万人を超える帰還者を抱えた直後に独立戦争に突入したために、東部はたちまちのうちに衣食住が不足してきた。一九六七年八月の西部への一撃こそビアフラ軍の勝利で終わったが、六七年末にはビアフラ軍の劣勢は明らかとなり、六八年の前半にはビアフラ国は物資輸送の面では完全に陸路と海路を断たれた孤立国の状態となった。わずかに飛行機による物資輸送は可能であったが、やがて制空権も連邦軍に奪われ人々の食糧を賄うことはできなくなった。

ビアフラ側での飢餓の状況が世界に伝わったのは六九年のことで、現地で働いていた国際赤十字などの医師たちが、子供たちの間にクワシオルコルと呼ばれるタンパク質欠乏からくる病気が多くみられることを報告してからである。クワシオルコルとは赤い身体という意味で、髪が赤くなり関節が腫れお腹が異常に膨らみ、症状が進むと文字通り骨と皮だけとなり脳も異常を来す。最悪の場合には死に至ることもある。国際赤十字は六九年の一月に連邦軍に対し医薬品、食糧、衣類の輸送を要請した。しかしゴウォンは、戦略上の理由から四月までその輸送を認めなかった。このため、世界から寄せられた義援金をもとに準備された食糧や医療品はその多くが現地に届かなかった。

六八年末時点での飢餓による死者数は最低でも五〇万人を超えているといわれたが、正確なところは分からない。お腹を膨らませ足が骨と皮だけになりうつろな目をした子供の写真が広く報道され、世界はようやくこの内戦の惨劇を知ったのである。

飢餓による死亡者数すらはっきりしないので、内戦による死者数はさらによく分からず、一五〇万人とも三〇〇万人とも言われている。それ程この内戦は一般人を巻き込んだ悲惨な戦いであったということである。

第九章　軍事政権と第二次共和制時代

1　石油と汚職にまみれた軍政時代

ビアフラ内戦後の四半世紀をどう見るか

一九六六年一月にイロンシが政権の座に就いてから九八年六月にアバチャが急死するまでの三二年間のうち、二八年間は軍政であった。民政は、七九年から八三年までの四年二カ月間のシャガリ政権（第二次共和制）と、九三年の三カ月間のショネカン政権であるが、ショネカンは軍事政権の指名による暫定的大統領であったので、真に民主的政権と言えるのはシャガリ政権だけということになる。シャガリ時代は政治家たちが久々に表舞台に立ち、軍政時代とは違う面も見せた。しかし、石油に全面的に依存する経済構造に変わりはなく、また政権維持のために常に軍部の支持が必要であり、軍政から大きく変わることはできなかった。いわば軍政時代の中の小休止といった感が拭えない。

この章では、ビアフラ内戦後から二〇世紀末までの四半世紀あまりを、シャガリ政権時代も含めて、軍事政権の力が卓越した時代と捉えて振り返ってみたい。

汚職と弾圧の時代

ビアフラ内戦直後の頃までナイジェリアでは、軍隊こそ最も規律ある近代的組織であり、軍政は必ずしも悪いことではないという意見があった。軍人自らも、規律を守り汚職もしない自分たちは政治家よりも統治者として優れていると自負するところがあった。しかしその後、軍隊は規律ある組織でも近代的組織でもないことがすぐに明らかとなった。

内戦直後のゴウォンは、連邦政府や州政府および政府系機関の高官に軍人を任用することを控えていた。しかし徐々に政治家や伝統的支配者を排除し、代わって軍人を多く登用するようになった。それはちょうどオイル・ブームが到来した時でもあった。初めて高官のポストに就いた軍人たちは、前任の政治家や高官たちの不正や汚職を目の当たりにしたのであろう。彼らもすぐに不正や汚職に染まっていった。皮肉なことに、規律ある武装集団は不正を隠蔽するための組織として機能した。

汚職に慣れてくると彼らの中には成金ぶりを隠すどころかひけらかす者も出るようになり、不正は誰の目にも明らかとなってきた。人々は彼らを「オロウォ・オジジ（ヨルバ語で俄成《にわかなり》金《きん》を意味する）」と呼んだ。彼らにとって石油収入の維持は至上命題となり、それを脅かすような動きはそれが反政府運動かどうかを問わず、躊躇なく軍隊を動員して押さえ込みにかかった。こうして、一九七〇年代末から一九九九年までの軍事政権時代は、汚職と弾圧で特徴づけられる時代となった。

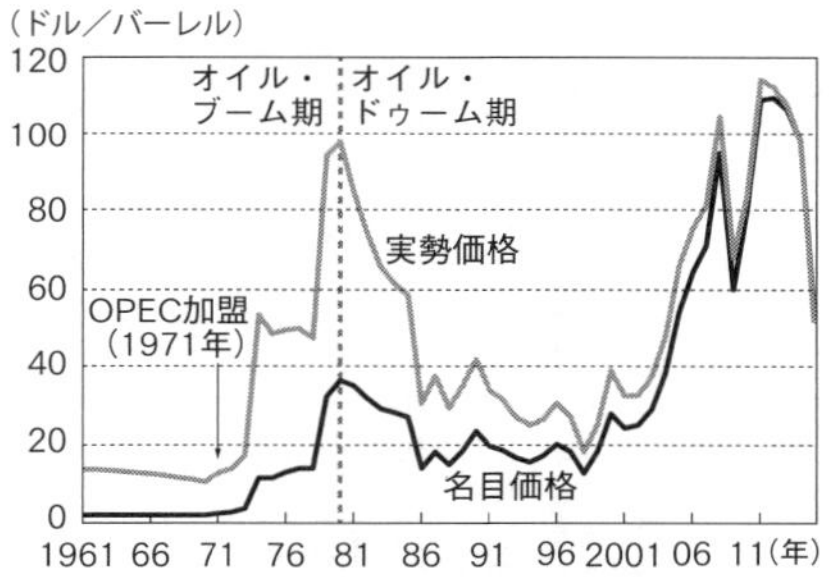

9－1　原油価格の変動（1961〜2015）とナイジェリアのオイル・ブーム

石油の発見から産油国へ

汚職の実態について述べる前に、石油収入の増大の様子をみておこう。ナイジェリアの石油は、一九五六年にニジェール・デルタのオロビリで発見された。その二年後の五八年には商業用掘削が開始され、ビアフラ内戦前の六五年にはすでに項目別輸出高で第一位となっていた。

内戦中は停滞していた原油生産も、戦後すぐに回復した。七〇年には原油輸出高が総輸出額の五七・六％を占め、六〇年代の三大輸出農産物（カカオ、パーム油製品、落花生）に完全にとって代わった。連邦政府は七一年に石油輸出国機構（ＯＰＥＣ）に加盟して、産油国の仲間入りを果たした。その直後の七三年と七四年、原油価格が一気に五倍近くに引き上げられ、ナイジェリアはかつてないオイル・ブームを迎えた（図九―一）。

使い切れない石油収入

一九七〇年から七八年のわずか七年間のうちに、連邦政府歳入は名目で一二・七倍の伸びをみせた。七三年に原油価格が一バーレルあたり三ドル台から一五ドルへと引き上げられたためである。ゴオゥン軍事政権は、急増する石油収入に合わせ、当初総額一〇億二五〇〇万ナイジェリア・ポンド（二〇億五〇〇〇万ナイラ）※でスタートした第二次国家開発計画（一九七〇―七三年度）の計画期間を一年延長し、予算額も三三億四九九〇万ナイラに増額した。

オイル・ブームを背景にした大盤振る舞いは第三次国家開発計画（一九七五―七九年度）でも続けられ、当初予算の三二八億五四六〇万ナイラが途中で四三三億一四〇〇万ナイラへと増額された。ビアフラ内戦で疲弊した国土の復興は第二次開発計画ですでに終了したとされ、この第三次計画は、年率九％のGDP成長率を目指す意欲的なものとされた。しかし、その内実は計画実施が追いつかず、予算の執行実績は例えば運輸関係では予算額の二三％、教育関係に至っては一一～一五％にとどまっていた。

※一九六八年一月三日、政府はそれまでの通貨であったナイジェリア・ポンドを廃し、一ナイジェリア・ポンド＝二ナイラの交換比率で新通貨ナイラへの切り替えを行った。この機会に、一ポンド＝二〇シリング＝二四〇ペンスといったイギリス式換算法を、一ナイラ＝一〇〇コボといった一〇進法に

改めた。

クティと、彼と結婚したグループメンバーたち

コラム⑧：吼えるミュージシャン―フェラ・クティ

ナイジェリアがオイル・ブームに沸いていた一九七〇年代から八〇年代はアフリカの音楽が世界に流行した時代でもあった。その時に、独特のアフロ・ビートで世界に名を馳せたのがフェラ・クティ（一九三八―九七）である。彼は「歌は武器だ」と言いながら、反政府的なメッセージを強烈なビートに乗せて歌い続けた。軍事政権を痛烈に批判する彼は国内で二度逮捕され、ガーナでも国外追放処分を受けたことがあるが、反植民地、反政府の姿勢を変えることはなかった。アメリカで読んだマルコムXの自伝に衝撃を受け、汎アフリカ主義や社会主義にも理解を示したが、彼の思想の核となっていたのは、反西洋主義的なアフリカ中心主義とも言える独自の思想であった。

彼は、七八年二月二〇日、自らのバンドでバックコーラスや踊りをしている二七人の女性メンバー全員と一挙に結婚式を挙げたことで世間を騒がせた。彼にはすでに第一夫人がいたので第二夫人から第二八夫人までを一度に娶ったことになる。認められる妻帯は四人までのイスラーム法からも、ヨルバの伝統的な習慣からも外れるこの結婚を強行した彼は、「結婚相手の数を何故法律で決める必要があるのか？」と問いかけ、さらに一夫一婦制を理想とする西洋主義への反発があることも口にして話題を呼んだ。

う点である。父は司祭、母は教育者であった。母方の曾祖父は一八三四年にシエラレオネで解放された解放奴隷で、教育熱心なキリスト教徒であった。クティの家では、キリスト教徒でない人たちを「野蛮人」と呼んでいたという。このような環境で育ってきた彼が反植民地主義を唱えるためには、自らを育んできたキリスト教や西洋式教育の否定から始めなくてはならず、それはつまるところ自らの生い立ちをも否定することを意味したのであろう。彼が発する激越な言葉や過激な行動は、この自己否定を知って初めて理解できると言えよう。

幼少期に鞭を持ってクティを厳しく躾けた母親（ランサム＝クティ）も、晩年は彼の反政府運動の理解者となり彼が音楽グループと一緒に住む「カラクタ共和国」と称するコンパウンド（複合式住宅）の近くに移り住んだ。しかしある事件を理由にこの複合式住宅が警察隊の襲撃を受けて破壊された時に、彼女は家の窓から外に投げ出され足の骨を折る大怪我を負い、その怪我が原因で体調を崩し帰らぬ人となった。このためクティは襲撃当時の軍政長官であった同郷（アベオクタ）のオバサンジョ（第十章コラム⑪参照）を生涯許さなかった。この母親は、女性の権利を主張する有名な活動家で、東西冷戦時代にアフリカ人女性として初めてソ連や中国、東欧諸国を訪問した女性であった。クティの溢れるばかりのエネルギーと反骨精神は、この母親から受け継いだものであろう。

悪名高き「ナイジェリアの四一九」

使い切ることのできない石油収入の一部が、政権上層部の軍人や政治家の汚職の「原資」となった。一九七七年に第二歩兵師団の軍人十数名が、公金の搾取、不正使用に関わる公文書偽造、不正の共同謀議の罪で有罪となったが、このような大規模な不正はこの部隊に限られたことではなかった。州知事に就任した軍人たちの汚職ぶりも酷く、一二人もの州知事が起訴されるありさまであった。この時の汚職は「比肩するものがないレベル」と言われた。

七〇年代に現役軍人や州知事などの高官に限られていた多額の横領やマネーロンダリングが、八〇年代に入ると軍部のより広い範囲でも行われるようになっていた。しかしちょうど石油価格が下落に転じ、横領金の外国送金やマネーロンダリングをしようにも送るべき資金が細ってきていた頃でもあった。そこで編み出されたのが、「ナイジェリアの四一九」として悪名高い詐欺である。四一九とは、この不正がナイジェリア刑法第四一九条の詐欺罪にあたるところからきている。仕事でナイジェリアに出かけ名刺を現地で使った人なら一度はこの詐欺団からの誘いを受けたことがあるのではなかろうか。私も怪しげなファックスや手紙を受け取ったことが何度かある。

ある日突然、「大金を送金するために貴殿の口座を貸して欲しい」という手紙やファックスが届く。発信者は、政府高官や石油公社あるいは銀行の財務担当役員や秘書室長となっている。手元にある数千万ドルの「余剰金」を貴殿の口座に振り込むのでそれを指定する口座にすぐに転送してもらいたいという依頼である。自分たちは政府高官や銀行の管理職であるため外国の口座への送金はできないので信頼できる貴殿の口座を利用させて欲しいというのである。事の重大性と秘密性保持のために貴殿には送金額の一〇%から二五%を手数料として支払うという。

ただしこの送金の実行にあたっては、事前に組織内での工作が必要なので、まずは、その工作資金一〇万ドルを指定する代表の口座に振り込んで欲しいと続くのである。この話を信じて工作資金を振り込むやいなや、取引相手と組織は跡形もなく消え去るという仕組みになっている。このような誘いに乗る人がいること自体が信じがたいのだが、実際には欧米を中心に多くの被害者が出たようである。このような突飛な話も「あり得る話」だと思わせる状況が七〇年代のナイジェリアにはあったということである。

汚職が招いたクーデター

軍上層部の汚職を苦々しく思っている人は軍内部にもいた。下級将校たちである。ゴウォンがウガンダのカンパラで開催中のアフリカ統一機構(OAU)の会議に出席中だった一九七五年七月二九日、ガルバ大佐やヤルアドゥア大佐等の若手将校がクーデターを起こした。ゴウォン支持者の抵抗もなくクーデターは無血で成功した。ガルバたちは、その日の午後にムルタラ・ムハンメド准将、ダンジュマ准将、オバサンジョ准将を軍本部に招請し、彼らに最高軍事評議会メンバーへの就任を要請した。国家元首には、若手将校らの希望を受け入れムハンメドが就任した。

ムハンメド政権は、ゴウォン政権の腐敗を批判し、新政権の方針として政府機関の規律回復を掲げた。不正に関与していた州知事を容赦なく解任し、さらに約一万人の役人を、不正行為、非効率、高齢、健康上の問題などを理由に解雇した。連邦政府にあった二五の審議官（コミッショナー）のポストのうち一四を元軍人と元警察官で固め行政組織の管理統制を強めた。

ムハンメドからオバサンジョへ

こうして綱紀粛正のかけ声のもと始動したムハンメド政権であったが長くは続かなかった。始動からわずか七カ月あまり後の一九七六年二月一三日に、一部の若手将校らによるクーデタ一未遂事件でムハンメドは命を落としてしまった。この時に暗殺を免れたオバサンジョとダンジュマはすぐに反乱軍を鎮圧し、オバサンジョが新しい国家元首となった。彼は、ムハンメドの汚職追放と規律回復のスローガンを引き継ぐ一方で、国民の要求が強い新州創設や民政移管についても取り組んだ。

オイル・ブームによる州政府の予算拡大で、州都や主要幹線道路の整備は急速に進んだが、州の縁辺部や少数民族の地域は開発が遅れ、州内での格差が拡大していた。少数民族の人たちは、州内での平等を求める一方で自分たちの州の創設を要求した。当時、州政府へは国家予算の三〇％が配分されると決められていたからである。

相次ぐクーデターで上層部の若返りが進んだ軍部にも、新州創設を歓迎する理由があった。新州創設が年配の将校たちに格好の転出先を提供することになるからである。オバサンジョは七六年、それまでの一二州に代わり一九州制とすることを発表した。この時に、亡きムハンメドが描いていた新首都建設の構想が具体化され、国の中心部のアブジャに、どの州にも属さない「連邦首都地域」が新設された。

オバサンジョの民政移管政策

オバサンジョは民政移管にも本格的に取り組んだ。まず、州政府の下部にある地方政府（ローカル・ガバメント）のテコ入れに着手した。伝統的支配者を地方政治から排除してきたそれまでの軍事政権の方針を大転換し、彼らを地方政府レベルの政治の安定に利用することにした。地方政府を連邦政府、州政府に次ぐ第三の行政組織として正式に認知し、伝統的支配者たちが地方議員や議会議長になることを容認した。

選挙法の改定を行い、連邦政府レベルの政党にはローカル性からの脱却を求めた。その要件として

①全国的政党であること
②ナイジェリア人なら誰でも入党できることを党則で保障すること
③部族、宗教の自由を保障すること
④本部を首都に置くこと
⑤民主的方法により選挙を実施すること
⑥党首が全国的支持（執行部メンバーは三分の二以上の州から選出）を得ていること

等が求められた。

さらにオバサンジョは、第一次共和制（一九六三年～六六年）の崩壊を招いた原因が大統領権限の弱さにあると考え、より強い権限をもつ大統領制の実現に取り組んだ。イギリスのウェストミンスター制からアメリカの大統領制に変更し、大統領は国民の直接選挙で選ばれることとなったのである。

2　反西洋化と排外主義を巻き起こした第二次共和制の時代

一九七九年の総選挙

新しい選挙法のもと一九七八年九月に政治活動が解禁され、翌年には、上院議員選挙（各州が五議席）を皮切りに、下院議員選挙（総数四五〇議席）、大統領選挙そして州知事選挙が実施された。一三年ぶりの総選挙であった。

下院議員選挙では、旧NPCの後継党であるナイジェリア国民党（NPN）が第一党となり、かつてのAGの支持基盤を引き継いだナイジェリア統一党（UPN）がそれに続き、旧NCNCの流れを汲むナイジェリア人民党（NPP）が第三位となった。この他では、人民救済党（PRP）がカノ州とカドナ州で広く支持を得、大ナイジェリア人民党（GNPP）がナイジェリア北東部のボルヌ、ゴンゴラ州で支持を得た。NPNは、上院・下院の両方で勝利を収めたものの、単独で議会の過半数を得ることはできず、NPPと連立政権を作ることで党首のシャガリが大統領に選出され、第二次共和制が発足した（図九―二）。

地域的にみると、西部のヨルバランドではUPNが、東部のイボランドと北部のフラニ支配（スルタン＝エミール体制）の中心部ではNPPとNPNがそれぞれ圧倒的な勝利を収めている。三地方で大民族が推す政党が圧倒的勝利を収めるという、かつての基本的パターンはこの時も変わらなかった。

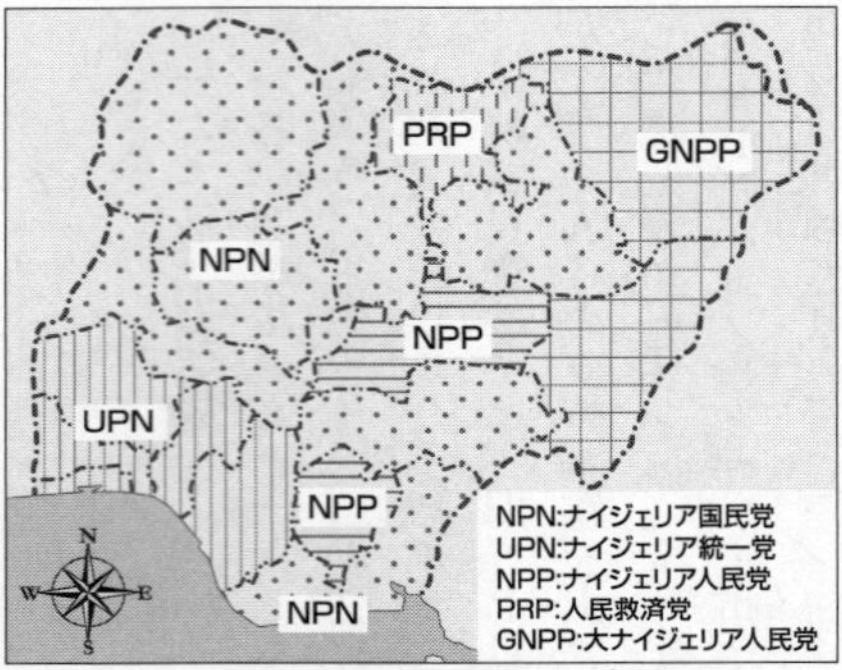

9－2　1979年州議会選挙結果（州別首位政党）

政権党となったNPNでは旧NPC時代よりも新興商業資本家やインテリ層の発言力が強くなり、ソコトのスルタンやエミールなど伝統的支配者の影響力が弱まってきていた。それを反映するかのように、党首にはゴウォン政権時代に政府のコミッショナーを務めたシャガリが就任、副党首には富裕な建築家エクウェメが選出されていた。スルタン＝エミール体制を維持するという点では変わらなかったが、NPNはNPC時代とは異なり、外国資本の導入に積極的な商業資本家の利害を代弁する政党へと変化していたのである。

シャガリ政権の北部経済開発

シャガリ政権は、市場の自由化と外国資本の導入に積極的であった。軍政時代から推し進められていた北部の経済開発にも熱心で、南部に比べ著しく遅れていた北部の運輸と教育部門に多額の投資を行った。小学校建設には他の地域よりも多額の予算を振り向け、初等教育の南北間の格差是正に力を注いだ結果、北部における小学校数と就学者数は著しく増加した。道路建設にも力を入れ、新首都建設予定地のアブジャ地区では、ブラジルのブラジリアやオーストラリアのキャンベラにならって大規模な首都建設を開始した。首都移転の決定は七六年であったが、幹線道路建設や官庁街の整備、そしてホテル、モスク、教会の建設などが本格的に始まったのはシャガリ時代になってからである。これらの工事のために数多くの外国企業が進出し、それにともなう外国文化の流入も激しかった。

私は一九七九年に、北部の都市カドナ郊外にある日本企業受注の石油精製工場の建設現場を訪ねたことがある。そこには約一一〇〇人もの日本人が働いており、この工事に合わせカドナの街中に大きな中国料理店が三軒も開店していた。また、八五年から九一年にかけて北部ナイジェリアのミドルベルトの一農村で調査を行っていたが、当時その村の近くで西アフリカ初の製鉄所が建設中であった。建設を行っていたソ連の会社は、毎朝この村に大型トラック二、三台を派遣し村の若者たちを何十人も建設現場に運んでいった。このため村では若い働き手が不足して農作業にも影響が出る程であった。

北部各地で始まったかつてない規模での経済開発とそれに伴う外国企業の進出は、イスラーム教徒の人々にはあまりに急激な近代化・西洋化の動きと映ったのであろう。それに反対する運動が都市部の低所得者層の間で拡大してきた。

コラム⑨：新首都アブジャ

ルガードが首都をラゴスから北部に移したいと考えていたことは七章で紹介したが、それが実現したのは一九九一年のことであった。ただしその移転先はルガードが考えていたカドナではなく少し南東のアブジャの地であった。七六年に一二州制が一九州制に変えられたのであるが、この時人口希薄なアブジャの地にどの州にも属さない連邦首都地域が新設され、この地で新首都建設が始まった。

新首都は、オーストラリアのキャンベラやブラジルのブラジリアに並ぶ近代的な首都にするという構想のもとマスタープランの国際コンペが行われ、九〇〇人近い建築家が世界中から応募した。最終的に選ばれたのが、国立代々木競技場の設計で有名な建築家、丹下健三であった。

新首都建設には広大な土地が必要である。政府は七八年に新しい土地利用法を制定し、土地の最終的所有権は国家にあり、国民は土地の占有権を持つにすぎないとした。これにより、国家は、公共目的のためには、土地の上物に対する補償金を支払うだけで土地を使っている（占有）者から土地を取り上げることができるようになった。

七九年頃、補償業務の担当者から具体的な話を聞く機会があったのだが、住民に支払われる補償額の目安は、土壁・藁葺き屋根の家で一〇〇ナイラ、ブロック・波板鉄板の屋根の家で三三〇ナイラ、小学校は一教室につき四〇〇〇ナイラ、教会とモスクは同額で五〇〇〇ナイラくらいだという。果樹に対しても補償金が支払われ、マンゴーやオレンジの樹は一本五〇ナイラ、アブラヤシの樹は二〇ナイラ程度であるという。農家一世帯あたりの補償額はおそらく数百ナイラにすぎなかったのではないかと思われる。当時の一ナイラは一・五ドルであったから、移動を強いられる人たちにとってその補償額は充分とは言えなかったであろう。

七九年に建設予定地を訪ねたことがあるが、幹線道路建設のためにブッシュの切り拓きが始まったばかりの平原の向こうに、ひときわ高くズマ・ロックという岩山がそびえ立っている姿が印象的であった。

建設開始当時のアブジャ：ズマ・ロック（1979年／上）と2001年頃のアブジャ

一九九一年に大統領府がこの地に移り、それに各官庁が続き、二〇〇〇年までには大使館や国際機関のほとんどもこの地に移動した。アブジャは、広大な土地の中に官庁の建物、大モスク、教会、五つ星のホテル群が立ち並び、その間を縫うように高速道路が走る大都市となった。

政治の中心は今や完全にアブジャに移っているが、経済活動の中心は未だ旧首都ラゴスである。政府高官や政治家そしてビジネスマンは頻繁にラゴスとアブジャの間を往復する必要があり、両都市間には毎日何便もの飛行機が飛んでいる。

北部における反近代化・反西洋化運動

北部には、ナイジェリア国民党（NPN）とは対照的に、市場の自由化や西洋教育の普及に批判的な人民救済党（PRP）があった。そのPRPが一九七九年のカノ州の州知事選挙と州議会選挙で勝利し、カドナ州でも知事選で勝利した。PRPは、伝統的土地保有制度に影響力を持つスルタン＝エミール体制にも批判的であった。

八〇年になると、カドナ州とカノ州においてNPNとPRPの対立が激しさを増してきた。カノ州ではPRPの知事が、NPN派のエミールの政治力を弱めるため、自ら五人のエミールを新任するという前代未聞の挙に出た。さらに、エミールの財源である二つの税（家畜税と人頭税）の廃止も決めた。これは、明らかにスルタン＝エミール体制に対する挑戦であった。逆にカドナ州ではNPNが州議会で多数派を占め、PRPの知事を弾劾決議によって辞任に追い込むという事態が起きていた。このように両州では、急速な近代化の受け入れを巡ってイスラームの支配者層や政治家たちの間で激しい対立が生まれており、その対立は民衆レベルでも激しさを増してきていたのである。

マイタシン運動の広がり

急速に進む市場の自由化や西洋教育の導入に対する反発は、シャガリ政権が誕生する前からすでにイスラーム教徒の間で強まっていた。その中で最も過激な運動だったのが、大都市カノを中心に一九七二年以降勢力を増してきたマルワ（通称マイタシン）を指導者とするイスラーム原理主義運動である。マイタシンは、ニジェール、チャド、カメルーン出身のイスラーム原理主義運動家たちを糾合して、物質主義に反対し、堕落したイスラームを批判する原理主義運動を展開した。七五年までに彼には二〇〇人以上の弟子がいたと言われる。彼らの運動は、汚職や腐敗に強い憤りを感じていた都市部の失業者や低所得者層を中心に支持を広げていった。

マイタシン運動の指導者たちは、「腕時計をはめ、ラジオを聞き、テレビを見て、風邪を引けば（西洋の）薬を服用し、正統でない堕落したモスクで祈りをする者は不信心者である」といった平易な言葉で説得し信者を獲得していった。そしてカノの町で最大のサボンガリ市場にある映画館やその他多くの建物を占拠しそこを基地としてさらなる攻撃に出るようになった。

この運動に対し、シャガリ大統領は徹底的に排除する態度で臨み、八〇年一二月に彼らが占拠する街区に軍隊を急派した。この掃討作戦で、マイタシンを含む五〇〇〇人が死亡したと言われる。しかしこの時逃走した多くのメンバーがその後も各地で不信心者への襲撃や暴動を起こした。八二年一〇月にはカドナで二三人が殺され、マイドゥグリの近くでは四〇〇〇人もが殺害されるという暴動が起きた。この後も各地で、数百人から一〇〇〇人近くが殺される騒動が続いた。PRPが掲げてきた反西洋教育や反自由市場化のスローガンは、このような民衆レベルの反西洋化運動の高まりに応えるものだったのである。

オイル・ドゥームと外国人追放

軍政から民政への政権移譲は、ナイジェリアの経済が好景気（「オイル・ブーム」）から不景気（「オイル・ドゥーム」）に転じる時期と重なった。一九七九年、八〇年の石油価格引き上げは、先進工業国における石油消費量の削減と代替エネルギーへの転換を促進させ、結果的に世界的な石油の供給過剰状態（オイル・グラット）を生み、石油価格の下落を招いた。ナイジェリア産の原油はボニー・ライトと呼ばれる軽質油で、同質の北海産原油と競合関係にあり、この供給過剰の影響をもろに受け、輸出が落ち込んだ（図九―一参照）。

七〇年代に借り入れた対外債務額は、八三年には約一三億ナイラに膨らみ政府の財政を圧迫した。この時の連邦政府歳入は約一一〇億ナイラに過ぎなかった。この財政悪化に直面したシャガリ政権は、食糧品等の輸入規制に加え、公務員および政府関係企業の定員を削減した。外資系企業でも従業員の削減が進み、都市部における失業者は急増した。この失業問題が、八三年八、九月に予定されている総選挙に影響を与えることは避けられないと思われた。そんな折の八三年一月、政府は突然、不法滞在外国人に国外追放令を発令した。

オイル・ブームに沸くナイジェリアには周辺国から多数の出稼ぎ者が押し寄せた。さらに、七五年に西アフリカ諸国経済共同体（ECOWAS）が発足して加盟国からの出入国手続きが簡素化されたために、出稼ぎ者の数は激増していた。八〇年代に入り、出稼ぎ者の総数は一〇〇万人を超えたといわれ不法就業者も増えていた。都市部の失業者たちは、外国人が安い賃金で不法に働いていることに不満を持っていた。その不満を吸い上げるかのように外国人追放令を出したのである。この政策でシャガリ大統領は、多数の死者を出したマイタシン掃討作戦に対する国民の批判を和らげることも狙った。マイタシンの運動にはチャド人、ニジェール人、カメルーン人などの外国人が多く参加していたからである。

不法滞在外国人の摘発と追放にあたって、政府は一般国民に協力を求めた。一時的な不満の捌け口を与えられた都市部の失業者たちは嬉々として摘発に協力し、極めて短期日のうちにガーナ人を中心とした外国人の追放が進んだ。しかしこの追放令は、民主政権であるにもかかわらず強権的手法をとった非人道的措置だとして、ガーナはもとよりECOWASからも批判が殺到した。

3　クーデター後の軍政時代

総選挙に圧勝したシャガリ

一九八三年八月に四年ぶりの総選挙が行われた。シャガリ政権与党のNPNは、イボランドにおけるNPPの力を削ぐため、ビアフラ内戦の指導者で戦後コートジボワールに逃れていたオジュクに特赦を与えて帰国させ、NPNの候補者として立候補させた。また北部でもPRPの分断を狙い同党の中でも過激な主張をしていたムサ・リミ一派を「過激派」として弾圧した。

この結果NPNが圧倒的勝利を収めた。大統領選挙では、一二州で第一位となり、一六州で二五%以上の得票を獲得した。下院議員選挙でも七九年の一六八議席（三七・四%）から二六四議席（六八・四%）へと議席数を激増させた。上院議員数も、七九年の三六議席（三七・九%）から五五議席（六四・〇%）へと急増させた。

圧倒的勝利を収めたシャガリは同年一〇月一日に第二次シャガリ政権を発足させ、新たに四年間政権を担うことになった。しかし、彼が八四年度予算を発表した直後の八三年一二月三一日、軍部によるクーデターが起き、シャガリ政権はあっけなく崩壊した。第二次共和制の終焉である。そしてこのあとブハリが登場することになる。

若手将校たちの不満

クーデターが「平穏」に成功したことが示しているように、軍の中にはシャガリ政権を守ろうと動く部隊はいなかった。軍人たちがシャガリ政府をどのように見ていたかを示すエピソードがオバサンジョの本『私の指揮』に書かれている。

オバサンジョは、一九七九年一〇月一日、シャガリ大統領への政権移譲式を終えるとすぐに平服に着替え故郷のアベオクタに帰ったのであるが、かつての部下たちが度々アベオクタを訪ね、シャガリ政権の統治能力の無さを訴えた。政権発足後まもない八〇年五月にも高級将校が彼を訪ねている。おそらくクーデターの打診だったのではないかと思われるが、オバサンジョは彼らにクーデターを自制するよう悟したと書いている。しかし彼自身もシャガリの政権運営には不安を持っていた。

連邦政府は公的債務の膨張を抑えられず、さらに州政府も勝手気ままに借款を増やしていた。オバサンジョはこの事態を、シャガリ政権の統治能力の欠如を示すものだと見ていた。州政府の借款が八二年には二八億ドルあまりにのぼっていたにもかかわらず、八三年の選挙後の組閣でシャガリ大統領が一八省に三六人もの大臣を任命するに及び、オバサンジョも「これはもうダメだ」と思ったらしい。本の中でオバサンジョは、シャガリは好人物であるが一国の指導者としては失格だと述べている。

軍事クーデターと緊縮政策

クーデターのあと、ブハリ少将が最高軍事評議会議長となり、彼を首班とする軍事政権が誕生した。彼は、クーデターの大義名分としてシャガリ政権の経済政策の失敗と汚職の増大を挙げた。前政権が負っていた負債総額が約四〇億ナイラにのぼることを明らかにし、国民に耐乏生活を求めた。ブハリ政権は、歳出削減（開発計画の見直し、教育・医療費の削減、公務員削減、一在外公館の閉鎖等）と歳入増加（学費値上げ、一人あたり二〇ナイラの開発税、鉱産物に対する五％のロイヤルティー）、そして対外債務の改善（輸入ライセンス制、外国借款の連邦政府一本化、IMFとの交渉）を打ち出した。この禁欲的ともいえるブハリの姿勢は、一九七五年のムハンメド政権の再来を思わせるもので、汚職追放と綱紀粛正への期待は高まった。

しかしながらこの緊縮政策は、国内の企業活動の低下を招き、失業者を増加させた。大学や高等専門学校を卒業しても就職できない者が増え、八四年九月の時点で、民間部門での失業者が三〇〇万人にものぼった。このうち二〇〇万人が流通部門、九〇万人が製造業部門での人員削減によるものであった。公的部門でも四万人が職を失い、政府系機関だけで六〇〇〇人の人員が削減されたという。これに対しブハリは八五年五月になり外国人追放令を出した。失業に対する国民の不満の矛先を外国人労働者に向けようとしたのである。小中学校の教師や技術職などの外国人を追い出し、国民の雇用増加をねらったのだが、これによって失業問題が改善することはなかった。

ディッコ事件

ブハリ政権は、クーデターの正統性と軍事政権の実行力をアピールするために、北部のマイタシン運動の根絶と汚職の追放に力を注いだ。汚職追放では旧政権の主要人物や大物政治家の汚職捜査を積極的に進めた。そんな中、一九八四年七月五日、ロンドン近郊のスタンステッド空港で怪事件が起きた。シャガリ政権時代の運輸大臣でロンドンに亡命中だったディッコが、大きな箱に詰め込まれナイジェリアに空輸される直前に空港の税関員に発見されたのである。彼はシャガリの義弟であり、シャガリ政権の最重要閣僚であった。ブハリは彼こそシャガリ政権の中で最悪の汚職大臣であり、八〇億ドルに及ぶ公金を横領し不正に国外に送金したと疑っていた。ブハリは汚職摘発のシンボルとして彼の逮捕に躍起だった。

まるでスパイ映画のようであるが、ナイジェリア政府の情報機関員と思われる人物がロンドンに派遣され、ディッコを自宅前で誘拐し、諜報活動でつながりのあるイスラエルの医師の協力を得て薬で眠らせ箱詰めにして空港まで運び込んだ。しかしナイジェリア大使館がイギリス政府に求めた外交行李《こうり》特権の許可がこの箱に関しては下りず、空港の税関員が通常の荷物として箱を開けたために、中で眠らされていたディッコが発見されたというのである。実は空港の関税局にはディッコ誘拐情報がロンドン警察から入っており、厳密な検査を行うよう指示が来ていた。ブハリ政権はイギリスとの外交関係悪化の危険性を冒してでも汚職摘発の成果をあげたかったのである。

ババンギダのクーデター

ブハリの汚職摘発のやり方は行き過ぎではないかと心配する軍事政権内部の動きを受ける形で、当時の軍最高司令官ババンギダが一九八五年八月にクーデターを起こし、自ら国家元首の地位に就いた。ブハリを外す動きは軍内部で根回しが進んでいたようで、流血事件が起きることもなくこのクーデターは成功した。ブハリは逮捕され三年間の拘留生活を送ったのであるが、実は後にまた政治の舞台に登場することになる。二〇一五年以降の大統領就任については第十章で述べる。

ババンギダは、最も差し迫った問題であった国際通貨基金（IMF）の融資を受けるかどうかを国民に問うため、八五年九月に「IMF融資に関する大統領委員会」を設置した。七〇年代に借り入れた債務の返済が八〇年代から本格的に始まり、この頃のナイジェリアは債務返済不履行の危機に直面していた。IMFが乗りだし、一部債務の繰り延べや融資に関する話し合いが始まっていた。ババンギダは、IMFの融資を受けるために政府が実施しなければならない構造調整計画（SAP）に対する国民の反応が心配であった。構造調整計画とはIMFと世銀が債務返済問題に直面した国に融資を行う際に条件として提示する改革計画であり、それは経済全体に及ぶ広範な政策的・制度的改革を伴うものであった。具体的には、公務員の削減、政府系機関の民営化、各種補助金の削減・撤廃、貿易の自由化、金融の自由化などの実施である。これらは一時的に失業の増大と物価上昇をもたらし国民に負担を強いることになる。すでに同様の改革を実施したアフリカ各国で暴動が発生しており、発足間もないババンギダ政権にとっては政権維持を危うくする危険性があった。IMFの融資を拒否すべきだという世論の動きを見たババンギダは一〇月に、IMFの融資は受けないことにしたと発表した。この発表は、耐乏生活を怖れていた国民の熱狂的な支持を得て、ババンギダの評判を高めた。

しかし政府は、その熱狂の余韻が覚めやらぬ一二月三一日に、実質的にIMFの勧告に沿う内容の八六年度予算案を発表したのである。そこには、石油補助金の切り下げ、輸入課徴金の廃止、各種公共料金の引き上げなどが盛り込まれていた。債務問題は待ったなしの危機的状況にあったのである。これでババンギダ人気は一気に冷めてしまった。

この予算案に一定の評価を下した債権団側は、債務返済不履行の危機を脱するため、八六年三月に中・長期の債務返済の一時猶予を発表した。これに呼応するかのようにババンギダも六月に構造調整計画の開始を正式に表明した。そして直ちに実施された為替調整の結果、ナイラは、八七年の七月に一ドル＝一・四ナイラから一ドル＝四ナイラへと急落した。

軍政主導の民政移管

軍事政権にとって最大の気掛かりは、国民と国際社会から上がる民政移管の声であった。ババンギダは一九九〇年までの民政移管を公約し、それを実現するための特別機関として「政治局」を設置した。この政治局は、民政移管の目標年を九二年に先延ばしした上でそこに至るまでの段階的プログラムを発表し、安定した民政移管に必要なこととして、旧来の政治家や伝統的支配者の排除と二大政党制の導入を挙げた。その方針のもと政党の登録申請が行われ、締め切り日の八九年七月一日までに一三の政党が名乗りをあげた。

ところが一〇月になって政府は、社会民主党（SDP）と国民共和会議（NRC）という、登録申請すらしていない二つの政党を公認政党として認めるという驚愕の発表を行った。政府は発表に際しこの二党を、「やや左寄りのSDP」と「やや右寄りのNRC」であると説明した。登録申請していた一三の政党を「全国的性格を持つ政党」ではないとして登録を認めず、それに代わりお仕着せの二党による選挙を行うと発表したのである。しかしこのあと大統領候補を決める予備選で手間取り、選挙の実施は九三年まで待たされることになる。

人気取り政策：新州創設とイスラーム会議機構への加盟

民政移管には後ろ向きなババンギダ政権であったが、一部の国民の間で要求が強かった問題には応じるところもあった。一つは新州創設であり、もう一つはイスラーム諸国会議機構（OIC）への正式加盟である。

当初ババンギダ大統領は、厳しい財政状況を理由にして新州創設には慎重であった。しかし政治局が一九八七年一〇月に六州の新設を勧告すると、その中の二州の新設を認めた。新州創設を認めたのは、国民の要望に応え支持を取り戻すことが必要だと感じたからである。

また八六年一月に突然発表されたOICへの加盟は、北部のイスラームの要求を汲んだものであった。七一年五月に設立されたOICには当時四〇カ国余り（うちアフリカ一九ヵ国）が加盟していた。ナイジェリアはオブザーバー参加に留まっていたのだが、この時ババンギダ政権が正式参加を申請し承認されたのである。

しかしこの発表は、いかなる政府（連邦、州）も特定の宗教を国（州）教と定めてはいけないと明記された憲法に違反するとして南部のキリスト教徒の猛烈な反発を招いた。事の重大さに気付いた政府は、キリスト教徒とイスラーム教徒の委員各八人に加え、政府側からの四人の大臣と二人の事務官から成るOIC加盟問題検討委員会を設置した。しかし、南北の委員の間で意見の一致を見る事は難しかった。両陣営に歩み寄りの気配が一向に見られない中、八七年三月、カドナ州、カノ州の各地でキリスト教徒とイスラーム教徒との衝突が起き、キリスト教会の焼き討ち事件も相次いだ。ババンギダのイスラーム寄りの人気取り政策が、宗教対立の火種に油を注ぐことになったのである。

クーデター未遂事件

そして一九九〇年五月二二日、陸軍少佐オルカーを首班とする若手将校によるクーデター未遂事件が発生した。クーデター直後のラジオ放送でオルカー少佐は、ババンギダ政権を口汚く罵った後、自分たちは南部とミドルベルトの、主としてキリスト教徒を代表してクーデターを起こしたと述べた。北部でもとりわけイスラームの多い五州を連邦から直ちに切り離すと発表した。軍隊内部の人事で北部のハウサ・フラニ人が優遇されていること、戦略上重要な機甲部隊が北部にのみ配置され、その部隊がハウサ・フラニ人によって編成されていること、さらにババンギダ大統領が陸・海・空軍とは別に親衛隊を新設したこと等に反対であると表明した。このクーデターは、軍事政権内部における北部出身者の優位に不満をもつ中南部出身の若手軍人が中心となって起こしたものであった。わずか一〇時間程の戦闘で鎮圧されたクーデター未遂事件であったが、軍内部に深刻な地域対立があることを明らかにするものであった。オルカー等は軍事法廷においてもいっさい悔恨の情を示すことなく、北部優位の政策をとるババンギダ政権を痛烈に批判しつつ銃殺刑に処されていった。

ババンギダ退陣とアバチャ政権の誕生

一九九三年にようやく実施されたお仕着せの二党による大統領選挙は、SDPの大統領候補アビオラとNRCの候補者トファの間で戦われ、アビオラが五八%の得票を得て勝利を収めた、と思われた。その選挙は、ナイジェリア選挙史上最も公正に行われた選挙と言われたが、ババンギダは選挙に不正があったとしてこの結果の発表を差し止めてしまった。

この選挙結果の差し止めに反対する人々の抗議が各地で暴動に発展した。ババンギダは国民の強い反発を受け、自ら大統領の座を降り、法律家のショネカンを暫定政府の代表に指名した。ショネカン新大統領は、アビオラを副大統領とし、ババンギダに次ぐ地位にあったアバチャを国防大臣として政権を発足させた。しかし、ババンギダお手製のショネカン暫定政府に対する国民の信任は低く、アビオラ大統領実現の要求は収まることはなかった。アビオラは南部出身のヨルバ人実業家であったが、イスラーム教徒であり北部でも一定の支持を得ていた。

アビオラ大統領の実現を求める運動が各地で起こり政情不安が広がっている中で、国防大臣アバチャは、九三年一一月にショネカン暫定政府を解散し、自らが国家元首の座に就くことを宣言した。もちろんアビオラの副大統領も解任した。

アバチャは六六年一月のクーデター（未遂）を初めとして、同年七月、八三年一二月、八五年八月の四つのクーデターに関与し、特に最後の二つのクーデターでは首謀者の一人として新聞や雑誌に頻繁に顔写真が載る程の人物で、いわばクーデターの「専門家」であった。その彼が無血クーデターでついに最高権力の座を手に入れたのである。しかしこのクーデターの「専門家」は、自らの政権が正統性を欠いている不安からかカウンター・クーデターを怖れることになる。政権の座に就いた翌年には、裁判なしで国民の誰でも逮捕・拘留できる法律を作り、それをもとに、アビオラやオバサンジョらを逮捕した。恐怖政治の始まりである。

アバチャの怯えと恐怖政治

アバチャはやがて、人権無視の独裁者として国際社会から非難されることになった。特に環境運動家ケン・サロ＝ウィワを軍法会議にかけ死刑を宣告した時には国際世論がこぞって反対を表明した。一九九四年に南アフリカ共和国のマンデラ大統領が、九五年にはムベキ副大統領がアバチャを訪問し、ケン・サロ＝ウィワの処刑の中止を訴えた。しかし、アバチャはそれを無視し、彼を処刑した。この人権無視のやり方に、英連邦会議はナイジェリアの会議への出席停止を決定した。アパルトヘイトの白人政権下、二七年間も獄中生活を送ったマンデラ大統領はこのことに強い怒りを表明し直ちに南ア大使を召還した。

激しい批判にもかかわらず、アバチャは、オバサンジョに対する国家反逆罪による死刑宣告（のち減刑）とノーベル文学賞受賞者のウォレ・ショインカに対する国家反逆罪による死刑宣告（国外逃避で無事）を下し、国際社会からさらに強い非難を浴びた。このような非人道的な恐怖政治と蔓延する汚職のイメージが重なり、ナイジェリアの国際的評価は二流国家（卑しい国家）と言われるまでに落ちてしまった。

これに対してアバチャは、西欧諸国によるナイジェリアの人権批判は、ナイジェリア国民と国家のイメージを貶めることを狙った二流国家観に基づいたものだと反論した。アメリカのテレビで、ナイジェリアの汚職の実態を暴くドキュメンタリー番組（「汚職、組織」）が放映され、その中で偽パスポートや政府公文書が簡単に手に入る映像が流された時も、アバチャ政府はナイジェリア国内のテレビ番組で反撃に出た。しかし、汚職の実態はアメリカのドキュメンタリー番組のとおりであったことを、後にアバチャ自身が証明することになる。

コラム⑩：ウォレ・ショインカ

アフリカ人初のノーベル文学賞受賞者（一九八六年）である彼の代表作は、戯曲『ライオンと宝石』といわれる。その活動は小説、戯曲の執筆、演劇の上演にとどまらず、文芸評論、時事評論も多く手がけ、世界各地の大学でアフリカ文学論の講義も行っている。彼はヨルバ人で、歌手のフェラ・クティと母方でつながっており（フェラ・クティの父親とショインカの母親が兄弟姉妹）、クティ同様、敬虔なキリスト教徒で熱心な西洋教育主義の家庭で育った。強烈な反植民地主義者で自由主義者であり、世界の差別的・抑圧的政権に対しては一貫して反対の意見を表明している。トランプがアメリカの大統領に就任したことに反発して、二〇一六年一二月に、すでに取得していたアメリカ永住権を放棄した。今は故郷のアベオクタに帰っている。

ショインカと筆者（2018年の京都）

ビアフラ戦争中に連邦軍のゴウォン軍事政権により反逆罪で収監されていた時に書いた彼の獄中記『死んだ男』（一九七二）を読むと、彼が独裁政権や抑圧的政権を憎む理由が分かる。軍事政権下のナイジェリアで行われてきた酷い人権侵害を彼は身をもって経験していたのである。

ショインカはビアフラ内戦が始まる直前にオジュクに会い、すぐに戦端を開くのではなく、西部と共同戦線を組んでから北部と戦うべきだと説得を試みた。彼はこの構想を当時連邦軍大佐であった同郷のオバサンジョにも伝えたが、両者ともその話に乗らなかった。それどころかこの話は連邦軍司令官ゴウォンに漏れたようで、彼は連邦軍に捕らえられ反逆罪で監禁されてしまった。彼はゴウォンにこの構想を漏らしたのはオバサンジョだと信じていて二人の関係は今も良くない。オバサンジョが自叙伝『My Watch』の中でショインカのことを「ワインの鑑定と鳥を撃つ才は認めるが、政治的センスはゼロだ」と書いたのに対し、ショインカは「彼は根っからの嘘つきだから」と手厳しい。

ところでショインカは、彼と同じ南部共同戦線の考えを持っていたヨルバ人のバンジョ准将とも会っていた（第八章参照）。バンジョ准将は、ビアフラ単独の独立運動には勝算がなく、南部（東部と西部）が力を合わせて北部に対峙するべきだという考えを直接オジュクに訴えるといって出かけたエヌグでビアフラ軍に逮捕され、国家反逆罪の罪で銃殺されてしまったのであるが、思いを共有した友人を失ったショインカにとって、ビアフラ分離独立運動は今も心を揺さぶるものがあるのであろう。現在でもビアフラ独立運動には関心を示し、その運動を抑圧的に押さえ込もうとする政府に対しては常に批判的である。二〇一五年にビアフラ独立運動の指導者であるカヌが逮捕され、仮釈放された直後の一七年に行方不明となった事件に関しても、彼はブハリ政権を激しく非難した。

二〇一八年に京都を訪れた彼に会った時に、低音で良く通るビロードのような彼の声を「舞台俳優としても通用する良い声ですね」というと、「進む道を間違えたかな？」と茶目っ気たっぷりに切り返すあたり、軽妙でユーモアに溢れる語り口は相変わらず健在であった。

予期せぬ形の軍政の終焉

アバチャは一九九六年頃から民政移管を検討し始めていた。といってもそれは選挙を経て自らが大統領に就任するための移管であった。しかしアバチャには人気がなかった。よほど周到な準備をしたうえで選挙を行わなければ勝ち目はない。オバサンジョやアビオラを拘束したのも、競争者の排除を狙ったものであろう。

国民の人気を得るために、アバチャは新州創設と民政移管手続きの開始に踏み切った。九六年に六州の新設と一三八の地方政府の新設を発表し少数民族の不満解消を図った。民政移管のやり方は、ババンギダのそれと大同小異であった。政府は五つの政党の登録を許可したが、この五政党はどれ一つとして国民の間から立ち上がってきた政党ではなかった。政府が急いで作り上げたでっち上げの政党であり、それらの政党がいずれもアバチャを大統領候補として推薦すると言い出すに至って、人々は苦笑する他なかった。こうした茶番劇に国民の不満が高まりつつあったその時、九八年六月八日にアバチャは急死した。怖れていたクーデターではなく、心臓病による死であった。

彼の死後ナイジェリア政府は、アバチャの不正蓄財金の返還を欧米諸国に要請したのであるが、二〇一四年八月になってアメリカ政府は、歴史上最高額の四億五八〇〇万ドルを故アバチャの口座から没収し、ナイジェリア政府に送金することを許可した。また、一七年一二月には、スイスの銀行が約三・二億ドルのアバチャの預金を凍結し、ナイジェリア政府に送金したと報じた。アバチャは多額の不正蓄財を行っていたのである。

第十章　民政移管とボコ・ハラム問題

1　軍政から民政へ

オバサンジョ政権の誕生

ナイジェリア国民のみならず西欧諸国も、一九九八年のアバチャの死を民主化実現の絶好の機会と捉えた。アバチャの死後暫定国家元首となったアブバカル将軍は、アバチャが認定した五政党を直ちに解散し、早期に民政に移行することを発表した。オバサンジョを含む政治犯を釈放し、大統領選挙に向けた政党の登録を開始した。

九九年二月の大統領選挙は、当初二六の政党が名乗りを上げたが、吸収・合併の結果三つの政党間で競り合うことになった。その中で最も有力な政党になったのが、釈放されたばかりのオバサンジョが党首となった人民民主党（PDP）であった。この党にはかつての北部と東部の有力政治家たちが加わっていた。これに対抗するのが、旧西部を基盤とする民主連合（AD）とアバチャ政権支持者を含む全人民党（APP）であった。ADとAPPは大統領選挙に向け統一候補を擁立したが、結果は六二％以上の得票を得たオバサンジョの勝利であった。大統領選挙に先立って行われた州政府レベルの選挙と連邦議会議員選挙でもPDPは勝利した。五月二九日、オバサンジョは大統領に就任した（第四次共和制）。オバサンジョにはアバチャ政権からの転換を求める声が国内外から寄せられた。アバチャ時代の不正や汚職の追及は言うまでもないが、何より強く求められたのは強権的政治の終焉であった。欧米諸国や国際機関は、人権保護と構造調整計画（SAP）の着実な実施を求めた。そして海外の投資家らは市場のさらなる自由化を求めた。これらの人々は、ナイジェリアが二流国家から普通の国になることを期待した。しかし国内には、このような欧米諸国の期待を、西洋化の押しつけや内政干渉と受け取る人たちが少なからずいた。オバサンジョは、このような期待と不安が交錯する中で政権をスタートさせることになった。

コラム⑪：稀有な政治家オバサンジョ

オバサンジョはクーデターが頻発し政治が安定しないナイジェリアにあって、二度も国家元首の地位に就いた人物である。最初は軍政長官（一九七六—七九年）として、二度目は民選の大統領（一九九九—二〇〇七年）として元首を務めた。数度のクーデターと政変の中を生き延び、今も政界に隠然たる力を持つ彼は、その毀誉褒貶は別にして注目に値する人物である。

ここにビアフラ戦争末期（一九七〇年一月）にウリ飛行場を占拠した時の大佐時代の写真（上）がある。わずか二日前にビアフラ軍総司令官のオジュクが亡命のためコートジボワールに向け発ったばかりの滑走路で撮った写真である。丸いお腹に押し下げられたベルト姿の彼は、激戦地を進軍してきた有能な指導者というよりはむしろ親しみやすい父親といった感じを抱かせる。

しかし彼が書いた本をみると、この外見とは裏腹に数字に明るく実務能力に優れ、物事を長期的に見る能力にも長けていることがわかる。度重なるクーデターに実行者として加わることはなく、逆に暗殺の対象にされることも少なかった（七五年のクーデターではリストに挙げられていた）のは、行動が慎重でかつ仲間からの信頼が厚かったためであろう。

ウリ飛行場のオバサンジョ（上）
大統領図書館

六六年一月のクーデター（未遂）の首謀者の一人であるヌゼオグはオバサンジョの親友であったが、彼はクーデターにオバサンジョを誘わなかった。それでもヌゼオグが逮捕されたあと一番頼ったのはオバサンジョであった。彼は監獄から手紙を書き、残された家族の世話についてこと細かにオバサンジョに頼んでいる。軍内部での民族間対立が深刻さを増していた時であったが、イボ人のヌゼオグとヨルバ人のオバサンジョの信頼はお互いに厚いものがあった。

七五年のクーデター直後の会議で、実行した若手将校たちがムルタラ・ムハンメドに元首就任を期待している旨をオバサンジョに伝えた時に、当時彼は最高位にあったがその申し出を即座に受け入れ、自分は軍最高司令官の地位に甘んじた。ムハンメドは翌年二月一三日のクーデター未遂事件で暗殺されたために結局はオバサンジョに国家元首の地位が回ってきたのであるが、彼は七九年にはその地位を民選のシャガリ大統領に譲った。彼は平和裡に政権を民政に移管した唯一の軍政長官として、その清廉さが国際的にも評価された。

しかし、その注意深い性格が現在のナイジェリアに残した負の遺産がある。それは彼が強化した情報機関である。ムハンメド暗殺の原因が情報収集力の不備にあると考えた彼は、国家安全局（NSO）を、イスラエルのモサドにならい秘密性の高い大統領直属の情報機関に再編した。この機関は、後の軍事政権時代にさらに強化され、反政府運動に対する人権無視の取締りなどに深く関与していると言われている。

写真（下）は、アベオクタにあるオバサンジョ大統領図書館である。二〇一八年八月に訪ねてみたところ図書館はまだ開館しておらず、彼の業績を中心に展示した博物館のフロアが先に完成していた。展示物は質量ともにラゴスにある国立博物館を凌ぎ、とりわけ独立後のナイジェリア現代史の展示に重きを置いた博物館であった。

2　ニジェール・デルタの地域紛争の過激化

逮捕状なしの逮捕・拘禁がまかり通っていたアバチャ政権が終わると、武装集団の活動は次第に活発化した。人権に配慮する普通の国になることで国際的支持を得る必要があったオバサンジョ政権にとって、南部のニジェール・デルタの武装集団の過激化は深刻な問題となってきた。

ケン・サロ＝ウィワの運動

産油地ニジェール・デルタの人々が民政実現後に運動を過激化させてきた経緯を説明するためには、時代を少しさかのぼってケン・サロ＝ウィワの運動について触れないわけにはいかない。

この地域の人々は、石油生産に伴う環境破壊に長い間苦しみ、政府には予算配分での配慮を、石油会社には被害の補償を要求してきた。しかし軍事政権の対応は常に武力による弾圧であった。豊かな森と水の環境での暮らしを代々受け継いできたニジェール・デルタの人たちにとって、原油流出やガスフレアによる環境破壊は生存基盤そのものを破壊するものであった。これは経済的補償のみで償えるものではなく人権問題だとして立ち上がったのが、産油地域のオゴニで環境運動を主導したケン・サロ＝ウィワである。彼は「オゴニ民族生存運動」を立ち上げ、オゴニ地域の環境破壊と人権問題を世界に訴えた。

彼が主導したこの運動は武力に訴えない平和的なものであったにもかかわらず、アバチャが一九九五年、彼を軍事裁判にかけ死刑にしたことは九章で述べた。オバサンジョ政権はこのような強権的なやり方はとらず、住民の要求に耳を傾けてくれるだろうという期待が高まっていた。

相次ぐ武装集団の結成

ニジェール・デルタの人々は、産油地は政府の予算配分でもっと手厚い処遇を与えられるべきだとオバサンジョ政権に要求した。国家収入に対する地域の貢献度を地域の予算に反映させる「派生（地）の原則」の再検討を強く求めたのである。独立直後は五〇％程度だった税源地域への配分比率は、ビアフラ戦争後の軍事政権になって一〇％以下に削減されていた。オバサンジョ政権になり石油と天然ガスの収入の一三％が派生地域に配分されることになり、産油地域への予算配分はわずかながら増加した。しかし、それでもニジェール・デルタの人たちにすれば満足できるものではなかった。

民主政権になり、政府や石油会社に対する住民たちの直接的抗議行動が活発になると、軍政時代に政府や石油会社との橋渡し役を担ってきた地元の政治家や伝統的支配者たちの存在意義は低くなってきた。それどころか、一部の政治家や支配者たちは政府や石油会社側の傀儡《かいらい》だと批判されるようになり、身の危険を感じて武装した私兵を雇う者まで出てきた。また石油会社も、自己防衛のためとして保安要員に銃を持たせるようになった。このような状況変化のなかで、ニジェール・デルタの若者たちは相次いで武装集団を結成し、政府軍や多国籍企業の私兵さらには地元の有力者らと武器で戦うようになった。

二〇〇五年になると、彼らは頻繁に多国籍企業を襲った。石油会社の労働者を誘拐・殺害する事件が相次いで発生し、その翌年にはアメリカ人三人、イギリス人二人、エジプト人、フィリピン人各一人、タイ人二人を誘拐する事件も起きた。誘拐された人の多くは交渉のあと解放されたが、支払われた身代金が武装集団の武力増強に使われるという悪循環が続いた。外国人の誘拐事件が頻発するようになってから、ニジェール・デルタ解放運動（MEND）やニジェール・デルタ人民志願軍（NDPVF）は、内外のメディアで国際テロ集団と呼ばれるようになった。MENDやNDPVFが保持する武器は、軍と対等に戦えるほど近代的なものであった。九〇年代にシエラレオネやコートジボワールの内戦で使われた武器や東アフリカのスーダン内戦に使われた武器が大量に流入していた。パイプラインから抜き取った石油を売ることで武器購入資金を得る集団もあった。

紛争を終わらせたジョナサン副大統領

過激さを増す一方であった武力紛争を一気に収束させたのは、ニジェール・デルタ出身の副大統領ジョナサンだった。二〇〇七年五月に北部出身ヤラドゥアが大統領に就任したが、彼は南部出身の副大統領として、ニジェール・デルタ出身のジョナサンを任命したのである。ニジエール・デルタの武装集団が連邦政府と直に交渉する窓口を持つのは初めてのことであった。武装集団との実質的交渉を模索していた連邦政府にとっても、ジョナサンの副大統領就任は好機と言えた。

政府は、もし紛争終結に応じるのであれば紛争中の殺人や誘拐の罪は問わないという特赦を約束した。特赦を受ける条件は武器の放棄であり、戦闘を止め武器を放棄した武装メンバーには社会復帰計画を用意することが提案された。このような提案は、ジョナサンが副大統領であることによって初めて実現するものであり、彼が現職を離れれば二度と実現しないことは武装集団も十分に理解するところであった。

彼らはこの提案を受け入れ、〇九年八月一〇日に紛争終結の調印が行われた。こうしてニジェール・デルタの紛争は急転直下といえるスピードで終息を迎えた。翌一〇年にヤラドゥア大統領が任期途中で亡くなり、大統領代行を務めたジョナサンが一一年の大統領選挙で正式に大統領に就任し、社会復帰計画は予定どおり実施されていった。

武力紛争が急転直下に収まったという点でジョナサンの役割は評価された。しかし一方で、この社会復帰計画は手厚すぎるという批判があった。最低賃金が月額七五〇〇ナイラ（当時一ナイラは約〇・七円）であった当時、この計画で旧武装メンバーに支払われる日当が一五〇〇ナイラで、住宅手当が月額二万ナイラという非常に恵まれた条件であった。この社会復帰計画に参加した者の数は約三万人といわれ、一八年には二万人以上が国内外の大学や職業訓練センターでの教育・訓練を終えていたという。

その後北部出身のブハリ大統領の時代になって、この社会復帰計画の予算は削られることになるのであるが、その後の展開については、後の第四節で詳しく述べる。

3　ボコ・ハラム

北部のイスラーム化

民政移管後まもない二〇〇二年に、ナイジェリア北東部にあるボルノ州の州都マイドゥグリで、イスラームの聖戦を唱える集団がいくつか誕生した。それは、一九八〇年代にカノで暴動を起こしたイスラーム原理主義集団マイタシンの再来を思わせるものであったが、二〇〇〇年代は、八〇年代とは国際的政治状況が違っていた。過激派集団の国際的連携が強まり、それに対する国際的警戒心も高くなってきており、やがて「ボコ・ハラム」の問題としてナイジェリア一国の枠を超えたものとなっていく。

ボコ・ハラムの誕生は民政移管後であるが、その活動が芽生えたのは軍事政権時代であった。ババンギダ政権は、一九八六年にイスラーム会議機構への正式参加を決定し、八〇年代末にはシャリア法を憲法に明記するか否かを制憲議会に諮った。これらの一連の動きは、北部のイスラーム教徒の間にイスラーム国家実現への期待を抱かせた。しかし、九九年に大統領に就任し

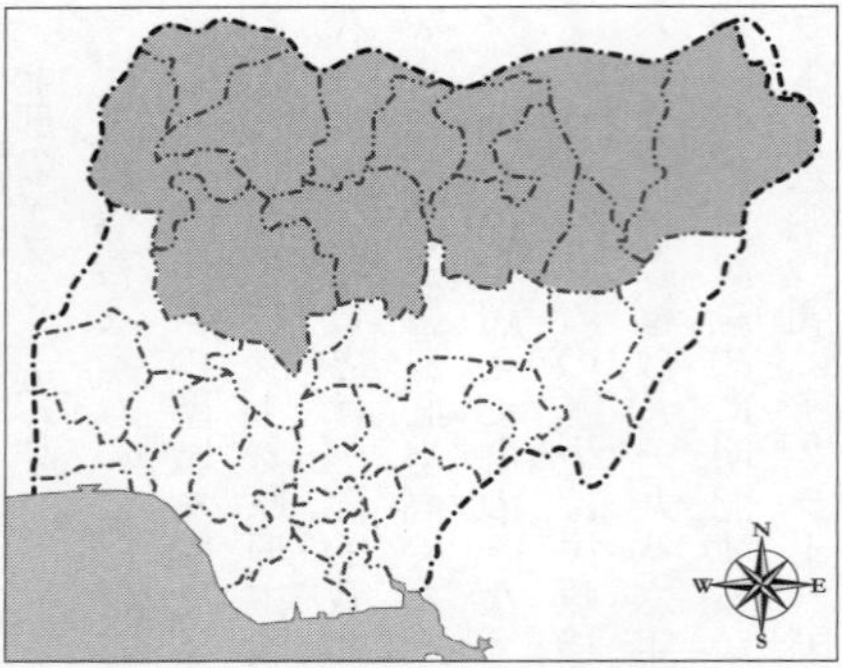

10－1　シャリア法を取り入れた北部12州

たオバサンジョはキリスト教徒である。彼がこのイスラーム化の流れを止めるのではないかという不安がイスラーム教徒の間に広がっていた。

この不安を払拭するかのように、イスラーム化の方向に一歩踏み出したのが北部の州知事たちである。九九年九月、ザムファラ州の知事がシャリア法の厳格施行に向けた法的整備に入ることを表明し、翌年一月には実際に厳格な裁判を開始した。その後相次いで北部諸州で同様の動きがあり、二〇〇五年までに北部一二州がシャリア法の厳格施行に踏み切った(図十—一)。

これまで北部のほとんどのイスラーム教徒はシャリア法の「民法典」をもとに裁判を受けてきた。しかし九九年以降に北部諸州で決められたシャリア法の厳格な施行とは、犯罪に対する刑罰をシャリア法の「刑法典」に基づいて決めるというものであった。シャリア法の刑法典を厳格に施行すると、手足の切断やむち打ちの刑、さらには石打ちによる死刑などが科されることになり、しかもイスラーム法廷での判決は最終審判であるため控訴はできず上級審のイギリス法による再審の道もない。これは、イギリス法における人権の思想と相容れないもので、国際的にも大きな反響を巻き起こした。オバサンジョ大統領はもちろんこの動きに反対であったが、連邦制のもと、彼には州政府の決定を覆す権限はなかった。

世界中から非難されたシャリア法

シャリア法の厳格施行の決定は、北部の多くのイスラーム教徒の支持を得ていた。そもそも一九六〇年の独立時にシャリア法の刑法典を憲法に明記しなかったことが失敗であったと彼らは考えていた。憲法への明文化を求めて運動もしてきた。しかし、「いかなる宗教もこれを国教としない」という憲法の条項を変更することができなかったため実現しなかった。それがここに来て州政府レベルで実現したのである。イスラーム教徒の中には、これを出発点としてナイジェリア国家のイスラーム化を目指すべきだという者や、これを機にシャリア法の厳格施行を決めた地域だけでイスラーム国を作るべきだと主張する者が出るようになってきていた。

シャリア法の厳格施行に関する体制がまだ完全に整っていなかった二〇〇一年に、夫以外の男性と関係を持ったとされ姦通罪の罪に問われた女性に石打ちの刑（死刑）の判決が下された。この判決はナイジェリア・キリスト教協議会（CAN）をはじめ国内外の強い反対を受けて再審査が行われ、裁判手続き上の瑕疵を理由に刑の執行は中止されることになったが、西欧諸国を中心に世界中から身体刑に対する強い反対の声が上がった。

オバサンジョ大統領は、政治の民主化と市場の自由化の旗手として国際社会の期待を受けて登場した。しかしそのことが、堕落した西洋化からイスラーム社会を守らなければならないという切迫した気持ちを一部のイスラーム教徒たちに呼び覚ました。民主化や自由化の動きに対する彼らの不信と危惧の気持ちは、〇二年にアブジャで開催が予定されていたミス・ワールド・コンテストにも向けられた。ミス・ワールドのサハラ以南アフリカの代表として初めてナイジェリア人が選ばれたことから、ワールド・コンテストをアブジャで開催することが決まっていた。世界に開かれた民主国家というアピールには打ってつけのイベントとして、オバサンジョ政府もこの開催を歓迎した。しかし、石打ちの刑のニュースが流れると参加を拒否する代表が出始めた。さらに国内のある新聞社がこのイベントに関する記事で預言者ムハンマドを冒瀆する表現を用いたことで、イスラーム教徒を激怒させることになり、大会の開催自体が中止となった。

ボコ・ハラムの誕生

北部のイスラーム教徒の中にも、政治家や経済人を中心に国際的投資環境の悪化を危惧し、シャリア法の厳格な施行に消極的な人たちがいた。イスラーム教師の中には、このような消極的な姿勢を見せる政治家や経済人への批判を強めるものがいた。彼らの中から、ボコ・ハラムなどの過激な思想を持つ運動を指導する者が生まれてきた。

ムハッメド・ユスフが、シャリア法の厳格な施行を主張する集団をボルノ州の州都マイドゥグリで結成したのは二〇〇二年であった。その集団は、シャリア法の厳格な施行を要求するだけでなく、コーランの教えに合致しない近代科学の知識やその背後にある価値観を教える西洋教育も否定した。さらにそのような知識や価値観で成り立っている国家の機関で働くことも禁止した。〇二年当時、ボルノ州にはこの種の過激な小集団がいくつもあった。

〇三年にこのような集団の一つが絡んだ騒動が起きた。池の漁業権を巡る争いの現場に出動した警察官が小銃を奪われ、この事態に対処するために派遣された軍隊が、小銃を奪ったと思われる集団の掃討作戦を展開し、指導者を含むメンバー七〇人を殺害したのである。この事件の報道で一部の海外メディアがこの集団を「ナイジェリア版タリバン」と書いたため、この時この集団はまだ国際的な活動はしていなかったにもかかわらず、一躍「国際的テロ集団」として知られることになってしまった。

警察との衝突から国外に逃れていたメンバーはやがて戻り、同じようにサウジアラビアから戻っていたユスフの元に集まってきた。この時点でユスフが武装闘争を容認していたかどうかは分からない。ユスフは、〇四年末に極端な西洋教育批判を主張する集団「ダアワとジハードのためのアフル・スンナ（宣教と聖戦のためのアフル・スンナ）」を作った。一般の人々はその集団を「ボコ・ハラム」と呼んだ。ボコとはハウサ語で「西洋の知識・教育システム」を意味し、ハラムとはアラビア語で禁忌を意味する言葉なので、ボコ・ハラムは西洋的知識や教育を拒否するという意味になる。この頃のボコ・ハラムは、主たる攻撃対象を警察署や軍事施設、政府関係施設に限っており、一般市民に対する攻撃は少なかった。

当時ナイジェリア北東部には、ボコ・ハラムを支持する政治家や経済人が少なからずいた。ユスフが何度か警察に逮捕されながらもその都度釈放されたのも、ボコ・ハラム支持者の中に地方警察に影響力をもつ権力者がいたからだともっぱらの噂であった。また、ボルノ州知事は、対立候補者を「不信心者」として貶めるためにボコ・ハラムを利用したと言われていた。

アルカーイダとの連携宣言

ボコ・ハラムを支持する政治家や経済人が一部にいたとはいえ、連邦政府や警察上層部ではボコ・ハラムをその初期から危険視していた。ボコ・ハラムが大量の兵器を集積しているという情報が寄せられると、軍と警察は合同して摘発に乗り出した。二〇〇九年の摘発作戦で七〇〇人から九〇〇人のボコ・ハラムのメンバーが殺害され、逮捕されたユスフは取り調べもないまま数日後に警察署で射殺された。人権無視の摘発であった。この作戦のあとボコ・ハラムの活動は一時下火となったが、それはボコ・ハラムが組織を再建するための雌伏期間に過ぎなかった。

ボルノ州を含むナイジェリア北東部は、かつてのカネム・ボルヌ王国が栄えた地域である。北部で最も経済発展が遅れもともと反政府的傾向が強く、スルタン＝エミール体制にも批判的な土地柄であった。この地でボコ・ハラムが急速に勢力を回復できたのは、住民の支持があったからである。ボコ・ハラムを匿った疑いで家宅捜索を受け逮捕・拷問された人たちは、警察や軍隊の暴力的で非人道的なやり方に強い怒りを覚えていた。ボコ・ハラムに加わった若者には、かつてのカネム・ボルヌ王国の住民であるボルヌ人やカヌリ人が多いと言われる。彼らは、一九五九年の総選挙ではNEPUを支持し（第八章の図八―三）、七九年の総選挙ではGNPPを支持した、反スルタン＝エミール体制の流れを汲む（第九章の図九―二）人たちである。二〇〇〇年以降彼らは、国の開発政策から取り残されているという疎外感を強く抱いていた。

一〇年七月、ユスフの弟子であるシェカウが、インターネットの動画で二代目指導者に就任したことを表明した。この時彼は、それまでのボコ・ハラムのやり方を一変させ、テロ攻撃の強化と国際的テロ集団アルカーイダとの連帯を宣言したのである。

アメリカによるテロ集団認定

二〇一一年に大統領に就任した南部出身のジョナサンは、ボコ・ハラムの掃討に手間取っていた。彼はある公式の場で、「政府や軍隊の上層部にボコ・ハラムとつながっている人がいる」と発言し、掃討作戦における大統領権限の強化のため、大統領命令で連邦軍を機動的に動員できるテロ法の制定が必要だと主張した。

このテロ法制定の動きに対しアメリカ政府が危惧を表明した。当時のアメリカ国務長官ケリーは、ナイジェリアの警察や軍がこの法律を根拠に国民の人権を無視するような行動に出ることを怖れ、この法律の制定を思い止まるよう自制を求めた。しかし、ジョナサン大統領は一三年にテロ法を制定し、これを根拠に同年六月にボコ・ハラムをテロ集団と認定した。テロ法の制定に反対したアメリカであるが、数カ月後に態度を一変させることになった。九月にケニアのショッピングモールでアル・シャバブによるテロ事件が起き、この事件の原因究明の過程で、アル・シャバブとボコ・ハラムとがつながっている可能性が高いという情報が得られたからである。アメリカは一三年一一月、ボコ・ハラムを「海外テロ集団」と認定した。

シェカウが「アルカーイダとの連帯」を表明して以降、ボコ・ハラムは国際的テロ集団とのつながりを強めていった。一三年一月にアルジェリアのイナメナスで、「イスラーム・マグレブ諸国のアルカーイダ（AQIM）」の分派でモフタール・ベルモフタールが指揮する集団が人質拘束事件（この事件で、日本人一〇人を含む三九人の外国人が亡くなった）を起こした。この時に集団の一部がマリ北部に逃れてきたのであるが、ボコ・ハラムのメンバーは彼らといっしょに、トゥアレグ人の反マリ政府運動に参加した。そしてさらに、自ら国際テロ集団であることを決定づけたのが、チボク女子中学生大量誘拐事件である。

チボク少女誘拐事件

二〇一四年四月一四日、ボコ・ハラムはボルノ州のチボクにある学生寮から女子中学生二七〇人あまりを誘拐した。シェカウが、誘拐した少女たちの前に立ち、彼女たちを奴隷として売り飛ばすと演説する映像は世界に強い衝撃を与えた。ナイジェリア国内はもちろん世界各地で、「少女たちを連れ戻そう」という運動が湧き起こった。

　この誘拐事件の後ボコ・ハラムは、村を襲撃し成人男性を殺害して女性を誘拐する事件をくり返した。ボコ・ハラムは恐怖のテロ集団となり、一般のイスラーム教徒の支持を失い孤立を深めた。誘拐した女性や子供に爆弾を装着し、彼女らを市場や通りに連れだし自爆させるなど、より過激な行動に走るようになった。誘拐された女性や子供たちはカメルーン国境に近い森の中に隠され、その場所はおおよそ特定されていたが、多くの犠牲を出す奪還作戦を強行することができず解放はなかなか進まなかった。政府は、様々なルートを使って人質解放の交渉を行ったが上手くいかなかった。

4　二〇一五年総選挙とその後

大統領地域輪番制をめぐる対立

　二〇一五年三月に実施された大統領選挙で、現職の人民民主党（PDP）のジョナサンが全進歩者会議（APC）代表のブハリに敗れた。かつての軍人国家元首（一九八三〜八五年）の再登場である。ジョナサンは、前回の選挙（二〇一一年）で勝利していた西部で敗れ北部でも得票率を落とし、出身地である東部でのみ勝利を収めるという結果に終わった（図十―二）。ジョナサンの敗因の一つが、ＰＤＰ内部で起きた彼と元大統領オバサンジョの、大統領地域輪番制に関する意見の不一致にあった。ＰＤＰの綱領では、大統領候補は北部と南部から交互に立てるという輪番制が明記されていた。ＰＤＰの初代大統領のオバサンジョが二期八年間大統領職を務めたので、八年が交替の期限と考えられるようになっていた。

　北部出身のヤラドゥア大統領が任期途中で亡くなった後の残任期間を大統領代行として務めたジョナサンは、その直後の選挙で当選して四年間の大統領任期を全うしていた。このためオバサンジョはジョナサンが当選すると在位期間が八年を超えるので、彼は立候補を辞退すべきだと考えていた。

　ジョナサンとの対立が深まる中、オバサンジョは対立候補のブハリ容認に傾いていった。元軍人の二人は先輩と後輩の関係にあり、オバサンジョはブハリが一九八〇年代のマイタシン鎮圧に功績があったこと、さらに八四年からの軍政長官時代に汚職に対して厳格な態度で望んだことなどを高く評価していた。

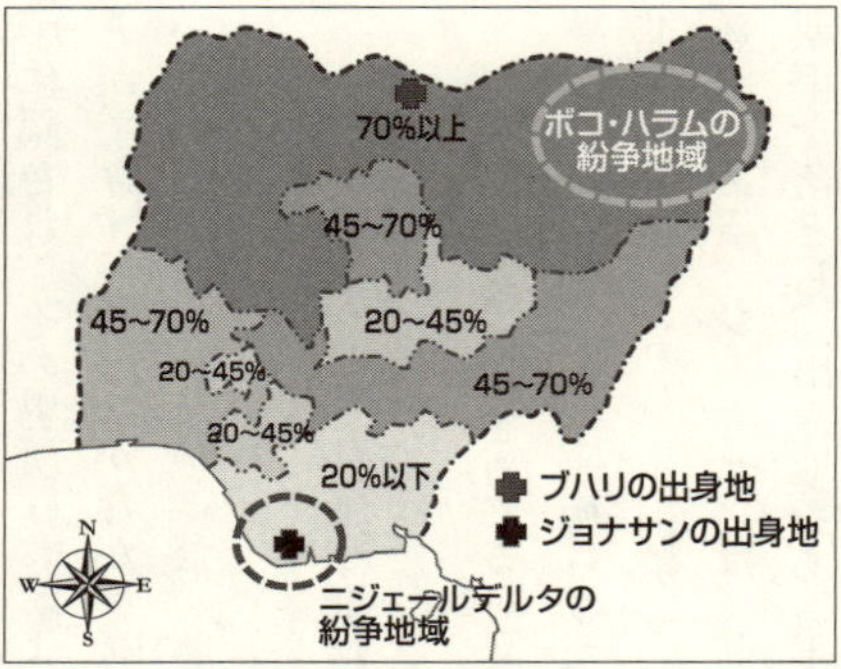

10－2　2015年大統領選挙結果（ブハリの得票率）

祝福された政権交代

国際社会は、ナイジェリアが再び軍事独裁政権に戻らないことを強く望んでいた。選挙期間中、アメリカのケリー国務長官や南アフリカのムベキ元大統領がナイジェリアを訪問し、ジョナサン、ブハリ、そしてオバサンジョらに会い、公正な選挙の実施と選挙結果の速やかな受け入れを進言していた。選挙結果が出た直後（二〇一五年三月末）に、ジョナサン大統領はブハリに電話で敗北を認め祝意を伝えた。人々はこれを受けとめ、心配された選挙後の騒乱は起きず、初の選挙による政権交代が行われた。これはナイジェリアの民主主義の成熟を表すものとして世界各国から歓迎の意が寄せられた。

大統領就任は順調であったものの、ブハリは組閣に手間取った。五月二九日に就任したブハリが組閣を終えたのは一一月初旬であった。三六州の各州から最低一名の閣僚を選出しなくてはならないという組閣上のルールがあったうえに、閣僚の資格審査はゆるがせにできないという強い思いがあったためである。三六人全員を各省の大臣にする余裕はないとして、ブハリは一三人を無任省大臣とした。内務、情報、防衛などの重要ポストには彼がよく知る北部出身者を任命し、最も汚職と関係の深い石油大臣は自ら兼任した。

ブハリ政権のボコ・ハラム掃討作戦

ブハリが政権に就く前にボコ・ハラムから逃れることができた少女はわずか数人であった。

しかしブハリ政権になってからは掃討作戦が功を奏し始め、二〇一六年末以降ボコ・ハラムの劣勢が明らかになってきた。大規模な反撃は見られなくなり、ブハリ大統領は、掃討作戦がほぼ終息に向かっていると述べた。同年一〇月に二一人の少女が解放され、一七年五月には八二人の少女が解放された。これらは人質交換による解放だといわれている。後者のケースでは、病気治療のためロンドンに向かう直前のブハリ大統領が解放女性たちと面会するセレモニーを行った。ブハリ大統領としては、この解放をもってボコ・ハラム掃討作戦の終息を印象づけたかったのであろう。

しかし、一八年三月一九日、北部ヨベ州ダプチの国立女子科学技術高等専門学校から学生一一〇人あまりが誘拐されるという新たな事件が起きた。ほとんどの学生は三月二一日に解放されたのであるが、この事件もボコ・ハラムによるものと言われている。

再燃したニジェール・デルタ問題

二〇〇九年に一旦終息したはずのニジェール・デルタの地域紛争が、ブハリ政権誕生一年後の一六年に再燃してきた。旧武装メンバー(MEND等)は、大統領選挙ではジョナサンを応援した。しかし選挙でジョナサンが敗れると、一転、ブハリ新政権支持を表明した。ジョナサン政権時代に締結された社会復帰計画をブハリ政権にも継続してもらいたかったからである。もし計画が守られないのであれば石油施設の安全確保は保障できないと脅しをかけながらの支持表明であった。これに対しブハリは、一五年末までは前政権の約束どおりの資金提供を行ったが、一六年に入ると石油価格の下落に伴う財政難を理由にこの予算の削減（六四八億ナイラから二〇〇億ナイラに）を決めた。前政権が約束していた教育支援や技術支援が続けられなくなってきたのである。

社会復帰計画のもと国内外の高等教育機関で学んでいた約三万人とも言われる旧武装集団メンバーにとって、この予算削減は生活と就学の機会を失うものであった。彼らはニジェール・デルタ復讐者（NDA）と名乗る新たな武装集団を結成し、一六年二月に「赤字経済作戦」と称する石油施設の破壊作戦を開始した。この作戦で、ナイジェリアの原油生産量は日産二二〇万バーレルから一六五万バーレルに減産したという。ブハリ政権は、NDAをテロ集団と認定して五月には軍隊による掃討作戦を開始、それ以上の破壊工作を阻止した。

新しい対立の火種：ビアフラ独立運動の再興問題

ブハリ政権が誕生した後にビアフラ独立運動が活発化してきた。一九九九年にウワズリケが「ビアフラ主権国家実現運動」（MASSOB）を結成しビアフラの独立にむけた活動を開始した。彼はインドのパンジャブ大学とボンベイ大学で政治学と法学を学び、帰国して法律家となった。マハトマ・ガンジーの無抵抗主義にならい平和主義的な方法での独立運動を目指している。二〇一二年には、このMASSOBよりも急進的で過激な「ビアフラ地元民」（IPOB）

が結成された。ＩＰＯＢは、国外居住のイボ人らが重要な役割を担っている団体である。この代表であるカヌは、ロンドンに拠点を置くラジオ・ビアフラの代表でもあり、ビアフラ独立を世界に訴える放送を再開していた。ラジオ・ビアフラとは、かつてのビアフラ軍の広報機関であったラジオ局の名前であり、カヌはその名前を復活させたことになる。

ナイジェリア国内でのラジオ・ビアフラの放送を計画していたカヌは、一五年一〇月一七日、滞在中のラゴスで、共謀罪、脅迫罪等の容疑で逮捕された。彼はイギリス居住の移住民（ディアスポラ）であり、イギリスのパスポートでナイジェリアに入国していた。カヌ逮捕のニュースはイボ人ディアスポラたちに衝撃を与え、彼らはナイジェリア政府に即時釈放を強く求めた。アメリカをはじめヨーロッパ諸国の政府高官らもナイジェリア政府のやり方を批判した。ナイジェリア政府は、内政干渉であるとしてそれらを無視していたが、その後一七年四月二八日になって、厳しい条件をつけながらもカヌを仮釈放した。しかし、同年九月に軍は「ニシキヘビ踊り作戦」と称する強制捜査でカヌの自宅を急襲し、その後カヌの消息が不明となった。ＩＰＯＢに対する非人権的対応に西欧メディアが懸念を表明する中で、ナイジェリア政府は同月、ＩＰＯＢをテロ集団に指定した。

一八年一〇月一九日、消息不明となってから一年以上生死も分からなかったカヌが、イスラエルの首都イェルサレムで突如メディアの前に姿を現し、引きつづきビアフラ独立に向け運動していくことを発表した。一九年一月にロンドンに戻った彼は、大統領選挙のボイコットとそれに代わるビアフラ独立の可否を問う住民投票の実施をイボの人たちに呼びかけた。これに対しイボの伝統的権威者（オハナエゼ）は投票を呼びかけたため、東部は一時緊迫した状況となった。結果的には、投票日前日にカヌがボイコットの中止を発表したことで、選挙自体は平穏に実施されたのであるが、選挙の結果はイボの人たちにとっては後述するように苦いものとなった。

新しい対立の火種：「フラニ」牧畜民問題

ブハリ政権が検討している「国定放牧保護区」法に対する反対運動が二〇一七年以降急速に拡大してきた。この法律は、北部の牧畜民（フラニ人が多い）と南部の農民との衝突を緩和するために政府が導入を考えている法律だが、ミドルベルトや南部の人々がそれに強く反発している。

フラニ牧畜民の南部森林地帯への季節的移動は、長い歴史を持つ伝統的生業活動である。移動中に家畜が作物を荒らすことからくる南部の農民との衝突はつきものである。そのような衝突は話し合いで収められてきた。一方で牛の糞で畑の土を肥やしたいと思う農民は、収穫した後の畑に家畜を積極的に招き入れることがある。「刈り跡放牧」というこの協力関係もまた古い歴史を持つ。このように牧畜民と農民の関係は、対立と協力が併存する微妙な共生の上に成り立ってきた。

しかし近年、南部の農村部で牧畜民が放牧に利用してきたブッシュや休閑地が徐々に減少し、牧畜民と農民の衝突が増え始めた。ブハリ政権は、それを緩和するために国定の放牧地を作ろうと考えた。しかし、ミドルベルトと南部の農民たちは、これは北部出身のブハリによる南部の土地収奪だと受け取った。国定放牧保護区を作ると言って国が自分たちの土地を取り上げようとしているのだと言う。長い歴史を持つ微妙な共生関係が、国家の介入を契機に一気に南北対立の構図の中に落とし込まれ、新たな政治問題となりつつある。

二〇一九年大統領選挙

二〇一九年二月二三日、四年に一度の大統領選挙が行われ、APCのブハリ大統領がPDPの元副大統領アティクを破り再選された。直前まで接戦が予想されていたが、ふたを開けてみればブハリの得票率は五三・一%、アティクのそれは三九・四%と予想以上の差であり、選挙後の大きな混乱もなく、欧米諸国もこの結果をすぐに承認した。

一期目のブハリは、組閣が進まないまま内閣不在が五カ月も続きその政権運営に疑義が出される中でのスタートであった。その後も二度にわたり延べ五カ月間あまりをロンドンの病院で過ごすという健康不安を抱え、失業率も就任時（二〇一五年）の一〇%以下から一八年の二二%以上へと悪化し、自信を見せていたボコ・ハラムの掃討作戦も道半ばという状況での立候補であった。

彼の四年間に対する評価は決して高いものではなかった。それにもかかわらず彼が勝ったのは、対立候補のアティクの自滅のお蔭である。アティクは関税局の役人であった頃から不正蓄財の噂が絶えず、オバサンジョ大統領のもとで副大統領を務めた時代（一九九九〜二〇〇七年）にも四〇〇億ドルをアメリカに不正に送金したと疑われるなど汚職疑惑が絶えなかった。保護主義的経済政策を取るブハリに対し、アティクは国営石油会社の民営化を含む経済自由化推進を強く主張していた。不正や汚職の徹底的追放を主張するブハリに対して、アティクは不正追及よりも経済発展の方が重要だと主張していた。結局のところ人々が求めたのは、急激な自由化推進より不正や汚職のない社会だったということになる。

支持政党の地域別分布をみると、ブハリのAPCは北部と西部で支持を固めたが、北部の一部地域と東部およびニジェール・デルタの二地域ではPDPに負けるという前回（図十―二）とほぼ同じ構図となっている。しかし、これを別のアングルから見ると全く違った政治状況が見えてくる。前回、この二地域でブハリが負けたのは、人々が彼を積極的に嫌ったからではなく、対立候補のジョナサン大統領（PDP）がニジェール・デルタの出身だったからである。これ対し今回は、まさしくブハリが人々から嫌われたからであって、PDPのアティクに人気があったからではない。アティクとコンビを組んだ副大統領候補者がイボ人であり、オハナエゼが熱心にPDPへの投票を呼びかけたことがアティク票につながった一因ではあるが、人々のブハリ再選阻止の思いがことのほか強かったことがこの地域におけるブハリ敗因の主因だったと思われる。

今回、反ブハリの態度を明確にした東部とニジェール・デルタの二地域は、ブハリ政権がテロ集団と認定したIPOBとNDAの本拠地のある地域である。この地域での敗北は、一期目のブハリ政権の政策に対する明確な反対表明と考えるべきであろう。この二つの集団は、ブハリ政権が進めようとした「国定放牧保護区」計画にも猛反発している。ブハリ政権がこの計画を取り下げないなら、北部のフラニ牧畜民を自分たちの地域から追いだすとさえ彼等は言っている。この地域の人々とブハリ政権との間の緊張が高まると、フラニ牧畜民がその間で犠牲になる怖れすらある。二期目のブハリ政権は、この二地域の問題が南北問題に発展しないように慎重な対応が求められよう。

ところで、この選挙では、七三人の候補者が立候補し、その中には海外のディアスポラの支持を受けた国際経験豊富なエリート政治家たちが数人いた。彼らは、SNSで選挙資金を集めソーシャルメディアで政策を訴えるという新しい手法で選挙を戦った。彼等は、「地域的、民族的感情を乗り越え、古いパトロン＝クライアント関係を断ち切り、新しいナイジェリアの未来を創るために、自分たちに投票を！」と都市部の若者たちに呼びかけた。しかし国民の反応は鈍く、新エリート政治家たちの中で得票率が一％を超えた人は一人もいなかった。

ソーシャルメディアにアクセスできる人たちがまだ限られていることや、投票のため出稼ぎ先から帰省したにもかかわらず、投票日の朝に突然発表された延期で投票を諦めざるをえなかった若者たちが少なくなかったことが、この低さの原因になっている可能性はある。とはいえ彼らのこの得票率の低さは、政治に新風を吹き込もうと意気込んでいた立候補者や彼らを支持したディアスポラたちを落胆させた。

今回の選挙は、長い歴史の中を生きてきた強靱なパトロン＝クライアント関係や、内戦などの苦い経験を経て制度化されてきた連邦制や選挙制度が、新しいメディア戦略で打ち壊せるほど簡単なものではないことを示してくれたような気がする。歴史が未来に対して持つ「慣性」の力を見る思いであった。

おわりに

ナイジェリアには、国営新聞の他に準全国紙と言える新聞が数紙ある。準全国紙というのは、大都市ならば全国のどこにいても手に入れることができるが、購読者が西部、北部、東部、ラゴスのいずれかの地域に偏っているきらいがあるので、全国紙と呼ぶには躊躇するところがあるという意味である。

これら準全国紙の紙面は個性的であり、クーデターや総選挙などの場合を除きトップ記事が同じということはまずない。同じテーマを扱ったとしても論点や観点が違っている。特定地域の政治や事件の記事が多く、その地域の政治家や政党の意見を代弁する記事も多い。このような準全国紙の存在は、人々の地域的アイデンティティが今もナイジェリアでは強いことを示す証左であると同時に、それ自体が地域的多様性の再生産に役立っているといえよう。

今回この本を書くにあたり、この地域的多様性を一国の歴史にどのように織り込んでいけばいいのかという点で苦労した。各地方の歴史を列挙していくと、ともすればナイジェリアの歴史ではなく地方の年代記に終わってしまう危険性がある。しかし私はその危険を冒してでも、国の歴史に何らかの関わりを持つと思われる地方の歴史はできる限り取りあげることにした。それは地方の歴史が、ナイジェリアの歴史に綾をなすといった程度を超えて国の歴史を揺るがすことがあるという思いからである。地方の歴史に分け入らないナイジェリアの歴史は、表層的な理解に留まる危うさがつきまとうと思うのである。

最近、経済学や開発学の分野で、「アフリカ型発展」の模範国探しが盛んである。アフリカの中で発展のモデルとなる国を一つでも二つでも見つけ、その発展の経路を学ぶことでアフリカ全体の発展を早めようとする経済学者や開発学者らの切実な思いがあってのことである。政府に統治能力があり、汚職が少なく、構造改革に積極的で、経済効率性への転換がみられる比較的規模の小さな国が模範国として適切だとして、ガーナに期待がかけられている。紛争が収まることが前提となるが、教育水準の高いコートジボワールやジンバブエなどにも注目が集まっている。

残念ながら、ナイジェリアがこの「アフリカ型発展」の模範国に挙げられることはない。教育水準は高いが、政府の統治能力は高いとは言えず、汚職も多く、伝統的統治システムは残存し、何よりも経済学者や開発学者が好む小さくて効率的な国でもない。ナイジェリアは、むしろ効率の悪い大国である。ナイジェリアの経済規模は、ガーナ、コートジボワール、ジンバブエの三カ国の国民所得の総計の三倍を上回っている。さらに言えば、例えばナイジェリアの北部、西部、東部といった各地域が、これら各国と同等以上の人口と経済規模を持っている。当然のことながら、これらの国々の経済発展がナイジェリアの参考になる可能性は低いのである。

私の好きな風刺漫画家にオデンバデジョという人がいる。彼の作品の中に、軍人たちがガラ

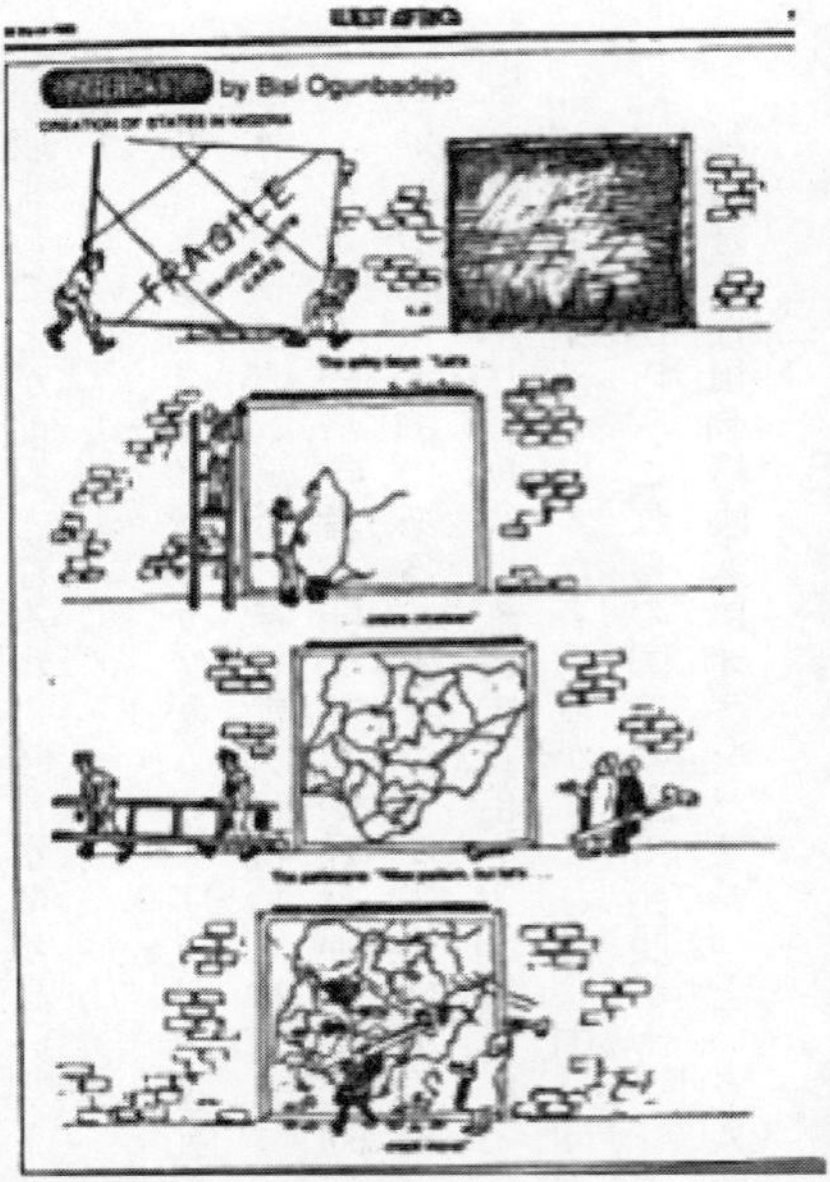

出典：*West Aflica*, 28 March 1983

ス製の大きな板を公示場に持ち込み、ナイジェリアの州の境界線を描いて立ち去ったところに政治家たちが現れ、大きな木槌でヒビ割れを作りそのヒビを新しい州境にしようとしている四コマ漫画がある。この漫画は、政治家による「新州創設」要求を皮肉るものであったが、打ち所が悪いとガラス全体が粉々に砕け散るというナイジェリアの脆さを暗示するものでもあった。アフリカ諸国がナイジェリアの政治にいま一つ信頼を置けないでいるのは、この漫画が示すように、この国がガラスの上に描かれた国のように壊れやすいことを知ってのことである。

ナイジェリアは、独立後すでに半世紀を過ぎ、内戦も経験し独特の連邦制を編み出してきた。その連邦制がナイジェリア政治の非効率性の一因であることは第十章で述べたところであるが、それは、トインビーが言ったアフリカの分割線を跨ぐ唯一の国として、その分割線のヒビ割れをつなぐジョイントの役割を担う国の宿命であると言えよう。アフリカで唯一このような重い課題を背負った大国ナイジェリアは、効率を追求する小国とは違う独自の「ナイジェリア型発展」の途を模索するしか方法はないのではなかろうか。

そのためにはまず、地域の歴史を丹念にたどりつつ、それらを束ねて共通の歴史へと綯《な》っていく地道で不断の努力が必要だろうと私は思う。そうすることによってはじめて、ナイジェリアは国内の地域的差異を政争の具にすることから脱却し、地域的多様性を経済発展の力に結びつけることができると思われる。この歴史認識に関わる努力が、経済発展を目指すナイジェリアには必須であり、それができてはじめてこの国は他のアフリカ諸国から尊敬の意を込めて、「アフリカの巨人」と呼ばれるようになるのではなかろうか。それは、長い時間を要する自省的な作業となろうが、この過程を経ない限りナイジェリアが将来にわたり持続的に発展する途はないのではないかと私は考えている。

そのような地道な努力が無駄で無益だと考える人が国民の多数を占めるようであれば、この国は分裂を含む国家再編の方向に動き出すことになるかもしれない。その場合に人々が想起しなければならないことは、安易に分裂の途に踏み出すことは、再び辛苦を経験することになるかも知れないという歴史からの教訓である。ビアフラ内戦で経験したような悲惨な轍《てつ》を踏まないために、国家再編を考える場合にも過去の歴史を振り返り慎重な工程表を用意する必要がある。このようなプロセスが保障されることなく、暴力を伴う分裂の動きが先行するようだと再び内戦の危険性に直面する。

ナイジェリアの内戦は、他のアフリカ諸国からみれば国家間の戦争に匹敵する大戦となり、アフリカ全体を揺るがす国際問題となる。選挙が行われる度に、アフリカ諸国はもとより国際社会がその成り行きを固唾を呑んで見守るのは、ナイジェリアの混乱を危惧してのことである。我々はナイジェリアの政治的動きから目を離すことはできないのである。

七〇年代末から八〇年代にかけて、私はナイジェリア中央部のミドルベルトにあるイグビラ(エビラとも呼ぶ)人の村で、村人の協力を得て農村調査を行った。北からのイスラーム教徒と南からのキリスト教徒がほぼ同数住み、村にはモスクと教会の両方があった。北からのイスラームと南からのキリスト教の浸透がちょうど釣り合っているこの地の人たちは、淳朴で表面的には日々の政治から泰然としてみえるところがあったが、時に激しい暴動事件を起こした。中小エスニック・グループの人たちが共通して抱えている国政からの疎外感が、時に過剰な政治的暴動を引き起こすことがあった。この本ではこれらの中小エスニック・グループの人たちの声を国の歴史に掬い上げることにも注意を払ったつもりである。

この村から北に約六〇キロメートル行ったところにロコジャという町があり、その町の背後に頂上部が平坦な丘のようなパティ山という小山があった。この町に行く度にこの丘に登り、遥かにニジェール川とベヌエ川の合流地点を望んだ。政治学者モレルがナイジェリア植民地の首都にすべきだと述べたその丘からの眺めは、この合流地点を国家の中心に据えたいと思わせる雄大さと象徴性に満ちたものであった。それは「ガラスのように脆い国」というイメージを

払拭する、威厳に満ちたものでもあった。

ナイジェリア国章の中央に描かれた白のY字はニジェール川とベヌエ川を表している。それは、国土を三分割する境界を意味するのでは決してなく、肥沃な三つの土地を統合する国家の骨格をなす線として描かれているのである。この国章を見るといつも、この国の成り立ちに貢献した二つの大河とその合流地点の重みを思わずにはいられない。

ところで、私のナイジェリア研究はアジア経済研究所で始まった。その調査研究部のアフリカ室には、星昭、吉田昌夫、原口武彦、林晃史、細見真也、宮治一雄、池野旬の各氏が、経済協力調査室には安藤勝美氏がおられ日本のアフリカ研究の一拠点であった。また幸せなことにアフリカ関係の蔵書では日本一を誇る図書館があり、そこにはナイジェリア研究の第一人者である中村弘光氏がおられた。私が何とかこれまでナイジェリア研究を続けてくることができたのは、このような先達や同僚に恵まれたお陰である。一九九七年から一五年間アフリカ研究を続けた京都大学アフリカ地域研究資料センターでは、田中二郎氏をはじめとする同僚研究者や大学院生から多くの刺激を受け、ナイジェリアの特殊性を客観的に見ることを学んだ。またナイジェリア研究者である室井義雄、望月克哉、戸田真紀子、松本尚之各氏からはナイジェリアの多様性についてより深く学ばせてもらった。これらすべての方々に感謝を申し上げたい。

私は一九七〇年代末以来、ナイジェリア西部にあるイバダン大学の社会科学部をベースにしてナイジェリア中部にあるエビヤ村で現地調査を行ってきた。大学では、マボグンジェ教授とウド教授ら地理学教室の研究者に大変お世話になり、エビヤ村ではアジズやラフマン氏らにお世話になった。これらの方々にもお礼を述べたい。

最後に、歴史の専門ではない私が抱える不安を鎮め、構成や表現さらには図版の整理などでお世話になった編集者の酒井孝博さんと藤吉亮平さんに心から感謝の言葉を述べたい。また下書き段階から一読者として忌憚のない感想や疑問を伝えてくれた妻幸子にも感謝している。

参考文献

政府刊行物、雑誌や新聞記事、および古い書籍は省いた

【第一章】

片平孝（2017）『サハラ砂漠　塩の道をゆく』集英社新書ヴィジュアル版

マイケル・クローダー、グダ・アブドゥラヒ共著／中村弘光、林晃史訳（1983）『ナイジェリア：その人々の歴史』帝国書院

蔀勇造（2018）『物語アラビアの歴史』中公新書

A・J・トインビー著／永川玲二訳（1967）『ナイルとニジェールの間に』新潮選書

中村弘光（1982）『アフリカ現代史　Ⅳ西アフリカ』（世界現代史16）山川出版社

H・マイナー著／赤阪賢訳（1988）『未開都市トンブクツ』（人類学ゼミナール）弘文堂

宮本正興、松田素二編（2013）『新書アフリカ史』講談社現代新書

Ajayi, J.F.A. & M. Crowder eds.（1974）*History of West Africa* Vol. I, London, Longman.

Crowder, M.（1977）*West Africa: An introduction to its history*, London, Longman.

Udo, R. K.（1978）*A comparative geography of West Africa*, Ibadan, Heinemann Educational Books.

【第二章】

オラウダ・イクイアーノ著／久野陽一訳（2012）『アフリカ人イクイアーノの生涯の興味深い物語』研究社

川北稔（2017）『砂糖の世界史』岩波ジュニア新書

マンゴ・パーク著／森本哲郎・広瀬裕子訳（1978）『ニジェール・探検行』（世界探検全集5）河出書房新社

アレックス・ヘイリー著／安岡章太郎、松田銑共訳（1977）『ルーツ』（上）社会思想社

Burns, A.（1972）*History of Nigeria*, 7th ed., London, George Allen and Unwin.

Curtin, P. D.（1968）*The Atlantic slave trade*, Madison, Univ. of Wisconsin Press.

Dow, G. F.（1969）*Slave ships and slaving*, Washington, Kennikat Press（1st published 1927）.

Fage, J. D.（1977）'Slavery and trade in the context of West African history', In Z. A. Konczacki and J. M. Konczacki eds., *An economic history of Tropical Africa*, Frank Cass, London, Vol. 1, 166-178.

Lovejoy, P.E.（1982）'The Volume of the Atlantic Slave Trade: A Synthesis', *The Journal of African History,* Vol. 23, No. 4, 473-501.

【第三章】

並河葉子（1994）「一九世紀イギリスにおける福音主義キリスト教と商業」『待兼山論叢　史学篇』28, 83-104.

ダニエル・P・マニックス著／土田とも訳（1976）『黒い積荷』平凡社

Ajayi, J.F.A. & M. Crowder eds.（1974）*History of West Africa* Vol. Two, London, Longman

Dike, K. O.（1956）*Trade and politics in the Niger Delta 1830-1885; An introduction to the economic and political history of Nigeria*, Clarendon Press.

Falola, T. & M. H. Matthew（2008）*A history of Nigeria*, Cambridge, Cambridge University Press.

Forde, D. ed.（1956）*Efik traders of Old Calabar*, London, Oxford University Press.

Hopkins, A. G.（1973）*An economic history of West Africa*, London, Longman.

Nunn, N. and L. Wantchekon（2011）'The slave trade and the origins of mistrust in Africa', *American Economic Review* 101 (7), 3221-3252.

【第四章】

島田周平（1981）「英国人行政官の北部ナイジェリア好みの源泉をもとめて——一九世紀の植民地化過程の一断面」『アフリカ研究』20, 33-52.

ヘロドトス著／松平千秋訳（1971）『歴史（上）』岩波文庫

Brent, P.（1977）*Black Nile: Mungo Park and the search for the Nile*, London, Gordon Cremonesi.

Clarke, W. H.（1972）*Travels and explorations in Yorubaland 1854-1858*, Ibadan.

Hallet, R. ed.（1964）*Records of the African Association 1781-1831*, London, Thomas Nelson.

Hallet, R. ed.（1965）*The Niger journal of Richard and John Lander*, London.

Ikime, O.（1977）*The fall of Nigeria: The British conquest*, London, Heinemann.

Rotberg, R. ed.（1973）*Africa and its explorers: Motives, meathods, and impact*, Cambridge, Harvard University Press.

【第五章】

島田周平（1980）「ナイジェリアの国境線確定過程」『東北地理』32-4, 157-163

島田周平（1981）「ナイジェリアの地域問題の史的起源（I）（II）」『アジア経済』 22-5, 2-24; 22-6, 66-86.

Afigbo, A. E.（1972）*The warrant chiefs: Indirect rule in Southern Nigeria 1891-1929*, London, Longman.

Ajayi, J. F. A. & R. Smith（1971）*Yoruba warfare in the nineteenth century*, 2nd ed., Ibadan, Ibadan Univ. Press.

Anene, J. C.（1970）*The international boundaries of Nigeria 1885-1960: The framework of an emergent Africa nation*, London, Longman

Bradbury, R. E.（1957）*The Benin Kingdom and the Edo-speaking peoples of South-Western Nigeria*, London, International African

Institute.
Curtin, P. D.(1964) *The image of Africa: British ideas and action, 1780-1850*, Madison, Univ. of Wisconsin Press.
Egharevba, J.(1968) *A short history of Benin,*Ibadan, Ibadan University Press.
Flint, J. E.(1960) *Sir George Goldie and the making of Nigeria*, London, Oxford Univ. Press.
Lloyd, P. C.(1971) *The political development of Yoruba Kingdoms in the eighteenth and nineteenth centuries*, London, Royal Anthropological Institute of Great Britain and Ireland.
Nwabara, S. N.(1977) *Iboland: A century of contact with Britain, 1860-1960*, London, Hodder and Stoughton.
Pedler, F.(1974) *The lion and the unicorn in Africa: A history of the origins of the United African Company 1787-1931*, London, Heinemann.
Talbot, P. A.(1969) *The peoples of Southern Nigeria,* Vols. 1-3, London, Frank Cass.

【第六章】
島田周平（1992）『地域間対立の地域構造――ナイジェリアの地域問題』大明堂
Geary, W. N. M.(1965) *Nigeria under British rule*, London, Frank Cass.
Hogben, S. J.(1967) *An introduction to the history of the Islamic states of Northern Nigeria*, Ibadan, Oxford Univ. Press.
Kirk-Green, A. H. ed.(1968) *Lugard and the amalgamation of Nigeria: A documentary record*, London, Frank Cass.
Morel, E. D.(1968) *Nigeria: its peoples and its problems*, 3rd ed., London, Frank Cass.
Perham, M.(1960) *Lugard: The years of authority 1898-1945*, London, Collins.

【第七章】
防衛庁防衛研修所戦史室（1968）『戦史叢書　インパール作戦――ビルマの防衛』朝雲新聞社
室井義雄（1992）『連合アフリカ会社の歴史：1879-1979年――ナイジェリア社会経済史序説』同文館出版
Adedeji, A.(1969) *Nigerian federal finance: Its development, problems and prospects,* London, Hutchinson Educational.
Berry, S.S.(1975) *Cocoa, Custom and Socio-economic Change in Rural Western Nigeria*. Oxford, Clarendon Press.
Ekundare, R. D.(1973) *An economic history of Nigeria 1860-1960*, London, Methuen.
Ezera, K.(1969) *Constitutional developments in Nigeria*, Cambridge, Cambridge Univ. Press.
Helleiner, G. K.(1966) *Peasant agriculture, government, and economic growth in Nigeria*, Homewood, Richard D. Irwin.
Okpu, U.(1977) *Ethnic minority problems in Nigerian politics 1960-1965*, Uppsala, ACTA Universitatis Uppsallensis.
Sklar, R. L.(1963) *Nigerian political parties: Power in an emergent African nation*, Princeton, Princeton Univ. Press.

【第八章】
伊藤正孝（1983）『アフリカ　ふたつの革命』朝日選書
フレデリック・フォーサイス著／篠原慎訳（1981）『ビアフラ物語』角川選書
フレデリック・フォーサイス著／黒原敏行訳（2016）『アウトサイダー：陰謀の中の人生』KADOKAWA
室井義雄（2003）『ビアフラ戦争――叢林に消えた共和国』山川出版社
チママンダ・ンゴズィ・アディーチェ著／くぼたのぞみ訳（2010）『半分のぼった黄色い太陽』河出書房新社
Ademoyega, A.（1981）*Why we struck: The story of the First Nigerian Coup*, Ibadan, Evans Brothers.
Awolowo, O.（1960）*Awo: The autobiography of Chief Obafemi Awolowo*, Cambridge, Cambridge Univ. Press.
Ayandele, E.A.（1979）*Nigerian historical studies*, London, Frank Cass.
Azikiwe, N.（1961）*Zik: A selection from the speeches of Nnmdi Azikiwe*, Cambridge, Cambridge Univ. Press.
Diamond, L.（1988）*Class, ethnicity and democracy in Nigeria: The failure of the First Republic*, London, Macmillan Press
Dudley, B. I.（1982）*An introduction to Nigerian government and politics*, London, Macmillan Press.
Ejoor, D. A.（1989）*Reminiscences*, Lagos, Malthouse Press.
Ojukwu, E. O.（1989）*Because I am involved*, Ibadan, Spectrum Books.
Olatunbosun, D.（1975）*Nigeria's neglected rural majority*, Ibadan, Oxford Univ. Press.

【第九章】
室井義雄（1986）「一九八〇年代のナイジェリアにおける軍事クーデター――その政治・経済的背景」『アジア経済』27-5, 4-24
Beckman, A.V. B.（1982）*Oil, state expenditure and class formation in Nigeria*, Nytt frdn Nordiska africainstitutet, 9, 23-39.
Hickey, R.（1984）'The 1982 Maitatsine uprisings in Nigeria: A note', *African Affairs*, 83-331, 251-256.
Ikoku, S. G.（1985）*Nigeria's fourth coup d'état: Options for modern statehood*, Enugu, Fourth Dimension Publishing.
James, O. O.（1980）*13 years of military rule*, Lagos, Daily Times.
Obasanjo, O.（1980）*My command: As account of the Nigerian Civil War 1967-1970*, London, Heinemann.
Smith, D. J.（2007）*Culture of corruption: Everyday deception and popular discontent in Nigeria*, Princeton, Princeton University Press.

【第十章】
島田周平（2017）「アフリカにおけるグローバル化を考える」（遠藤貢・関谷雄一編『社会人のための現代アフリカ講義』東京大学出版会）
島田周平（2019）「ナイジェリアの選択――大統領選挙と示されたメッセージ」『世界五月号』岩波書店、221-227.
白戸圭一（2017）『ボコ・ハラム　イスラーム国を超えた「史上

最悪」のテロ組織』新潮社

武内進一編著（2008）『戦争と平和の間——紛争勃発後のアフリカと国際社会』（アジア経済研究所　研究双書）アジア経済研究所

戸田真紀子（2006）「国家が作る紛争：国民を守らないのはなぜか」（川端正久・落合雄彦編『アフリカ国家を再考する』龍谷大学社会科学研究叢書65　晃洋書房）238-259.

松本尚之（2008）『アフリカの王を生み出す人々——ポスト植民地時代の「首長位の復活」と非集権制社会』明石書店

室井義雄（2015）「ナイジェリアにおける石油戦争——国家・少数部族・環境汚染」『専修大学社会科学研究所月報』622, 1-88.

室井義雄（2015）「ナイジェリアにおける財政連邦主地の歴史的展開」『専修経済学論集』121, 23-93.

望月克哉（2006）「シャリーア問題とナイジェリア国家の連邦制度」（川端正久・落合雄彦編『アフリカ国家を再考する』龍谷大学社会科学研究叢書65　晃洋書房）260-282.

Campbell, John（2013）*Nigeria; Dancing on the brink*, Rowman & Littlefield.

Comolli, V. (2015) *Boko Haram: Nigeria's Islamist insurgency*, London, Hurst & Co.

【おわりに】

Mills, G. & J. Herbst (2012) *Africa's third liberation: New serch for prosperity & Jobs*, Penguin Books (South Africa) Johannesburg.

1999　総選挙の実施（2月）。人民民主党（PDP）代表オバサンジョの勝利。第4次共和制の大統領に就任（5月）（軍政時代の終焉）
北部のザムファラ州知事がシャリア法の厳格施行を表明（2005年までに北部12州がシャリア法の厳格施行に踏み切る）
ビアフラ主権国家実現運動（MASSOB）の結成
2002　アフリカ連合（AU）発足
2003　オバサンジョ大統領再選
2004　北東部ボルノ州で、ボコ・ハラムが誕生
2005　ニジェール・デルタで多国籍企業への襲撃が相次ぐ
2007　総選挙で北部出身のヤラドゥア（PDP）が勝利。副大統領に南部出身のジョナサンを指名
2009　ニジェール・デルタの武装集団と政府との停戦交渉本格化
ニジェール・デルタの武装集団の武装解除（8～9月）
北部ボコ・ハラム摘発作戦で700～900人のメンバーを殺害
2010　ヤラドゥア大統領が任期途中で死去。副大統領ジョナサンが大統領代行から大統領に
シェカウがボコ・ハラムの新しい指導者となる
2011　総選挙の実施。PDPのジョナサンが大統領となる（5月）
南部スーダンが南スーダン共和国として分離独立（7月）
2012　ビアフラ地元民（IPOB）の結成（代表：カヌ）
2013　アルジェリアのイナメナスで人質拘束事件が発生（1月）
ジョナサン大統領がテロ法を制定。同年ボコ・ハラムをテロ集団と認定（6月）
ケニアのショッピングモールでアル・シャバブによる爆破事件発生（9月）
アメリカ政府がボコ・ハラムを「海外テロ集団」と認定（11月）
2014　ボコ・ハラムが、北東部のボルノ州のチボクにある学生寮から女子中学生270人余を誘拐（4月）
2015　総選挙。全進歩者会議（APC）代表のブハリが大統領となる（5月）
2016　新武装集団ニジェール・デルタ復讐者（NDA）の結成。ニジェール・デルタの地域紛争再燃
2017　ボコ・ハラムに誘拐されていた女子学生82人の解放（5月）
仮釈放中のIPOB代表カヌが行方不明となる（9月）
2018　北部ヨベ州の高等専門学校から女子学生110人余が誘拐（3月）
中央部（ミドルベルト）で牧畜民フラニと農民との衝突が増大
カヌがイェルサレムで生存確認。独立運動再開（10月）
2019　大統領選挙で現職のブハリ（APC）がアティク（PDP）に勝利（2月）

年　表

1962　人口調査を実施
1963　人口調査やり直し。アフリカ統一機構（OAU）設立
1963～66　第一次共和制
1965　石油が項目別輸出高で第1位となる
1966　クーデター未遂事件発生。連邦首相バレワ、北部地域首相ベロ、西部地域首相アキントラらが殺害される（1月15日）
連邦政府が軍最高司令官のイロンシ将軍を首相に推挙（1月）
クーデター発生。イロンシがイバダン郊外で殺害される（7月）
北部出身のゴウォン参謀長が評議会議長に就任。東部軍政長官オジュクがそれに反対（8月）
1967　ガーナのアブリでオジュクとゴウォンが会談（1月）。アブリでの合意ならず
ゴウォンが全国4地域体制から12州制への移行を決定（5月）
オジュクによるビアフラ国独立宣言（5月30日）
1968　OAUがアルジェ会議で連邦政府側支持を表明（9月）
1970　ビアフラ軍の敗北（1月）
1971　石油輸出国機構（OPEC）に加盟（産油国となる）
1973～74　原油価格の高騰
1975　クーデター発生。ムルタラ・ムハンメド准将が国家元首となる（7月）
西アフリカ諸国経済共同体（ECOWAS）の発足
1976　クーデター未遂事件発生（2月）。ムハンメドが殺害され、オバサンジョが後継の国家元首となる。アブジャへの首都移転決定
1979　総選挙の実施。ナイジェリア国民党（NPN）の勝利
シャガリ政権の誕生（第2次共和制）
1980　イスラーム過激派（マイタシン）の掃討作戦。指導者マイタシンを含む5000人が死亡
1982　カドナとマイドゥグリでマイタシン掃討作戦実施
1983　総選挙の実施。NPNが勝利しシャガリ大統領再選（10月）
不法滞在外国人に国外追放令を発令（11月）
クーデター発生（12月）。シャガリ政権が崩壊。ブハリ少将が最高軍事評議会議長に就任
1984　ロンドン近郊のスタンステッド空港でディッコ事件が発生
1985　クーデター発生。ババンギダが政権を掌握（8月）
1986　政府がイスラーム諸国会議機構（OIC）への正式加盟を発表
1990　クーデター未遂事件発生。ただし短時間で制圧（5月）
1993　軍事政権のもとで大統領選挙実施。SDPのアビオラが勝利。しかしババンギダが結果を差し止める（6月）
ショネカン暫定政府の発足（第3次共和制）。アビオラが副大統領、アバチャが国防大臣に就任（8月）
アバチャがショネカン暫定政府を解散。自ら国家元首となる（11月）
1994　アバチャ、アビオラを国家反逆罪の容疑で逮捕
1995　アバチャ、オバサンジョを国家反逆罪の容疑で逮捕
アバチャ、ケン・サロ＝ウィワを処刑
1998　アバチャが急死（6月）

ボニー統治評議会の設置。「任命首長制」の始まり
1889　イギリス、西側の境界線でフランスと合意
1890　イギリス、北側の境界線でフランスと暫定的合意
1890　イギリス、ベヌエ川以北の東側の境界線でドイツと合意
1895　イギリス、沿岸部の東側境界線でドイツと暫定的合意
1897　イギリス代理領事フィリップスがベニン王国で殺害される
イギリス軍がベニン王国の首都ベニン・シティを占領
1899　RNCの特許状の廃止（12月31日）
【イギリスによるナイジェリア植民地支配のはじまり】
1900　イギリス植民地ナイジェリアの誕生（1月1日）
西アフリカ国境軍（WAFF）を設置
1901　ラゴス起点の鉄道建設始まる（1912年には北部の商業都市カノまで到達）
1914　南・北保護領の合併。「ナイジェリア植民地および保護領」の誕生
第1次世界大戦始まる
1923　ナイジェリア国民民主党（NNDP）がラゴスで結成
1934　ラゴス青年運動（LYM）が結成（36年、ナイジェリア青年運動〔NYM〕に改称）
1939　第2次世界大戦始まる
1940　ナイジェリアとガーナで西アフリカ・カカオ統制局が設立
1941　アジキウェがNYMを離党しNNDPに加わる
1942　西アフリカ・カカオ統制局を西アフリカ生産物統制局（WAPCB）に改組
1944　国民会議が設立される。後にナイジェリア・カメルーン国民会議（NCNC）に改組
1945　タフワ・バレワ、アミノ・カノらがイギリスに派遣される
1946　NCNCが反リチャーズ憲法キャンペーンを展開
1947　リチャーズ憲法の制定
1949　北部ナイジェリア会議（NNC）が結成
1950　NNCの後継党である北部人民会議（NPC）が結成
北部人民進歩同盟（NEPU）が北部ナイジェリアで結成
1951　行動党（AG）が西部ナイジェリアで結成
マクファーソン憲法の制定
1952　人口調査の実施
1954　リットルトン憲法の制定
植民地政府による選挙。NPCが第1党となる
作物別MB（マーケッティング・ボード）が地域別MBへ改組される
1956　植民地政府による選挙。NPCが第1党となる。NCNCと連立政権を作る
ニジェール・デルタのオロビリで石油が発見される
1957　ガーナの独立
1958　原油の商業用掘削開始
1959　植民地政府による選挙。NPCが勝利。同党副党首のバレワが首相、第2党のNCNC党首アジキウェが総督となる
1960　ナイジェリアの独立（10月1日）。「アフリカの年」

年　表

1795　同協会がマンゴ・パークを西アフリカ探検に派遣
1796　マンゴ・パーク、ニジェール川をセグからバマコまで航行
1804　ダン・フォディオがゴビール国に対する聖戦を開始
1805　マンゴ・パークを再び西アフリカに派遣（翌1806年、ニジェール川をブッサまで下ったところで現地人に襲われ死亡）
1807　イギリス議会、英帝国領内における奴隷貿易の禁止法を可決
1808　ダン・フォディオがゴビール国を破りイスラーム藩王国を樹立
1810　ハウサ諸王国のほとんどがイスラーム藩王国となる
1815　ウィーン会議（イギリスが奴隷貿易禁止を訴える）
1822　アメリカ植民協会が自国の解放奴隷を初めてモンロビアに送る
1822〜23　オードニー、クラッパトン、デンハムがサハラ砂漠縦断に成功
1825　クラッパトンとデンハム、ソコト藩王国のスルタンがイギリス国王に宛てた親書を携えイギリスに帰国（６月）
　クラッパトン、ギニア湾に向け出発（11月）
1827　クラッパトン、ソコトで死亡、部下のランダーがイギリスに帰国
　イギリス、奴隷貿易取締り本部をシエラレオネからフェルナンド・ポーに移す
1830　ランダー兄弟がニジェール川河口発見（11月）
1831　ヨルバ王国の１つイロリン王国が聖戦に敗れイスラーム藩王国となる
1833　イギリス、帝国領内での奴隷制を廃止する奴隷制廃止法を制定
1834　イギリス、ブラスの首長と奴隷貿易反対の協定を締結する
1836　ボニーでイギリス奴隷貿易取締り艦隊の船長監禁事件が発生
1839　イギリス、ボニーの首長と奴隷貿易反対協定を締結
1841〜42　イギリス政府がニジェール川調査に乗り出す
1845　アベオクタ国が宣教師を迎え入れる
1848　フランスが全領土での奴隷貿易禁止を決定
　解放奴隷のナナがワリ国の王となる
19世紀中頃　カネム・ボルヌ王国がイスラーム聖戦に敗れ崩壊
1850年代　リチャードソン、バルト、オフェルヴェッヘがサハラ越え探検を実施
1851　ビークロフトがラゴスのコソコ王を攻撃し彼を退位させる
1854　ベーキーがニジェール川の水路図を作製
1861　イギリスがラゴスの植民地化を宣言
1863　解放奴隷のジャジャがオポボ国の王となる
1879　ゴルディーがユナイテッド・アフリカ会社（UAC）を設立
1880〜90年代　オヨ王国が分裂してヨルバ諸王国となり、互いに戦う
1882　UACが増資されナショナル・アフリカ会社（NAC）となる
1884　イギリス、オイル・リバーズ保護領化を宣言
1884／85　ベルリン会議（アフリカ分割会議）
1886　イギリスがNACに特許状を与える（７月10日）。王立ニジェール会社（RNC）の誕生
　ジャジャが内陸部で交易するイギリス商社に対し営業税を課す
1887　イギリス領事ジョンストンがジャジャを捕らえゴールド・コーストに送る

年　表

紀元前

6000〜4000年　サハラ砂漠は緑の平原
2500年以降　地球規模の冷涼化と共にサハラ砂漠の乾燥化が進む
146　ローマがカルタゴを征服し北アフリカを支配

紀元後

534　ビザンツ帝国（東ローマ帝国）が北アフリカのヴァンダル王国を滅ぼす
【サハラ越え交易が盛んとなる】
622　イスラーム教徒がメディナでウマー（共同体）を打ち立てる
8〜16世紀末　タガザが岩塩の主要生産地となる
9世紀　ガーナ王国が栄える。イスラーム教徒（イバード派）のアラブやトゥアレグの商人たちがガーナ王国に出かけ盛んに交易
9〜10世紀頃　カネム王国がチャド湖東方で栄える
1056　イスラーム教徒（マーリク派）がガーナ王国に対する聖戦に勝利し、ガーナ王国をイスラーム国家とする
11世紀　カネム王国の第13代国王フメがイスラームに改宗
12世紀　ガーナ王国が衰微
13世紀前半　マリ王国が栄えてくる
1324　マリ王国のムーサ王がロバ40頭に金を背負わせマッカ（メッカ）巡礼
1370　カノの国王がハウサ諸王国ではじめてイスラームに改宗
15世紀　ポルトガル人、西アフリカ沖のカナリア諸島のサトウキビ栽培にアフリカ人奴隷を使う。本国にも連れ帰るようになる
1464　ソンガイ帝国がソンニ・アリ王のもとマリ王国の支配から脱し、ニジェール川大彎曲部地域の盟主となる
1493　コロンブス、2回目の航海で、サトウキビの苗を西インド諸島に持ちこむ
16世紀初頭　ボルヌ王国がカネム王国を併合（カネム・ボルヌ王国誕生）
16世紀　南米のスペイン領で銀鉱山が発見される
16世紀末以降　ソンガイ帝国が採掘するタウデニ鉱山が最大の岩塩産地となる
1591　ソンガイ帝国がモロッコ軍の侵攻に敗れ消滅する
【サハラ越え交易が次第に衰退する】
17世紀　西インド諸島の砂糖プランテーションが発展
【大西洋奴隷貿易が盛んとなる】
17世紀中頃　イギリスで、砂糖入り紅茶が一般に普及しはじめる
1651〜54　イギリスは特恵関税で自国植民地からの砂糖輸入を保護
18世紀　イギリス領西インド諸島における砂糖生産が急増
1725　西アフリカ、ニジェール川上流部のフータ・ジャロンで聖戦が始まる。（西アフリカにおけるイスラーム聖戦の拡大）
18世紀後半　黄金海岸での最重要交易品が金から奴隷に移る
1788　アフリカ内陸部探検促進協会設立

●や行

●ら行

●わ行

●略称

●ま行

●な行

●は行

●さ行

●た行

●か行

主要項目索引

島田周平（しまだ・しゅうへい）

1948年富山県生まれ．71年東北大学理学部地理学科卒．理学博士．アジア経済研究所，東北大学理学部助教授，立教大学文学部教授，東北大学教授，京都大学教授等を経て，名古屋外国語大学世界共生学部教授．京都大学名誉教授，アジア経済研究所名誉研究員．日本地理学会賞優秀賞，大同生命地域研究奨励賞．

著書『地域間対立の地域構造――ナイジェリアの地域問題』（大明堂，1992年）
『現代アフリカ農村――変化を読む地域研究の試み』（古今書院，2007年）
『アフリカ　可能性を生きる農民』（京都大学学術出版会，2007年）ほか

物語《ものがたり》 ナイジェリアの歴史《れきし》
中公新書 *2545*

2019年5月25日発行

著　者　島田周平
発行者　松田陽三

本文印刷　暁印刷
カバー印刷　大熊整美堂
製　本　小泉製本

発行所　中央公論新社
〒100-8152
東京都千代田区大手町1-7-1
電話　販売 03-5299-1730
　　　編集 03-5299-1830
URL http://www.chuko.co.jp/

Published by CHUOKORON-SHINSHA, INC.
Printed in Japan　ISBN978-4-12-102545-6 C1222

中公新書刊行のことば

いまからちょうど五世紀まえ、グーテンベルクが近代印刷術を発明したとき、書物の大量生産は潜在的可能性を獲得し、いまからちょうど一世紀まえ、世界のおもな文明国で義務教育制度が採用されたとき、書物の大量需要の潜在性が形成された。この二つの潜在性がはげしく現実化したのが現代である。

いまや、書物によって視野を拡大し、変りゆく世界に豊かに対応しようとする強い要求を私たちは抑えることができない。この要求にこたえる義務を、今日の書物は背負っている。だが、その義務は、たんに専門的知識の通俗化をはかることによって果たされるものでもなく、通俗的好奇心にうったえて、いたずらに発行部数の巨大さを誇ることによって果たされるものでもない。現代を真摯に生きようとする読者に、真に知るに価いする知識だけを選びだして提供すること、これが中公新書の最大の目標である。

私たちは、知識として錯覚しているものによってしばしば動かされ、裏切られる。私たちは、作為によってあたえられた知識のうえに生きることがあまりに多く、ゆるぎない事実を通して思索することがあまりにすくない。中公新書が、その一貫した特色として自らに課すものは、この事実のみの持つ無条件の説得力を発揮させることである。現代にあらたな意味を投げかけるべく待機している過去の歴史的事実もまた、中公新書によって数多く発掘されるであろう。

中公新書は、現代を自らの眼で見つめようとする、逞しい知的な読者の活力となることを欲している。

一九六二年一一月

世界史

地域・文化・紀行　t1

285 日本人と日本文化　司馬遼太郎／ドナルド・キーン
605 絵巻物に見る日本庶民生活誌　宮本常一
201 照葉樹林文化　上山春平編
799 沖縄の歴史と文化　外間守善
2298 四国遍路　森　正人
2151 国土と日本人　大石久和
2487 カラー版 ふしぎな県境　西村まさゆき
1810 日本の庭園　進士五十八
2511 外国人が見た日本　内田宗治
1909 ル・コルビュジエを見る　越後島研一
246 マグレブ紀行　川田順造
1009 トルコのもう一つの顔　小島剛一
2169 ブルーノ・タウト　田中辰明
2032 ハプスブルク三都物語　河野純一
2183 アイルランド紀行　栩木伸明
1670 ドイツ 町から町へ　池内　紀
1742 ひとり旅は楽し　池内　紀
2023 東京ひとり散歩　池内　紀
2118 今夜もひとり居酒屋　池内　紀
2326 旅の流儀　玉村豊男
2331 カラー版 廃線紀行―もうひとつの鉄道旅　梯　久美子
2290 酒場詩人の流儀　吉田　類
2472 酒は人の上に人を造らず　吉田　類